A Paz como Caminho

ORGANIZADORA
DULCE MAGALHÃES

A Paz como Caminho

FESTIVAL MUNDIAL DA PAZ
MANIfeste SuA pAz

QUALITYMARK

Copyright© 2007 by Dulce Magalhães

Todos os direitos desta edição reservados à Qualitymark Editora Ltda.
É proibida a duplicação ou reprodução deste volume, ou parte do mesmo,
sob qualquer meio, sem autorização expressa da Editora.

Direção Editorial
SAIDUL RAHMAN MAHOMED
editor@qualitymark.com.br

Produção Editorial
EQUIPE QUALITYMARK

Design da Capa
AGNELO PACHECO
COMUNICAÇÃO

Editoração Eletrônica
MS EDITORAÇÃO

Crédito da Capa
OBRA CORNUCÓPIA DA PAZ
ARTISTA ANDRÉ ZANETTO

Capa
WILSON COTRIM

CIP-Brasil. Catalogação-na-fonte
Sindicato Nacional dos Editores de Livro, RJ

P368

A paz como caminho / Organizadora Dulce Magalhães. – 2. ed. rev. e ampl. –
Rio de Janeiro : Qualitymark, 2007.
240p.

ISBN 978-85-7303-728-9

1. Paz - Crônica. I. Magalhães, Dulce. II. Título.

06-0697

CDD 808.80358
CDU 82-82:172.4

2007
IMPRESSO NO BRASIL

Qualitymark Editora Ltda.
Rua Teixeira Júnior, 441
São Cristóvão
20921-405 – Rio de Janeiro – RJ
Tel.: (0XX21) 3860-8422

Fax: (0XX21) 3860-8424
www.qualitymark.com.br
E-Mail: quality@qualitymark.com.br
QualityPhone: 0800-263311

"Não há caminho para a paz.
A paz é o caminho."

Mahatma Gandhi

Apresentação

O cenário mundial é precário, as desigualdades se aprofundam e ferem a essência de uma realidade planetária pacífica, justa e sustentável. É hora de transcender a experiência do indivíduo egocentrado, do consumo inconsciente e do desrespeito ao outro/outra e ao meio ambiente.

Há uma maravilhosa experiência em andamento. Algo que pode revolucionar o planeta, salvar o meio ambiente e resgatar a humanidade. Podemos prescindir de sua prática para Viver, mas se tornará impossível Conviver sem ela.

Esta é a nova fronteira que precisaremos cruzar para percebermos os horizontes de uma nova realidade possível. A aventura da CONSCIÊNCIA se impõe como meio para nossa continuidade e modo para as nossas relações com tudo e todos.

Operar a mudança a partir da consciência é a proposta deste livro. Com textos inspiradores, inquietantes, poéticos, intrigantes, conspiradores de uma nova ordem, os autores e autoras, expoentes em suas áreas de saber, são também homens e mulheres comprometidos de corpo, mente e alma com a transformação pacífica do mundo.

O próprio livro é um exemplo de seu conteúdo, pois os textos são contribuições dos autores e autoras em prol da viabilização do Festival Mundial da Paz, num projeto cooperativo pela promoção da cultura de paz.

Este livro é uma aventura extraordinária da consciência, reunindo textos de pessoas de várias partes do planeta, para nos alertar, através de diversos pontos de vista, a visão que Mahatma Gandhi expressou tão sabiamente: "Não há caminho para a paz. A paz é o caminho".

Ao adquirir este livro, você já está compartilhando desta visão e dando sua contribuição para a realização de mais uma experiência consciencial, o Festival Mundial da Paz.

Que possamos todos trilhar o caminho da paz para alcançarmos a plenitude da experiência humana.

Prefácio à Segunda Edição

Esta nova edição é uma celebração. Estamos comemorando o cumprimento dos objetivos propostos com a primeira edição, que foi a realização do I Festival Mundial da Paz, em setembro de 2006.

Foi a conexão de uma grande rede mundial pela paz, foram mais de 95 milhões de pontos de internet conectados em mais de 100 países.

Houveram manifestações de paz em todas as nações do planeta e descobrimos que a tribo de conspiradores para uma nova ordem pacífica é imensa e está cada vez mais articulada e se organizando em uma grande rede.

A aventura da consciência continua. Esta nova edição pretende sustentar os projetos de educação para a paz que a UNIPAZ – Universidade Internacional da Paz desenvolve. Foram 10.000 exemplares na primeira edição, que já estão espalhando a mensagem da transformação que precisamos empreender.

Agora são mais 10.000 exemplares, um novo desafio, para promover a cultura de paz, pois a cultura é a forma pela qual a sociedade se organiza e faz suas escolhas.

Nossas escolhas nos trouxeram até o ponto onde nos encontramos. Este é o momento de rever, repensar e dar novos significados ao processo de convivência planetária. Inclusão, dignidade, solidariedade e pacificação são mais do que palavras e conceitos, são signos de uma nova atitude, definindo a trajetória para a construção de uma comunidade em que possamos viver e prosperar em comunhão.

Para o mutirão da nova realidade vamos precisar de todo mundo. Este é um sonho coletivo, que não pode sem sonhado sozinho. É um chamado que só o coração é capaz de atender e só uma consciência desperta será capaz de perceber como possível.

Não é um pedido de engajamento, é a oportunidade para uma transformação que vai alterar a forma como cada um sente e pensa a vida. É uma mudança no padrão do pensamento, na forma de olhar o mundo. E quando a gente muda, tudo muda com a gente.

Este não é um convite, é um caminho. Aqui não estamos pensando em salvar os "mais necessitados", mas em perceber que são nossas dificuldades e limites que criam esta realidade de exclusão e desigualdade.

É preciso olhar o outro pelo seu potencial, esse poder interior que pode vir a ser. Não é um processo de salvação, é a consciência de que dignidade é inata e que respeito é a forma pela qual seres humanos íntegros convivem.

Para mudar o mundo, falta apenas fazer a escolha de transfomar a si mesmo. E esta escolha lhe pertence e nada nem ninguém pode lhe impedir de se tornar quem deseja Ser.

Dulce Magalhães
Manifeste sua Paz!

Sumário

INTRODUÇÃO 1
   Dulce Magalhães

Parte I: Norte-Ar-Poder: Aprendendo a fazer a paz

TRANSDICIPLINARIDADE E PAZ 5
   Basarab Nicolescu

DEMOCRACIA E GLOBALIZAÇÃO:
Os nove tipos de paz 15
   Cristóvam Buarque

UMA NAÇÃO PLANETÁRIA 27
   Iradj Roberto Eghrari

BASES PARA A CULTURA DA PAZ 34
   Leonardo Boff

EDUCAÇÃO PARA UMA CULTURA DE PAZ:
Teoria e prática de vinte anos de experiência 38
   Pierre Weil

NO CAMINHO DO ESPÍRITO 50
   Padre Wilson Groh

Parte II: Oriente-Fogo-Visões: Aprendendo a estar em paz

A NECESSIDADE DE UMA ÉTICA PLANETÁRIA 55
   Ervin Laszlo

A PAZ DOS MEUS SONHOS 64
   Frei Betto

CAMINHOS PARA UMA CULTURA DA PAZ COM A NATUREZA 70
   Maurício Andrés Ribeiro

MITOS PARA O NOVO MILÊNIO 81
    Stanley Krippner
VENTO DO NORTE:
Cordilheira dos Andes, Sul do Chile – Janeiro de 1964 87
    Suryavan Solar

Parte III: Ocidente-Água-Sabedoria: Aprendendo a conviver em paz

VISÕES DA ENERGIA SEGUNDO A CIÊNCIA E O BUDISMO:
Uma breve história da energia na Física 109
    B. Allan Wallace
O CULTIVO DA PAZ PELA TRANSFORMAÇÃO DA EDUCAÇÃO 117
    Cláudio Naranjo
COEXISTÊNCIA EM PAZ E AMOR 125
    Kathy Jones
SABEDORIA FEMININA PARA PROMOVER A PAZ 138
    Mirella Faur
CUIDAR DA PAZ 156
    Roberto Crema
OCIDENTE, ÁGUA E SABEDORIA:
Aprendendo a conviver em paz 164
    Ubiratan D'Ambrosio

Parte IV: Sul-Terra-Amor: Aprendendo a ser a paz

A ÉTICA E A MEDITAÇÃO: 181
    Professor José Hermógenes de Andrade
A PAZ 187
    Jean-Yves Leloup
HOJE VOCÊ PODE TER PAZ 192
    Prem Hawat
CRIANDO UMA VISÃO DE PAZ:
A jornada rumo ao interior do ser 200
    Co-autoria de Sister Jayanti e Rita Cleary
O MEU IRMÃO ESTÁ CHORANDO:
Uma reflexão sobre a urgência das demandas elementares
do semelhante e nossa vontade de servir 206
    Stalimir Vieira
O PAPEL DO SAGRADO NA FORMULAÇÃO DE UMA CULTURA DE PAZ . 214
    Washington Araújo

"Como a abelha que colhe o mel de diversas flores, a pessoa sábia aceita a essência das diversas escrituras e vê somente o bem em todas as religiões."

Mahatma Gandhi

Oração Hindu pela Paz

Ó Deus, leva-nos do irreal para o real. Ó Deus, leva-nos da escuridão para a luz. Ó Deus, leva-nos da morte para a imortalidade. Shanti, Shanti, Shanti a todos. Ó Senhor, Deus Todo-Poderoso, que haja paz nas regiões celestiais. Que haja paz sobre a Terra. Que as águas sejam apacentadoras. Que as ervas sejam nutritivas, e que as árvores e plantas tragam paz a todos. Que todos os seres benéficos tragam-nos a paz. Que a Lei dos Vedas propague a paz por todo o mundo. Que todas as coisas sejam fonte de paz para nós. E que a Vossa paz possa trazer a paz a todos, e a mim também.

Oração Budista pela Paz

Que todos os seres, de todos os lugares, afligidos por sofrimentos do corpo e da mente sejam logo libertados de suas enfermidades. Que os temerosos deixem de ter medo e os agrilhoados sejam libertos. Que o impotente encontre força, e que os povos desejem a amizade uns dos outros. Que aqueles que se encontram no ermo sem caminhos e amedrontados – as crianças, os velhos e os desprotegidos – sejam guiados por entes celestiais benéficos, e que rapidamente atinjam a condição de Buda.

Oração Jainista pela Paz

A Paz e o Amor Universal são a essência do Evangelho pregado por todos os Seres Iluminados. O Senhor disse que a equanimidade é o Dharma. Perdôo a todas as criaturas e que todas as criaturas me perdoem.

Por todos tenho amizade e por nenhuma criatura inimizade. Saiba que a violência é a causa raiz de todas as misérias do mundo. A violência é de fato o nó que aprisiona. "Não ofenda nenhum ser vivo." Este é o caminho eterno, perene e inalterável da vida espiritual. Por mais poderosa que seja uma arma, ela sempre pode ser sobrepujada por outra; mas nenhuma arma pode ser superior à não-violência e ao amor.

Oração Maometana pela Paz

Em nome de Allah, o benéfico, o misericordioso. Graças ao Senhor do Universo que nos criou e distribuiu em tribos e nações. Que possamos nos conhecer, sem nos desprezarmos uns aos outros. Se o inimigo se inclina para a paz, incline-se você também para a paz, e confia em Deus, pois o Senhor é aquele que ouve e conhece todas as coisas. E entre os servos de Deus, Cheios de Graça são aqueles que andam sobre a Terra em humildade, e quando nos dirigimos a eles dizemos "PAZ".

Oração Sikh pela Paz

Deus nos julga segundo nossas ações, não de acordo com o traje que nos cobre: a verdade está acima de tudo, mas ainda mais alto está o viver em verdade. Saibam que atingimos a Deus quando amamos, e a única vitória que perdura é aquela que não deixa nenhum derrotado.

Oração Bahá'í pela Paz

Seja generoso na prosperidade e grato na adversidade. Seja justo ao julgar e comedido ao falar. Seja uma luz para aqueles que caminham na escuridão, e um lar para o forasteiro. Seja os olhos para o cego e um guia para os errantes. Seja um sopro de vida para o corpo da humanidade, orvalho para o solo do coração dos homens, e seja a fruta da árvore da humildade.

Oração Shintoísta pela Paz

Embora as pessoas que vivem do outro lado do oceano que nos rodeia, eu creio, sejam todas nossos irmãos e irmãs, por que há sempre tribulação neste mundo? Por que os ventos e as ondas se levantam no oceano que nos circunda? Desejo de todo coração que o vento logo leve embora todas as nuvens que pairam sobre os picos das montanhas.

Oração dos Nativos Africanos pela Paz

Deus Todo-Poderoso, Grande Polegar que ata todos os nós, Trovão que ruge e parte as grandes árvores; Senhor que tudo vê lá de cima, que vê até as pegadas do antílope nas rochas aqui na Terra, Vós sois aquele que não hesita em responder a nosso chamado. Vós sois a pedra angular da Paz.

Oração dos Nativos Americanos pela Paz

Ó Grande Espírito de nossos Ancestrais, elevo meu cachimbo a Ti. Aos teus mensageiros, os quatro ventos, e à Mãe Terra, que alimenta seus filhos. Dê-nos a sabedoria para ensinar nossos filhos a amarem, respeitarem e serem gentis uns com os outros, para que possam crescer com idéias de paz. Que possamos aprender a partilhar as coisas boas que nos ofereces aqui na Terra.

Oração Parse pela Paz

Oramos a Deus para erradicar toda a miséria do mundo: que a compreensão triunfe sobre a ignorância, que a generosidade triunfe sobre a indiferença, que a confiança triunfe sobre o desprezo, e que a verdade triunfe sobre a falsidade.

Oração Judaica pela Paz

Vamos subir a montanha do Senhor, para que possamos trilhar os caminhos do Mais Alto. Vamos forjar arados de nossas espadas, e ganchos de poda com nossas lanças. Uma nação não levantará a espada contra outra nação – nem aprenderão a guerra novamente. E ninguém mais sentirá medo, pois isto falou o Senhor das Hostes.

Oração Cristã pela Paz

Benditos são os que fazem a paz, pois eles serão chamados Filhos de Deus. Pois eu lhes digo: ouçam e amem os seus inimigos, façam o bem aos que te odeiam, abençoem aqueles que te maldizem, orem pelos que te humilham. Aos que lhes batem no rosto, ofereçam a outra face, e aos que lhes tiram as vestes, ofereçam também a capa. Dêem aos que pedem, e aos que tomam seus bens, não os peça de volta. E façam aos outros aquilo que quiserem que os outros façam a vocês.

INTRODUÇÃO:
À Busca da Inspiração

Dulce Magalhães

Tudo vem do sopro. Há o sopro da vida, o sopro da inspiração. Há o sopro que é fruto do suspiro, tanto de quem sofre, quanto de quem ama. Contudo, em essência, há o sopro.

Ao percorrer os caminhos do pensamento e dos sentimentos, o que nos alimenta é o sopro, senão nos perderíamos no conflito de não saber. Algo maior sabe e nos conduz. Sair do controle e caminhar na confiança são o desafio e a bênção.

Confiar, fiar junto com todos, é o preceito da paz. E não há paz que possa florescer fora. Tudo é interior. O mundo é um espelho de nossos pensamentos, desejos e aspirações. No mundo ilusório que nos cerca, nós projetamos nossos medos, nossas aflições, nossas esperanças e nosso amor.

Em que mundo você vive? Qual é a realidade que você habita? É algo que você trabalha para transformar, acredita que pode ser melhor, tem fé que tudo pode nos conduzir a uma melhor condição, ou caminha no desânimo, reclama e se exalta dizendo não haver mais jeito?

Nenhum fruto está desvinculado da árvore que o gerou. Este mundo que habitamos é fruto das relações que construímos. É o momento de re-ver, re-criar, re-construir, re-conectar. É tempo de re-nascer.

Antes de iniciar a mudança do mundo, consertar o que não funciona, salvar os aflitos, acalentar o futuro, é fundamental estabelecer um novo olhar. Colocar dentro de você um sentimento com o qual a paz determine o ritmo da batida do seu coração.

É preciso recuperar a inocência de acreditar que é possível ter um mundo melhor, a fé na vida e no bem e a coragem para enfrentar os conflitos e se bater contra o injusto. É preciso voltar no tempo para avançar no futuro, resgatar as idéias, refazer os conceitos, eliminar os preconceitos.

É preciso colocar beleza na prática diária, produzir o pão que alimenta também a alma, para se ter liberdade para sonhar. É preciso mudar por dentro, tornar-se digno dos seus próprios sonhos, espalhar a esperança, fazer com todos os seres a dança da integração. Porque, para viver num mundo melhor, é preciso merecer.

Parte I
Norte-Ar-Poder

Como modelar uma nova realidade planetária.
Que questões devem nortear a ação pacífica no mundo.
Qual o paradigma emergente.

Aprendendo a fazer a paz

Oração de Unidade
Ó TU, SENHOR BONDOSO!
Criaste toda a humanidade dos mesmos pais.
Desejaste que todos pertencessem ao mesmo lar.
Em Tua Santa Presença, todos são Teus servos e todo
o gênero humano se abriga sob Teu Tabernáculo.
Todos se têm reunido à Tua Mesa de Graças
e brilham pela luz da Tua Providência.
Ó Deus! És bondoso para com todos, provês a todos,
amparas a todos, e a todos concedes vida.
De Ti, todos os seres recebem faculdades e talentos.
Todos estão submersos no Oceano da Tua Misericórdia.
Ó Tu, Senhor bondoso! Une todos, faze as religiões
concordarem e torna as nações uma só, para que se considerem
todos como uma única família e tenham a terra como um só lar.
Que se associem em perfeita harmonia.
Ó Deus! Ergue o estandarte da unicidade do gênero humano!
Ó Deus! Estabelece a Suprema Paz!
Enlaça os corações, ó Deus!
Ó Tu, Pai bondoso, Deus!
Extasia os corações com a fragrância do Teu amor; ilumina os
olhos com a Luz de Tua Guia; alegra os ouvidos com as melodias
da Tua Palavra e abriga-nos no Recinto da Tua Providência.
Tu és o Grande e o Poderoso! És o Clemente – Aquele
que perdoa as faltas de toda a humanidade.

'Abdul'L-Bahá

Orações Bahá'ís. 11ª ed. Mogi Mirim: Editora Bahá'í do Brasil, 2004, pp. 335/6.

Transdisciplinaridade e Paz

Basarab Nicolescu

1. Introdução

Não há paz no mundo se nossas mentes e almas não estão em paz. Hoje, a transdisciplinaridade é uma das maneiras de se construir a paz da mente e da alma.

Conforme indica o prefixo "trans", *a transdisciplinaridade se refere ao que se situa entre as disciplinas, em diferentes disciplinas e além de todas as disciplinas* [1]. Seu objetivo é a compreensão do mundo atual, de que um dos imperativos é a unidade de conhecimento. A própria palavra é bem recente: foi apresentada por Jean Piaget em 1970 [2].

O que existe entre as disciplinas, nas disciplinas e além delas? Segundo o ponto de vista do pensamento clássico, a resposta é: absolutamente nada. O espaço em questão é vazio por completo, como o vácuo da Física Clássica.

Na presença de vários níveis de Realidade, porém, o espaço entre as disciplinas e além delas é cheio, assim como o quantum é repleto de potencialidades: da partícula às galáxias, do quark aos elementos intensos que condicionam o surgimento da vida no universo.

A transdisciplinaridade é claramente distinta da disciplinaridade, embora sejam complementares em todos os aspectos. *A disciplinaridade compreende, no máximo, o mesmo nível da Realidade; e mais: na maior parte dos casos, compreende apenas fragmentos de um nível da Realidade.* A transdisciplinaridade, ao contrário, compreende a dinâmica produzida pela ação simultânea de vários níveis da Realidade.

A descoberta dessa dinâmica passa necessariamente pelo conhecimento disciplinar.

O conhecimento transdisciplinar corresponde a um novo tipo – conhecimento *in vivo*. Este novo conhecimento compreende a correspondência entre o mundo exterior do Objeto e o mundo interior do Sujeito. Por definição, o conhecimento transdisciplinar inclui um sistema de valores (Tabela 1).

Conhecimento DK	Conhecimento TK
In Vitro	*In Vivo*
Mundo exterior – Objeto	Correspondência entre mundo exterior (Objeto) e mundo interior (Sujeito)
Conhecimento	Compreensão
Inteligência analítica	Novo tipo de inteligência – harmonia entre mente, sentimentos e corpo
Orientado para o poder e para a posse	Orientado para a admiração e para o compartilhamento
Lógica binária	Lógica intermediária incluída
Exclusão de valores	Inclusão de valores

Tabela 1: Comparação entre conhecimento disciplinar DK (*Disciplinary Knowledge*) e conhecimento transdisciplinar TK (*Transdisciplinary Knowledge*).

É importante perceber que os tipos de conhecimento disciplinar e transdisciplinar não são antagônicos, mas complementares. Ambas as metodologias se fundamentam em uma atitude científica.

O conhecimento transdisciplinar leva a um novo tipo de educação: a transdisciplinar. Para saber o que isso significa, é preciso entender primeiro o que é a metodologia transdisciplinar.

2. Abordagem transdisciplinar da natureza e do conhecimento

O conceito-chave de transdisciplinaridade é a noção de nível de Realidade.

O significado que damos à palavra "realidade" é, ao mesmo tempo, pragmático e ontológico.

Quando falamos em Realidade (com "R" maiúsculo), referimo-nos, em primeiro lugar, ao resultado de nossas experiências, idéias, descrições, imagens e até formulações matemáticas.

Reconhecendo a participação da natureza na constituição do mundo, precisamos dar ao conceito de Realidade uma dimensão ontológica. A Realidade não é apenas uma construção social, o consenso de uma coletividade ou um acordo intersubjetivo. A Realidade possui também uma dimensão transubjetiva: dados experimentais podem destruir a mais bela teoria científica.

Claro que é preciso distinguir entre as palavras "Real" e "Realidade". Real designa o que é, enquanto Realidade se refere mais aos resultados da experiência humana. O "Real" é, por definição, velado para sempre; a "Realidade" é acessível ao nosso conhecimento.

Por "nível de Realidade" (noção que introduzi na Ref. [3] e desenvolvi na Ref. [4]), entendo um conjunto de sistemas invariáveis sob um número mínimo de leis genéricas: entidades quânticas, por exemplo, são subordinadas a leis quânticas, que divergem radicalmente das leis do mundo físico. Isto significa que dois níveis de Realidade são diferentes se, entre um e outro, houver uma desobediência à lei ou uma ruptura em conceitos fundamentais (a causalidade, por exemplo).

A emergência de pelo menos três níveis diferentes de Realidade no estudo dos sistemas naturais – o macrofísico, o microfísico e o tempo ciberespacial – representa um grande evento na história do conhecimento. É o que pode nos levar a reconsiderar nossa vida individual e social, reinterpretando o velho conhecimento, explorando de maneira diferente o saber que trazemos em nós, aqui e agora.

A existência de diferentes níveis de Realidade foi afirmada por várias tradições e civilizações, mas sempre com base em dogmas religiosos ou somente na exploração do universo interior.

No século em que vivemos, numa tentativa de questionar a base científica, Edmund Husser [5] e outros estudiosos detectaram a existência de diversos níveis de percepção pelo sujeito-observador da Realidade.

O ponto de vista transdisciplinar nos permite considerar uma Realidade multidimensional, estruturada por níveis múltiplos, em lugar da Realidade unidimensional, de nível único, encontrada no pensamento clássico.

Dois níveis adjacentes de Realidade são conectados pela lógica intermediária incluída – uma nova lógica, se comparada à clássica.

A lógica clássica se baseia em três axiomas:
1. *O axioma da identidade:* A é A.
2. *O axioma da não-contradição:* A não é não-A.
3. *O axioma da exclusão do meio-termo:* Não existe um termo "T" (de "terceiro") que seja ao mesmo tempo A e não-A.

Com base nessa lógica, chega-se imediatamente à conclusão de que os pares de contraditórios apresentados pela Física Quântica são mutuamente exclusivos, pois não se pode afirmar ao mesmo tempo a validade de duas asserções contrárias: A e não-A.

As lógicas quânticas [6], em sua maioria, modificaram o segundo axioma da lógica clássica – o da não-contradição – ao acrescentarem a não-contradição a vários valores de verdade, em lugar do par binário (A e não-A). A História deu a Stéphane Lupasco (1900 – 1988) o crédito pela demonstração de que a lógica intermediária é verdadeira, formalizável e formalizada, polivalente (com três valores: A, não-A e T) e não-contraditória [7].

A compreensão do axioma do intermediário incluído – existe um terceiro termo ("T") que é ao mesmo tempo A e não-A – torna-se perfeitamente clara com a introdução da idéia de "níveis de Realidade".

Se quisermos obter uma imagem nítida do significado do intermediário incluído, podemos representar os três termos na nova lógica – A, não-A e T – e a dinâmica associada a eles por meio de um triângulo, em que um vértice está situado em um nível de Realidade, e os outros dois, em outro. O intermediário incluído é, na verdade, um terceiro incluído. Quando o indivíduo permanece em um único nível de Realidade, toda manifestação parece um conflito entre dois elementos contraditórios. A terceira dinâmica, a do estado T, acontece no terceiro nível de Realidade, no qual o que parece desunido é, de fato, unido, e o que parece contraditório é visto como não-contraditório.

O que produz a aparência de pares antagônicos, mutuamente excludentes (A e não-A), é a projeção do estado T sobre o mesmo e único nível de Realidade. Um só nível de Realidade não poderia criar senão posições antagônicas; ele é inerentemente autodestrutivo quando separado por completo de todos os outros níveis. Um terceiro termo situado no mesmo nível de Realidade no qual estejam os opostos A e não-A é incapaz de promover sua conciliação.

Existe, com certeza, coerência entre diferentes níveis de Realidade, pelo menos no mundo natural. Na verdade, uma enorme autocoerência – um comando de entrada cósmico – parece governar a evolução do universo, do infinitamente pequeno ao infinitamente grande, do infinitamente breve ao infinitamente longo. Um fluxo de informações é transmitido de maneira coerente de um nível de Realidade ao outro em nosso universo físico.

A estrutura aberta da unidade de níveis de Realidade vai ao encontro de um dos mais importantes marcos científicos do século XX, no que concerne à Aritmética: o teorema de Kurt Gödel [8], segundo o qual um sistema suficientemente rico em axiomas leva inevitavelmente a resultados dúbios ou contraditórios. Uma vez que se referem não apenas ao campo da Aritmética, mas a toda a Matemática – que inclui a Aritmética – as implicações do teorema de Gödel têm considerável importância para todas as modernas teorias do conhecimento.

Na verdade, existe uma coerência na unidade de níveis de Realidade que é orientada. Se a coerência estiver limitada somente aos níveis de Realidade, será interrompida no nível "mais alto" e no "mais baixo". Se pretendemos sugerir a idéia de uma coerência que ultrapasse aqueles limites, de modo que haja uma unidade aberta, devemos conceber uma unidade de níveis de Realidade que se estenda por uma zona de não-resistência a nossas experiências, representações, descrições, imagens e formulações matemáticas. Esta zona de não-resistência, chamada então de O Terceiro Oculto (The Hidden Third), corresponde ao que Bernard d'Estagnat chamou de "o véu do Real" [9]. Nesta zona, não existem níveis de Realidade.

Podemos dizer que a não-resistência dessa zona de absoluta transparência deve-se às limitações dos nossos corpos e dos órgãos que correspondem aos nossos sentidos – limitações que se impõem, sejam quais forem os instrumentos de medição utilizados para avaliar tais órgãos. A zona de não-resistência se relaciona ao sagrado – àquilo que não se submete a qualquer racionalização. É racional, mas não-racionalizável, distinção empregada por Edgar Morin [10].

É importante observar que O Terceiro Oculto está presente também entre os níveis de Realidade: a zona de não-resistência do sagrado atravessa os níveis de Realidade e neles penetra. Em outras palavras, a abordagem transdisciplinar da natureza e do conhecimento oferece uma ligação entre o Real e a Realidade.

A unidade formada pelos níveis de Realidade e sua zona complementar de não-resistência constitui o que chamamos de Objeto transdisciplinar.

Um novo Princípio de Relatividade [1] emerge da coexistência entre a pluralidade complexa e a unidade aberta: nenhum nível de Realidade constitui um lugar privilegiado, de onde se possa compreender outros níveis de Realidade. Um nível de Realidade é o que é porque todos os outros níveis existem ao mesmo tempo. Esse Princípio de Relatividade dá origem a uma nova perspectiva de campos como religião, arte, política, educação e vida social. E quando nossa perspectiva do mundo muda, com ela muda o mundo. "Dizer uma palavra verdadeira é o mesmo que transformar o mundo", escreveu o grande educador brasileiro Paulo Freire, em seu trabalho Pedagogia do Oprimido [11].

Os diferentes níveis de Realidade são acessíveis ao conhecimento humano devido à existência dos diferentes níveis de percepção encontrados em uma correspondência um a um com os níveis de Realidade. Tais níveis de percepção permitem uma visão da Realidade cada vez mais geral, unificadora e abrangente, sem jamais esgotá-la completamente.

Como no caso dos níveis de Realidade, a coerência de níveis de percepção pressupõe uma zona de não-resistência à percepção. Nesta zona, não existem níveis de percepção.

A unidade entre os níveis de percepção e essa zona complementar de não-resistência constitui o que chamamos de Sujeito transdisciplinar.

As duas zonas transdisciplinares de não-resistência, de Objeto e Sujeito, devem ser idênticas, para que os dois se comuniquem. Um fluxo de consciência que coerentemente atravesse diferentes níveis de percepção deve corresponder ao fluxo de informação que coerentemente atravesse diferentes níveis de Realidade. Os dois fluxos se inter-relacionam porque compartilham a mesma zona de não-resistência.

O conhecimento não é exterior nem interior; é exterior e interior ao mesmo tempo. Os estudos sobre o universo e o ser humano sustentam um ao outro.

O Terceiro Oculto, o termo que faz a interação entre Sujeito e Objeto, não pode ser reduzido a Objeto nem a Sujeito. O Terceiro Oculto é a fonte de paz em nossas mentes, em nossas almas e no mundo.

A divisão ternária
{Sujeito, Objeto, O Terceiro Oculto}
é radicalmente diversa da divisão binária
{Sujeito, Objeto},
que define a moderna Metafísica.

A visão que expresso aqui está totalmente de acordo com Werner Heisenberg, um dos fundadores da Mecânica Quântica, ao lado de Wolfgang Pauli e Niels Bohr.

Na verdade, Werner Heisenberg, em seus estudos filosóficos, chegou muito perto do conceito de "nível de Realidade". Em seu famoso *Manuscript of the year 1942* (publicado somente em 1984), Heisenberg, que conhecia bem Husserl, apresenta a idéia de três regiões de realidade, capazes de possibilitar o acesso ao próprio conceito de "Realidade": a primeira região é a da Física clássica; a segunda, da Física Quântica, da Biologia e dos fenômenos físicos; e a terceira, das experiências religiosas, filosóficas e artísticas [12]. Esta classificação possui um fundamento sutil: a conectividade cada vez mais próxima entre Sujeito e Objeto.

A metodologia da transdisciplinaridade baseia-se, portanto, em três postulados [1]:

1. Na natureza e no nosso conhecimento da natureza, existem diferentes níveis de Realidade e, de maneira correspondente, diferentes níveis de percepção.
2. A passagem de um nível de Realidade para outro é garantida pela lógica do intermediário incluído.
3. A estrutura da totalidade dos níveis de Realidade ou percepção é complexa: cada nível é o que é porque todos os níveis existem ao mesmo tempo.

Os dois primeiros tiram sua evidência experimental da Física Quântica, enquanto o terceiro tem como fonte, além da Física Quântica, uma variedade de outras ciências humanas e exatas.

É importante observar que se pode aceitar a validade dos três postulados da transdisciplinaridade independentemente de suas raízes históricas em algumas áreas da ciência moderna. Em outras palavras: a transdisciplinaridade não se apóia em uma transferência da ciência moderna – esse seria um procedimento epistemológica e filosoficamente equivocado. A ciência moderna, por meio de seus aspectos mais gerais, permitiu-nos identificar os três postulados da transdisciplinaridade; uma vez formulados, porém, eles apresentam uma validade que vai muito além da ciência moderna em si, pois podem ser aplicados no campo da educação e da cultura.

A educação transdisciplinar, baseada na metodologia transdisciplinar, permite-nos estabelecer ligações entre pessoas, fatos, imagens, representações, áreas de conhecimento e ações, levando-nos ao descobrimento do desejo de aprender durante a vida toda, criando seres em estado de questionamento e integração permanente. A educação transdisciplinar é a educação para a paz.

Basarab Nicolescu – Romeno. Um dos mais atuantes e respeitados físicos teóricos contemporâneos é especialista na teoria das partículas elementares. Autor de diversos livros e centenas de artigos que procuram desvendar as relações entre arte, ciência e tradição, propõe novos modelos de pensamento. Professor de física teórica da Universidade Pierre e Marie Curie, em Paris, onde foi fundador do Laboratório de Física Teórica e de Altas Energias. Presidente do Centro Internacional de Pesquisas e Estudos Transdisciplinares, fundado na França em 1987.

Referências:

[1] Nicolescu, Basarab. La transdisciplinarité manifeste. Mônaco: Le Rocher. Coleção Transdisciplinarité, 1996. Tradução de Karen-Claire Voss do francês para o inglês: Manifest of Transdisciplinarity. Nova York: SUNY Press, 2002. Tradução para o português de Lucia Pereira de Souza: O Manifesto da Transdisciplinaridade. 3ª ed. São Paulo: Triom. 2005.

[2] Piaget, Jean. L'épistémologie des relations interdisciplinaires. In: L'interdisciplinarité – Problèmes d'enseignement et de recherche dans les universités, OCDE, Paris, 1972. Minuta de um workshop em Nice em 1970.

[3] Nicolescu, Basarab. Nous, la particule et le monde. 2ª ed. Mônaco: Le Rocher. Coleção Transdisciplinarité, 2002.

[4] Nicolescu, Basarab. Levels of Complexity and Levels of Reality. In: "The Emergence of Complexity in Mathematics, Physics, Chemistry, and Biology". Minuta da sessão plenária da Pontifical Academy of Sciences, 27-31 de outubro de 1992, Casina Pio IV, Vaticano. Ed. Pontificia Academia Scientiarum, cidade do Vaticano, 1996 (distribuído pela Princeton University Press), editado por Bernard Pullman.

Nicolescu, Basarab. Gõdelian Aspects of Nature and Knowledge. In: de Gruyter, Walter. "Systems – New Paradigms for the Human Sciences". New York, 1998, pp. 173-184. Editado por Gabriel Altmann e Walter A. Koch.

Camus, Michel; Magnin, Thierry; Nicolescu, Basarab e Voss, Karen-Claire. Levels of Representation and Levels of Reality: Towards an Ontology of Science, in The Concept of Nature in Science and Theology (parte II). Éditions Labor et Fides, Genebra, 1998, pp. 94-103. Editado por Niels H. Gregersen, Michael W. S. Parsons e Christoph Wassermann.

Nicolescu, Basarab. Hylemorphism, Quantum Physics and Levels of Reality, in Aristotle and Contemporary Science. Vol. 1. Nova York: Peter Lang, 2000, pp. 173-184. Editado por Demetra Sfendoni-Mentzou, com introdução de Hilary Putnam.

[5] Husserl, Edmund. Méditations cartésiennes. Traduzido do alemão por Gabrielle Peiffer e Emmanuel Levinas. Paris: Vrin, 1966.

[6] Brody, TA. On Quantum Logic. In: "Foundation of Physics". vol. 14, nº 5, 1984, pp. 409-430.

[7] Lupasco, Stéphane. Le principe d'antagonisme et la logique de l'énergie. 2ª ed. Paris: Le Rocher, 1987. Prefácio de Basarab Nicolescu; Stéphane Lupasco – L'homme et l'oeuvre, Le Rocher, Mônaco, coleção Transdisciplinarité, 1990, sob a direção de Horia Badescu e Basarab Nicolescu.

[8] Veja, por exemplo, Ernest Nagel e James R. Newman, Gödel's Proof, New York University Press, Nova York, 1958; Hao Wang, A Logical Journey – From Gödel to Philosophy, The MIT Press, Cambridge, Massachusetts – Londres, Inglaterra, 1996.

[9] d'Espagnat, Bernard. Le réel voilé – Analyse des concepts quantiques. Paris: Fayard, 1994.

[10] Morin, Edgar. La méthode III – La connaissance de la connaissance/1. Anthropologie de la connaissance, Seuil, Paris, 1986.

[11] Freire, Paulo. Pedagogy of the Oppressed. Nova York: The Seabury Press, 1968.

[12] Heisenberg, Werner. Philosophie – Le manuscrit de 1942. Seuil, Paris, 1998. Tradução do alemão e introdução de Catherine Chevalley.

Democracia e Globalização:
Os Nove Tipos de Paz

Cristóvam Buarque

1. O Atraso da Democracia

Foi Churchill quem disse que a democracia é o pior sistema político, salvo os demais. Sua frase ganhou mais validade com o despertar dos direitos das minorias contra o autoritarismo democrático da maioria. É ainda mais acertada hoje em dia, diante do processo de globalização. A democracia já não responde às exigências do mundo global, mas não existe ainda um sistema capaz de substituí-la.

Inventada no tempo em que os Estados se limitavam a cidades e os dirigentes tinham poderes limitados aos seus pequenos territórios e ao curto tempo de suas vidas, a democracia envelheceu em um mundo onde o poder de qualquer presidente vai muito além das fronteiras de seu país, e tem efeitos que vão muito além dos seus períodos de governo, repercutindo na vida de cidadãos que não os elegeram, por serem de outros países ou de gerações futuras.

Isso é óbvio para dirigentes dos grandes países, cujas decisões podem aquecer o planeta, desviar rios, provocar guerras nucleares ou biológicas, desestabilizar outros países ou a civilização inteira. Mas é real também para os presidentes de pequenos países que decidam construir centrais nucleares, barrar um rio internacional, autorizar o funcionamento de sistemas bancários para lavagem de dinheiro, permitir a instalação, nos seus territórios, de bases terroristas ou tráfico de drogas.

No mundo globalizado, as ações de cada Estado podem repercutir no mundo inteiro por séculos adiante, mas a democracia continua elegendo dirigentes com base em eleições nacionais para mandatos com curtas durações. O mundo tornou-se global e de longo prazo, mas a democracia continua nacional e de curto prazo.

Um mundo global precisa de uma democracia capaz de incorporar a realidade global.

Para que seja democrática, a globalização deve deixar de ser identificada somente com o comércio.

Salvo alguma tragédia ecológica, social ou política, o comércio nunca voltará ao tempo das nações fechadas. O comércio internacional será a marca do futuro. Mas, para que ele ocorra com o mínimo de eficiência civilizatória, terá que vir acompanhado de uma solidariedade internacional, por meio de investimentos para superar a pobreza e as calamidades locais, para enfrentar os problemas sofridos pelos excluídos das vantagens da modernidade global.

A democracia global vai exigir combinar a democracia nacional com a solidariedade internacional e histórica, com as sociedades do presente e as gerações do futuro, permitindo completar o quadro de mobilidade mundial, em que, além da paz comercial que vem do comércio livre em fase de implantação, o mundo caminhe para realizar outros objetivos pacíficos: a paz social, a paz da segurança, a paz migratória, a paz cultural, a paz tecnológica, a paz moral, a paz política.

2. A Paz Social: A Luta Contra a Pobreza

O mundo não pode ser global no comércio, na economia, nas finanças, e continuar mantendo a humanidade dividida. A cortina de ferro que impedia a globalização, dividindo a humanidade segundo fronteiras ideológicas, políticas, econômicas e militares, não pode continuar sendo substituída, como hoje, por uma *cortina de ouro* que impede a globalização democrática, dividindo a humanidade segundo fronteiras sociais e demográficas.

Não há democracia global em um mundo que abre fronteiras para a entrada de produtos que aumentam o bem-estar dos ricos e fecha fronteiras para pessoas fugindo da pobreza. A globalização da riqueza para poucos, mantendo-se a nacionalização da pobreza para muitos, é imoral.

O mundo global atual formou uma humanidade dividida: no lugar da cortina de ferro, uma *cortina de ouro*; de um lado, *um arquipélago de pobres do mundo* diferenciados em sua exclusão dos benefícios da modernidade e, de outro, *um primeiro mundo internacional de ricos* integrados nos mesmos modernos padrões de consumo e de cultura. A globalização espalhou o direito à riqueza por parte de grupos sociais independentemente do país onde vive a pessoa, mas ao mesmo tempo excluindo dentro de cada país parcelas da população local. O mundo dividido entre Primeiro, Segundo e Terceiro Mundo, pré-globalização, foi substituído por um mundo onde o Segundo desapareceu, no Primeiro surgiram bolsões de pobreza e, no Terceiro, bolsões de riqueza. O mundo global do século XXI é um imenso *Mundo Terceiro Mundo*, com *países de maioria da população de baixa renda e países com maioria da população de alta renda*, mas em ambos os grupos havendo parcelas ricas e parcelas pobres, diferenciando-se apenas, dentro de cada país, a proporção entre uma e outra dessas parcelas.

A continuação desta realidade levará o Mundo, em poucas décadas, a uma divisão tão brutal entre ricos e pobres, não importa em que país eles estejam, que surgirá uma ruptura biológica na espécie humana, uns vivendo mais, com mais saúde física e mais inteligência e outra parcela, a maioria, vivendo menos, fisicamente debilitada e sem educação. O resultado será a tragédia moral da exclusão aceita, pelo sentimento de *dessemelhança*, que já começa a se espalhar pelo mundo, entre os ricos e os pobres. Os primeiros, livres para a violência do desprezo de usufruir da riqueza e do avanço técnico sem solidariedade, e os outros, livres para se rebelarem sob todas as formas de violência.

A globalização só será democrática se a luta for contra a pobreza por um programa global. Uma espécie de *Plano Marshall Social Global*.

No período pré-globalização, a democracia criou um Plano Marshall para a reconstrução econômica da Europa. Em tempos de globalização, é preciso um Novo Plano Marshall, em escala global e com propósitos sociais, porque a redução da pobreza não decorre do crescimento econômico. Um Plano Marshall para a economia aumentaria a riqueza, mas não diminuiria a pobreza. Em alguns casos, poderia até agravá-la, fazendo crescer a desigualdade. O fim da pobreza tampouco será obtido com um sistema permanente de ajuda externa, fruto de uma solidariedade generosa.

A melhor maneira de garantir essa ajuda é o lançamento de um imenso programa mundial social, pela educação e pela saúde, que gere emprego nos países pobres, com atividades diretamente ligadas à promoção da saúde e da educação, além de apoio às *economias locais*. E que beneficie até mesmo os países ricos, graças a uma *solidariedade egoísta*, pela qual a doação melhora a posição do doador, possibilitando um salto em seu bem-estar.

O keynesianismo do pós-crash de 29 visou dinamizar a economia através do aumento da demanda agregada e foi executado muitas vezes sem responsabilidade fiscal e com intervencionismo estatal exagerado. Aliado ao keynesianismo, o Plano Marshall do pós-guerra visou financiar investimentos industriais e em infra-estrutura. Os dois foram capazes de provocar o crescimento econômico dos últimos 60 anos.

O século XXI está exigindo um novo plano Marshall e um novo keynesianismo, na luta contra a pobreza no mundo. Com responsabilidade fiscal e respeitando plenamente as leis de mercado, é possível uma transferência de renda para a população pobre do mundo, com o objetivo de empregar esta população na produção dos bens e serviços de que ela precisa para sair da pobreza. Seria uma *junção modificada de um novo keynesianismo social e do Plano Marshall social*, com a diferença de que desta vez o programa financiaria diretamente subsídios sociais, renda para empregar os pobres na produção do que os pobres necessitam para sair da pobreza.

O exemplo mais conhecido de *subsídio social* são os programas *Bolsa Escola*, no Brasil, e *Progresa*, no México, ambos com nomes modificados para *Bolsa Família* e *Oportunidade*[1]. Os governos destes países, com rendas médias pelos padrões mundiais, foram capazes de financiar o pagamento de uma renda às famílias pobres, com a condição de que

---

[1] A concepção da Bolsa Escola tem diversos estudos de avaliação feitos pelo Banco Mundial, Banco Interamericano de Desenvolvimento, Unicef, Unesco, ILO. Tem sido comentada por autores como Bill Clinton, em sua autobiografia, e George Soros, em seu livro *On Globalization*.

elas mantenham seus filhos na escola, com regularidade e aproveitamento. Além da renda criada para que a família saia da penúria imediata, a escola assegurará a saída da pobreza a suas crianças. O livro *Índia-From Midnight to the Millennium*[2], de Shashi Tharoor, descreve como pequenos instrumentos de apoio aos grupos pobres, os "intocáveis", no caso da Índia, consegue provocar um salto desses grupos, com sua inclusão social e saída da pobreza.

Em escala mundial, com apenas 13% do serviço da dívida dos países pobres, é possível abolir o trabalho infantil e colocar 250 milhões de crianças na escola, criando ao mesmo tempo uma pequena dinâmica econômica local, uma espécie de *keynesianismo social*, com um crescimento pela base e impacto social positivo.

Estudos mostram que o custo de um programa mundial de luta contra a pobreza exige uma pequena parcela da renda mundial, hoje em torno a US$ 40 trilhões anuais, sobretudo se a engenharia financeira desses gastos for feita levando em conta a redução do serviço da dívida dos países pobres. A recente negociação entre Argentina e Espanha permitiu a troca de parte da dívida do primeiro país com credores do segundo país, com a condição de que o valor perdoado fosse utilizado em educação, especialmente em programas do tipo *bolsa escola*.

3. Paz Migratória: Atração Interna

Não se pode imaginar uma globalização democrática em um mundo que avançou no livre trânsito de mercadorias, mas criou barreiras crescentes para impedir o trânsito de pessoas entre as fronteiras nacionais. O mundo não será global e ao mesmo tempo não será democrático em escala planetária enquanto houver a forte discriminação contra migração. Na fronteira dos EUA com o México, morrem por ano mais pessoas ao tentar atravessar a fronteira entre os dois países do que em toda a história do muro de Berlim[3]. Isto significa que atravessar a cortina

---

[2] Tharror, Shashi. *Índia-From Midnight to the Millenium*, Millenium Edition, Penguim Books, Londres, 1997, cap. 4, pp. 79-111.
[3] A Revista *The Economist*, Feb. 19th-25th, p. 81, "The giant fence sealing Mexico from America stands in contrast to the Statue of Liberty. In the 43 years that the Berlin Wall sht Communism´s refugees in, it accounted for 239 deaths. America does not shoot migrants, yet in 1991-2001, at least 1.700 people died crossing its border deserts".

de ouro é muito mais arriscado e provoca muito mais mortes do que a travessia da cortina de ferro.

Ao mesmo tempo, é normal imaginar que países ricos com pequenos territórios procurem defender-se cultural e socialmente. A equação querer globalizar a demografia e proteger os direitos nacionais de cada povo, inclusive dos povos ricos, só será resolvida se houver instrumentos para que cada povo pobre encontre meios de sobrevivência e progresso dentro de suas fronteiras. Uns, sem necessidade de emigrar; outros, sem necessidade de frear imigrações.

Com o custo de um único policial de fronteira nos EUA, é possível financiar, através da *Bolsa Escola*, a colocação de mil crianças na escola em Honduras, com a condição de que estas crianças não faltem às aulas e seus pais não as abandonem para migrar. A bolsa paga e a necessidade da presença dos pais são razões morais suficientes para que se reduza a necessidade e para justificar a proibição da migração.

Um programa internacional para a melhoria dos salários dos professores nos *países com maioria da população de baixa renda* seria capaz de frear parte da migração de jovens locais em busca de melhores salários. O equipamento destas escolas não apenas seguraria as crianças e seus filhos nos países, como também dinamizaria o emprego nos países produtores destes equipamentos.

No lugar da violência das fronteiras, impedindo a migração, e das conseqüências da liberalidade migratória, a globalização democrática deve executar um programa de atração interna, dentro de cada país, para que a migração deixe de ser uma necessidade.

4. A Paz Tecnológica: A Luta Contra Epidemias

O mundo global assiste a duas tragédias: a tragédia que assola populações do mundo por causa de calamidades e a tragédia moral, como a população não atingida assiste esta tragédia. A luta contra as epidemias, contra a fome, contra o analfabetismo é uma luta pela globalização do acesso aos avanços técnicos. A globalização não será democrática, nem ética, enquanto os benefícios da ciência e da tecnologia nos setores essenciais se limitarem apenas a uma pequena parcela da população. A globalização democrática vai exigir que a ciência e a tecnologia nos campos da saúde, da educação, da agricultura possam beneficiar a toda a população da humanidade.

Embora relacionada com a pobreza, a democracia globalizada vai exigir um programa mundial de luta contra epidemias que atingem, sobretudo, populações pobres, mas também ameaçam as populações dos países ricos. A luta contra a poliomielite foi um exemplo de defesa do interesse dos ricos protegendo os pobres. Embora o HIV não se transmita pelo ar, como o vírus da poliomielite, o que permite que os ricos bem informados adotem medidas profiláticas, ele é uma ameaça para todos. Um problema que atinge 37,8 milhões de pessoas, 66%[4] delas concentradas na África e sem qualquer apoio, não pode ser visto como problema nacional, de cada país, sobretudo daqueles sem recursos para enfrentá-la. A AIDS precisa ser vista como problema mundial, dentro do espírito da globalização, que acompanha e induz o comércio internacional, mas condena a saúde ao espaço da responsabilidade nacional.

A luta para enfrentar epidemias, especialmente a AIDS, está ao alcance do mundo. Os remédios e retrovirais já existem, a vacina está próxima; o problema é o custo. Não se pode fazer da epidemia um vetor de lucro. Ao mesmo tempo não é possível, em nome do social, retirar o incentivo ao avanço técnico que vem do lucro das empresas que vendem vacinas a preços elevados. O fim do direito às patentes pode reduzir o avanço científico com conseqüências ainda mais graves sobre o futuro da humanidade, como a demora na invenção dos remédios, mas a proteção às patentes pode adiar os resultados do uso dos remédios, com efeitos vergonhosos, desumanos, imorais. A solução desta equação está no uso de recursos públicos dos *países com maioria da população de alta renda* para cobrir os gastos de pesquisas de empresas privadas na área da saúde, como é feito na área militar.

Bastaria um programa mundial de compra e distribuição de remédios para manter o incentivo ao avanço técnico, garantindo ao mesmo tempo o resultado imediato do uso desses remédios. O custo de um programa como esse está perfeitamente dentro das possibilidades da riqueza mundial, como uma forma de globalização positiva, não apenas do comércio, mas também da cura das doenças.

---

[4] Tabela da Unaids.

Outras epidemias virão no futuro, tanto do ponto de vista biológico como do ponto de vista das ameaças naturais, como foi um exemplo recente o *tsunami* de 26 de dezembro de 2004. O 11 de setembro de 2001, que matou cerca de duas mil pessoas com o gesto criminoso de terroristas, ficou na história como uma data a partir da qual o mundo rico mobilizou bilhões de dólares para evitar tragédias políticas similares. Mas o 26 de dezembro, que matou 200 mil pessoas, deveria ficar na história como a data a partir da qual os países ricos deveriam começar a gastar mais recursos para evitar tragédias naturais similares. Da mesma maneira que o 11 de setembro foi uma data de uma epidemia social do terrorismo, o 26 de dezembro deve merecer a mesma atenção para que sejam evitadas tragédias naturais.

É preciso ver também a morte pela fome e a vida sem educação e na penúria como forma de catástrofes tão graves quanto o *tsunami*, o terrorismo, a AIDS.

5. A Paz Cultural: A Globalização Tolerante

O acesso à cultura universal sempre foi um dos grandes objetivos da humanidade, tanto quanto o acesso à ciência e à tecnologia. Mas, na forma como a globalização vem-se espalhando sobre o mundo cultural, no lugar de acesso à cultura universal, tem-se assistido à unificação mundial da cultura mais forte, dos *países com maioria da população de alta renda*, em detrimento da cultura dos demais, com etnocídios que destroem culturas e tradições.

Do ponto de vista cultural, a globalização está fazendo, em escala planetária e em poucas décadas, neste começo do século XXI, o que foi feito de forma mais lenta no começo do século XVI nos países recém-descobertos das Américas: a destruição de culturas nativas, empobrecendo com isto toda a humanidade, por causa de uma globalização sem respeito à diversidade, destruidora de patrimônio e por isto mesmo não-democrática, ou resultado de uma *democracia arcaica*.

É isso o que os EUA e a Europa estão fazendo, muitas vezes naturalmente, pela sedução de suas invenções, muitas vezes pela conversão de nações estrangeiras, mas às vezes pela intervenção militar ou por simples ameaça dela.

O mundo não será global e democrático se não for tolerante. A intolerância que os EUA exercem sobre o mundo, especialmente sobre o mundo islâmico, da mesma forma que a Europa exerceu sobre os povos nativos das Américas e os EUA exerceram contra suas populações indígenas, é uma forma de ditadura global, tão imoral como ditaduras nazistas, mesmo que não use a brutalidade vergonhosa dos campos de concentração e das câmaras de gás. Hoje, alguns países foram transformados em campos de concentração para a imposição das culturas ocidentais.

Da mesma forma, não se pode justificar a intolerância dentro de cada país. Certos grupos religiosos impõem suas visões de mundo e seus rituais. Se os EUA são hoje o maior destruidor de culturas, não se pode esquecer que foram grupos islâmicos que no Afeganistão destruíram todas as culturas diferentes das normas do islamismo mais ortodoxo.

6. A Paz da Segurança: A Luta Contra Todas as Violências

A tolerância entre as culturas e o respeito à diversidade serão instrumentos fundamentais para a pacificação mundial, especialmente a redução do terrorismo. Mas ela não se fará automaticamente. Ao longo dos próximos anos será necessário que a globalização se exerça com uma forte colaboração internacional contra todas as formas de violência.

A mais visível destas violências é o terrorismo. Com seus ataques indiscriminados a populações civis, o terrorismo, não importa a causa política por trás dele, é um instrumento de negação da democracia global. Com o avanço técnico, que fatalmente estará à disposição de indivíduos e grupos, em breve o terrorismo atacará com armas nucleares, químicas e biológicas que farão as atuais catástrofes parecerem pequenos acidentes.

Não há possibilidade de democracia global sem uma luta global contra todos os terrorismos.

Ao mesmo tempo, será necessário enfrentar as outras diversas formas internas de violência contra raças, gênero, a violência familiar, a violência do trabalho infantil, a da prostituição infantil.

7. A Paz Verde: A Proteção do Futuro

A globalização e o seu desenvolvimento tecnológico globalizaram a destruição ambiental a todo o Planeta. Diferente da histórica depredação ambiental local, o mundo de hoje depreda todo o Planeta. O mais forte exemplo disto é o processo de aquecimento que ocorre atualmente, ameaçando o futuro da vida e todo o sistema civilizatório. A continuar o atual modelo de consumo e produção, a continuar o uso indiscriminado dos instrumentos técnicos, a civilização global estará condenada. Estamos condenando a civilização a beneficiar apenas a atual geração, talvez mais uma ou duas gerações até o final do século XXI, condenando as gerações seguintes.

Não se pode imaginar uma democracia global apenas para os atuais seres humanos. A globalização colocou em guerra as gerações, a atual querendo usufruir vorazmente dos produtos de consumo criados pela tecnologia e pelo comércio, sem um compromisso com a sustentabilidade para as gerações futuras.

Por isto, não há democracia global sem grandes acordos que permitam subordinar o processo produtivo e o uso das técnicas aos interesses das gerações futuras. O *Acordo de Kyoto* foi um passo, mas ainda muito pequeno e pouco respeitado. Mais do que um acordo, faz-se necessário um *plano de paz com as gerações futuras*, que não virá dentro do atual modelo civilizatório, que baseia seu progresso no aumento do consumo, no crescimento do PIB, sem atribuir valor à Natureza.

8. A Paz Moral: A Globalização de Valores

A civilização adquiriu o poder de destruir a Natureza, em escala planetária, e os mecanismos de decisão continuam prisioneiros do curto prazo e das fronteiras nacionais. A bomba atômica levantou uma responsabilidade das nações, que se concluiu com os diversos acordos para suspensão de testes nucleares e a redução do arsenal nuclear; a crise ecológica levou ao *Acordo de Kyoto*.

A democracia global, com o poder catastrófico das técnicas dos dias de hoje, exigiria a globalização do poder de decisão, o que é impossível, uma vez que a própria necessidade de tolerância exige o respeito à nacionalidade. A democracia vive hoje a necessidade de uma ética planetária com uma política nacional. Os EUA não têm autoridade moral para impedir que outro país construa centrais de energia nuclear ou bombas atômicas se não se submetem à ânsia humanista global de impedir que a economia norte-americana se torne uma bomba de aquecimento do planeta com conseqüências muito mais dramáticas.

A solução para resolver a equação do direito à nacionalidade com responsabilidade global é tratar a Terra como um imenso condomínio, onde cada nação, mesmo dona de seu patrimônio, deve respeitar regras comuns a toda a humanidade. Da mesma forma que o dono de um apartamento pode usar seus bens internamente, mas não pode incendiá-lo ou deixar a torneira aberta permanentemente, nenhum país deve ter o livre arbítrio de destruir seus recursos naturais e mobilizar livremente seu patrimônio tecnológico.

Assim como foram feitos acordos para reduzir a produção de armas nucleares e outros levaram à assinatura do *Acordo de Kyoto*, é igualmente importante que regras éticas sejam definidas para todos os países, em todos os campos, como o uso da ciência e da tecnologia, os direitos humanos, o uso de recursos públicos para a luta contra a corrupção, o terrorismo, a luta pela inclusão.

9. A Paz Política: A Globalização da Política

A ética global não se espalhará enquanto a política não der um salto além das fronteiras de cada país.

Só uma ainda hipotética democracia planetária faria surgir partidos internacionais. A experiência da internacionalização comunista se mostrou como um instrumento internacional para servir ao projeto nacional da URSS. As outras tentativas de internacionalização se limitam apenas a fóruns de debates para políticos com posições afins.

É a ânsia de uma ética planetária com política nacional que faz com que as organizações não-governamentais se espalhem globalmente.

Enquanto não chegar o tempo da democracia planetária, nem houver partidos internacionais, a democracia global terá que aceitar o papel crescente das ONGs como instrumentos de interferência política e social de valores internacionais em formação. As ONGs internacionais podem ser os instrumentos de equilíbrio, em um mundo global em que os partidos são puramente nacionais, as empresas globais se orientam com base no lucro microeconômico imediato, e as igrejas internacionais oferecem a vida espiritual no "outro mundo".

Texto originalmente apresentado no Seminário The State of Democracy in the World, U. N. Headquarters, NY – 10 de março de 2005.

Cristóvam Buarque – Brasileiro. Engenheiro Mecânico. Doutor em Economia. Foi reitor da Universidade de Brasília (Brasil). Senador. Foi Governador do Distrito Federal e Ministro da Educação. Criador da Organização Não-governamental Missão Criança. Foi Presidente do Conselho da Universidade para a Paz das Nações Unidas. Autor de vários livros, alguns traduzidos em outros países. Livros do autor: *A Borboleta Azul, O Berço das Desigualdades, Admirável Mundo Atual, A Segunda Abolição, A Revolução nas Prioridades,* entre outros.

Uma Nação Planetária

Iradj Roberto Eghrari

Onde foi que nos perdemos no caminho? Por que, após 10 mil anos de história registrada, nos vemos, mais uma vez face a face com desafios que há muito já deveriam ter sido solucionados? O que levou os seres humanos, após avanços materiais e, sem dúvida, também sociais e intelectuais, a se verem, agora em pleno século XXI da Era Cristã, face a face com a possibilidade de que ocorram horrores inimagináveis no processo "civilizatório" da humanidade, num momento em que nações se sobrepõem a nações, grupos buscam dominar grupos, e a saga humana de sonhar em viver de forma pacífica se veja, de certa forma, cada vez mais distante? Por que precisamos relembrar constantemente aos seres humanos que os paradigmas de convivência estão equivocados e que algo deve ser feito para que um convívio pacífico seja alcançado?

Devemos voltar à própria natureza do ser humano. A nossa natureza dual traz a chave para a solução dessa questão. Nossa realidade mais íntima, nossa alma, pode ser comparada a um espelho, que é capaz de refletir aquilo que é colocado à sua frente. Se volvermos o espelho, que é a nossa alma, para as coisas terrenas, as coisas materiais, refletiremos apenas aquilo que é a matéria. O espelho nada mais apresentará do que as regras de convivência, de relacionamento que nascem da matéria: limitadas, egoístas, individualistas, pragmáticas, apenas refletindo nossa realidade mais instintiva. Porém, se volvemos esse espelho para o céu, refletimos o infinito, a plenitude, as estrelas e os sóis, os planetas e novas realidades; vemos a harmonia, vemos como a dança planetária é capaz de nos ensinar o espírito de convivência, de atração, de amor, de unidade, da diversidade, daquilo que é pleno e absoluto.

Mas, por que volvemos o espelho de nossa alma, o espelho de nosso coração, para as coisas terrenas e não para as coisas celestiais? Talvez porque o Criador, para que nos oferecesse a possibilidade do desafio de viver em nossa plenitude, fez com que o espelho do nosso coração naturalmente pendesse para as coisas da terra. E a partir do esforço de cada um, daquilo de mais valioso que trazemos em nossa existência humana, que é o livre arbítrio, por decisão própria e por empenho determinado, temos a oportunidade de volver esse espelho para o céu. E para que isso aconteça, é necessário relembrar e relembrar os seres humanos, de tempos em tempos, da missão que lhes compete.

Mas por que tal missão seria tão fundamental? Por que não apenas nos deliciarmos com as coisas da matéria, ainda que limitadas, ainda que individualistas, ainda que promovedoras do distanciamento e da ação egoísta? Uma segunda análise torna-se necessária. Qual o nosso verdadeiro propósito e destino? A terra ou o céu? Se fosse a terra, nosso corpo tenderia cada vez mais a aumentar a sua complexidade e a sua estabilidade, não se desintegrando. Se fosse a terra nosso destino, nossa missão, o nosso ponto de chegada, a criação teria sido tal que estabeleceríamos vínculos cada vez mais profundos e cada vez mais consoantes com a natureza das coisas terrenas, das coisas materiais. Mas nossa analogia nos permite perceber que a nossa natureza material segue o rumo contrário. Ela segue constantemente o caminho da desintegração. Nascemos fisicamente para morrermos fisicamente. Nascemos fisicamente para servirmos de meio e instrumento para que nossa alma possa desenvolver-se. Para que o espelho de nosso coração possa volver-se ao céu. E então apontar para o nosso destino. E assim, com a desintegração do corpo, seguirmos rumo ao nosso destino no infinito. Concluímos, portanto, que nossa realidade não é terrena, limitada, contingente, e sim celestial, ilimitada e perene. Se esta é a realidade, se este é o verdadeiro senso de missão que nos é oferecido quando iniciamos nossa trajetória da existência nesse plano material, é a paz e não o conflito o nosso instrumento essencial de crescimento e desenvolvimento.

Em uma outra analogia, poderíamos dizer que o mundo se assemelha ao ser humano que está doente e combalido, cujos sentidos estão perdendo as suas capacidades. Os seus olhos não mais vêem, seus ouvidos estão ensurdecidos e suas forças cada vez mais enfraquecidas.

Há a necessidade de um médico competente, que possa atender a esse corpo agora quase desfalecido, dados os conflitos, as desigualdades, as injustiças, as exclusões, as omissões, que partem de todos os lados e que incidem sobre o corpo da humanidade. Esse médico deve ter o dedo no pulso desta humanidade desolada e aplicar o remédio que seja apropriado e necessário à época em que vivemos. Numa época em que o racismo, o nacionalismo, os extremos de riqueza e pobreza, as desigualdades de gênero e a falta de uma educação universal tornam-se ainda mais intensificadas pela contenda entre as religiões, elementos estes que dilaceram o corpo da humanidade, um novo remédio deve ser aplicado. Da mesma forma que no corpo humano, quando uma doença acomete uma parte todo o corpo se mobiliza para a proteção de todo o sistema, essas doenças que acometem o corpo da humanidade necessitam de uma solução abrangente: essa solução, esse remédio, esse elixir poderoso, nada mais é do que a unidade da humanidade.

Vivemos, indiscutivelmente, um momento em que os ideais materialistas comprovadamente falharam em encontrar solução para esse corpo adoecido. Há que se volver para a verdadeira natureza humana e considerar os anseios do espírito, a busca de volver-se o espelho do coração para as realidades transcendentais que o céu evoca para que, através desse novo paradigma de interação humana, alcancemos a paz tão sonhada e acalentada há milhares de anos. A humanidade passou por diferentes fases de crescimento. Na sua infância, conheceu a unidade do clã e da tribo. Passou na sua pré-adolescêcia a conhecer a sua unidade na cidade-Estado. Agora, no seu processo de alcançar a sua maturidade, passou pela fase do reconhecimento de unidade nacional, e agora, em sua idade adulta, não pode encontrar outro remédio a não ser reconhecer a unidade do planeta como constituindo uma só terra, um único país.

Este processo de evolução humana também vem acompanhado da necessidade do reconhecimento da verdadeira natureza daquele que seria o cimento que une os diferentes elementos constituintes da família humana. Esse cimento nada mais é do que aquilo que os luminares divinos, os sábios iluminados, os profetas e mensageiros divinos vêm anunciando há milhares de anos, auxiliando a humanidade, não somente a volver o espelho do seu coração para as qualidades celestiais, mas também auxiliando o polimento desse espelho para que nele sempre possa reluzir de forma plena a infinitude desse céu e a potência de seus sóis, de suas luas e estrelas. Foram os ensinamentos de justiça, amor, abnegação, humildade, veracidade, honestidade, moderação, temperança, radiância de espírito, pureza de coração, bondade, resignação, sacrifício, dentre tantos, que esses luminares, de tempos em tempos, vieram relembrar à humanidade. Porém, os povos do mundo, embevecidos com o seu desenvolvimento material, a sua capacidade de entender a natureza física dessa realidade, acreditaram não mais necessitar de quem lhes explicasse nada de transcendental. Lamentavelmente, limitou-se a humanidade a uma visão pequena, restrita e totalmente descabida da realidade humana; limitou-se a ver o mundo como sendo apenas o tangível, o perceptível pelos cinco sentidos, maravilhada com aquilo que o espelho do seu coração poderia refletir das qualidades terrenas. Esquecida das qualidades celestiais, viu-se presa ao mundo da matéria.

> *"Sois assim como a ave que voa, com a plena força de suas poderosas asas e com completa e jubilosa confiança, através da imensidão dos céus, até que, impelida a satisfazer a fome, se volve avidamente para a água e o barro da terra embaixo e, emaranhada no enredo de seu desejo, se vê impotente para retomar o seu vôo para os domínios donde viera. Sem o poder de se livrar daquilo que lhe pesa nas asas maculadas, essa ave, esse habitante dos céus, é forçada agora a buscar sua morada no pó. Portanto, ó Meus servos, não contamineis vossas asas com o barro da desobediência e dos desejos vãos, e não as deixeis macularem-se com o pó da inveja e do ódio, para que não sejais impedidos de voar nos céus de Meu conhecimento divino."*[1]

Estas palavras de Bahá'u'lláh nos dão a medida certa daquilo que é necessário para que possamos, como uma única humanidade, nos volver para o caminho que leva à convivência pacífica, atendendo aos conselhos divinos, avançando com "ouvidos que ouvem, olhos que vêem". A unidade da humanidade é a gota de orvalho que dissolverá esse barro que cobre as asas dos seres humanos, que os impede de voa-

---

[1] Bahá'u'lláh. *Seleção dos Escritos* de Bahá'u'lláh, seção CLIII, Editora Bahá'í do Brasil.

rem nos domínios da altura, livres de qualquer peso terreno que sobre eles recaia.

E é 'Abdu'l-Bahá que nos dá o conselho de "purificar o coração do mais tênue traço de ódio e rancor..." e de "começar a ser verazes e sinceros, conciliadores e amorosos com toda a humanidade para que oriente e ocidente, como dois amantes, abracem-se carinhosamente; a inimizade, a hostilidade extingam-se da face da terra, e a paz universal seja firmemente estabelecida em seu lugar".[2] Tais exortações ganham uma dimensão muito especial. Nossa tarefa, portanto, é com a água da vida limparmos nossas asas, retirarmos o lodo e o barro que sobre elas se solidificaram. Lodo e barro, esses que simbolizam o nosso apego à matéria, que nos distancia um dos outros, que nos torna individualistas, que nos impede de vermos com clareza a beleza e infinitude que se espelha na alma de outro ser humano. Isto se reflete nas pequenas coisas objetivas e práticas da vida; nas nossas relações familiares, nas relações com os amigos, nas relações de trabalho, na nossa relação com o próprio planeta. Afinal, não é fruto de nosso individualismo e nossa ganância que a terra, este grande ventre que nos acolhe, vem sofrendo tamanhos desequilíbrios que a levam a se revoltar contra aqueles que sobre ela caminham? A este respeito, diz Bahá'u'lláh:

> "No entanto, andai sobre minha terra, contentes, satisfeitos convosco mesmos, sem perceberdes que minha terra se enfastia de vós, que tudo nela se vos evade".[3]

Somente um poder superior é que será capaz de transformar corações e mentes, pois os poderes da terra conjugados são incapazes de fazer com que o espelho do coração humano se volva para refletir a plenitude da realidade espiritual, da realidade transcendental, dessa realidade celestial. Apenas um poder transcendental, que, com toque sutil, desperta corações, transforma vidas e redireciona olhares.

Afinal, não existe ser humano algum cuja consciência não ateste que a mais relevante de todas as questões no mundo de hoje é a paz universal. Todo homem justo dá testemunho disso. No entanto, perdidos

---

[2] 'Abdu'l-Bahá. *Seleção dos Escritos* de 'Abdu'l-Bahá, p. 148, Editora Bahá'í do Brasil.
[3] Bahá'u'lláh. *As Palavras Ocultas*, Editora Bahá'í do Brasil.

nos devaneios do individualismo, não encontraremos a solução. Ela se encontra na unidade. Esta unidade, o reconhecimento de que todos constituímos uma única família humana, que as diferenças de raça, classe, religião, cor e gênero, ou de qualquer outra natureza, constituem a beleza de cores que tornam o jardim com flores das mais diferentes matizes, algo desejável e apreciável aos olhos humanos. Nosso esforço deve ser, portanto, de despertar almas para esta realidade. Esta unidade de consciência que vai sendo formada tornará seguros os alicerces da paz universal.

Assim, voltamos à nossa tese inicial: a paz para a qual pensadores, profetas e pessoas de boa vontade volveram seus corações e que há séculos aguardam a sua concretização torna-se, agora, possível. Se isto será feito através de um processo de dor e sofrimento, tendo-se passado por horrores inimagináveis, precipitados pelo apego obstinado da humanidade a velhos padrões de comportamento, ou se essa paz será alcançada através de uma expressão de vontade coletiva de todos os seres humanos, é algo que se encontra em nossas mãos. Esta é a nossa escolha.

A Casa Universal de Justiça, da Fé Bahá'í, em uma de suas mensagens, afirma:

> *"O mérito essencial de um princípio espiritual reside no fato de não somente apresentar uma perspectiva que se harmoniza com aquilo que é imanente à natureza humana, mas também de incutir uma atitude, uma dinâmica, uma vontade, uma aspiração que facilita a identificação e implementação de medidas práticas"*.[4]

É nessa perspectiva que convidamos o leitor, em conclusão, a se questionar em como resolver o desafio presente no mundo atual, com o seu padrão enraizado de conflitos, a transformar-se num mundo onde prevaleçam harmonia e cooperação. Acreditamos que isto somente poderá ser alcançado com o reconhecimento da verdade espiritual da unidade da humanidade. Uma nova ordem mundial somente pode ser fundada sobre essa consciência ampla. Se, de um lado, as ciências já confirmam que constituímos uma única espécie humana, ainda que

---

[4] A Casa Universal de Justiça. *A Promessa da Paz Mundial*, Editora Bahá'í do Brasil.

variada nos aspectos secundários de sua realidade, de outro, é a aceitação desta unidade da humanidade que se torna o pré-requisito para reordenarmos a administração do mundo como um único país, como o lar da humanidade. A aceitação universal desse princípio espiritual é essencial para o êxito de qualquer tentativa de se estabelecer a paz mundial. Segundo a Casa Universal de Justiça, tal princípio "deveria, portanto, ser universalmente proclamado, ensinado nas escolas, e constantemente afirmado, em todas as nações como preparação para transformação orgânica da estrutura da sociedade que isso implica".[5]

E é em nosso coração que deve iniciar-se este processo. Ele se inicia com a nossa imersão nos ensinamentos sagrados, na percepção de que é a força transcendental divina que é capaz de nos resgatar desta paralisia, necessitados que estamos de um sopro de nova vida. É através da prática dos ensinamentos trazidos pelos luminares divinos que nos tornaremos o elemento transformador e amalgamador dos indivíduos em uma única família humana. Assim, munidos dessa certeza, tornarnos-emos a própria exemplificação das seguintes palavras de Bahá'u'lláh:

> "...que a graça os ajude a melhorar a condição do mundo e aprimorar o caráter dos povos das diferentes nações; eles possam, através das águas vivas dos conselhos de Deus, extinguir o ódio e animosidade que jazem ocultos e latentes nos corações dos homens".[6]

Iradj Roberto Eghrari – Brasileiro. Membro permanente do Comitê Nacional de Educação e Direitos Humanos. Professor do curso de Relações Internacionais. Secretário Executivo do Centro de Direitos Humanos e Violência do Centro Universitário Euro-Americano. Secretário Nacional de Assuntos Externos da Comunidade Bahá'í do Brasil. Convidado a contribuir para a reforma do sistema ONU.

---

[5] Idem.
[6] Bahá'u'lláh. *A Epístola ao Filho do Lobo*, Editora Bahá'í do Brasil.

Bases para a Cultura da Paz

Leonardo Boff

A cultura dominante, hoje mundializada, se estrutura ao redor da vontade de poder que se traduz por vontade de dominação da natureza, do outro, dos povos e dos mercados. Essa é a lógica dos dinossauros que criou a cultura do medo e da guerra.

Dos 3.400 anos de história da humanidade que podemos datar, 3.166 foram de guerra. Os restantes 234 não foram certamente de paz, mas de preparação para outra guerra.

Praticamente em todos os países as festas nacionais, seus heróis e os monumentos das praças são ligados a feitos de guerra e de violência. Os meios de comunicação levam ao paroxismo a magnificação de todo tipo de violência, bem simbolizado nos filmes de Schwazenegger como o "Exterminador do Futuro".

Nessa cultura, o militar, o banqueiro e o especulador valem mais do que o poeta, o filósofo e o santo. Nos processos de socialização formal e informal, a cultura da violência não cria mediações para uma cultura da paz.

Esta situação faz suscitar sempre de novo a pergunta que, de forma dramática, Albert Einstein colocou a Freud nos idos de 1932: é possível superar ou controlar a violência? Freud, realisticamente, responde: "É impossível aos homens controlar totalmente o instinto de morte. Esfaimados, pensamos no moinho que tão lentamente mói que poderemos morrer de fome antes de receber a farinha".

Sem detalhar a questão, diríamos que por detrás da violência funcionam poderosas estruturas.

A primeira delas é o caos sempre presente no processo cosmogênico. Somos todos filhos e filhas do caos, daquela de imensa explosão, o *big bang* que ocorreu há 15 bilhões de anos. A expansão e a evolução do universo são formas de criar ordem neste caos e não permitir que seja só caótico, mas que seja também generativo. Mesmo assim, o caos sempre acompanha a evolução; por isso, ela comporta violência em todas as suas fases.

São conhecidas cerca de cinco grandes dizimações em massa, ocorridas há milhões de anos. Na última, há cerca de 65 milhões de anos, pereceram todos os dinossauros após reinarem, soberanos, 133 milhões de anos sobre a Terra. Possivelmente, a própria inteligência nos foi dada para pormos limites à violência e conferir-lhe um sentido construtivo.

Em segundo lugar, somos herdeiros da cultura patriarcal que instaurou a dominação do homem sobre a mulher e criou as instituições do patriarcado assentadas sobre mecanismos de violência, como o Estado, o exército, a guerra, as classes, o projeto da tecnociência, os processos de produção, como sistemática depredação da natureza.

Em terceiro lugar, essa cultura patriarcal usou da repressão, do terror e da guerra como forma de resolução dos conflitos. Sobre esta vasta base se formou a cultura do capital, hoje globalizada; sua lógica é a competição e não a cooperação; por isso, gera guerras econômicas e políticas e com isso desigualdades, injustiças e violências.

Todas estas forças se articulam estruturalmente para consolidar a cultura da violência que nos desumaniza a todos. Não basta sermos a favor da paz. Temos que ser contra a guerra que está imperando em vários lugares do mundo com uma dizimação criminosa de inocentes.

A essa cultura da violência há que se opor a cultura da paz. Hoje ela é imperativa.

É imperativa porque as forças de destruição estão ameaçando, por todas as partes, o pacto social mínimo sem o qual regredimos a níveis de barbárie.

É imperativa porque o potencial destrutivo já montado pode ameaçar toda a biosfera e impossibilitar a continuidade do projeto humano. Ou limitamos a violência e fazemos prevalecer o projeto da paz, ou conheceremos, no limite, o destino dos dinossauros.

Onde buscar as inspirações para cultura da paz?

Primeiro, na nossa própria vontade. Se não queremos a paz, nunca a alcançaremos. Em seguida é no próprio processo antropogênico, quer dizer, no processo pelo qual nos tornamos humanos dentro da evolução. Ele nos fornece indicações objetivas e seguras.

A singularidade do 1% de carga genética que nos separa dos primatas superiores, como os orangotangos e os gorilas, reside no fato de que nós, à distinção deles, somos seres sociais e cooperativos. Ao lado de estruturas de agressividade, temos capacidades de afetividade, compaixão, solidariedade e amorização. Hoje é urgente que desentranhemos tais forças de dentro de nós para conferir rumo mais benfazejo à história. Toda protelação é insensata.

O ser humano é o único ser que pode intervir nos processos da natureza e co-pilotar a marcha da evolução. Ele foi criado criador. Dispõe de recursos de re-engenharia da violência mediante processos civilizatórios de contenção e uso de racionalidade. A competitividade continua a valer, mas no sentido do melhor e não da destruição do outro. Assim todos ganham e não apenas um.

Há muito que filósofos da estatura de Martin Heidegger, resgatando uma antiga tradição que remonta aos tempos de César Augusto, vêem no cuidado a essência do ser humano. Sem cuidado ele não vive nem sobrevive. Tudo precisa de cuidado para continuar a existir. Cuidado representa uma relação amorosa para com a realidade. Onde vige cuidado de uns para com os outros, desaparece o medo, origem secreta de toda violência, como analisou Sigmund Freud.

A cultura da paz começa quando se cultivam a memória e o exemplo de figuras que representam o cuidado e a vivência da dimensão de generosidade que nos habita, como Madre Tereza de Calcutá, Gandhi, Dom Helder Câmara, Irmã Dulce de Salvador, Dalai Lama, Luther King e outros.

Importa fazermos as revoluções moleculares (Gatarri), começando pela célula que cada um de nós é. Cada um estabelece como projeto pessoal e coletivo a paz enquanto método e enquanto meta, paz que resulta dos valores da cooperação, do cuidado, da compaixão e da amorosidade vividos cotidianamente.

Talvez ninguém definiu melhor a paz do que a Carta da Terra, aquele documento universal que se destina a salvaguardar a dignidade da Mãe Terra e de todos os ecossistemas, aprovado no ano 2000 nos espaços da Unesco em Paris. Aí se define a paz como "a plenitude que resulta de relações corretas consigo mesmo, com outras pessoas, com outras culturas, com outras vidas, com a Terra e com o Todo maior do qual somos parte".

Como se depreende, a paz não nasce por ela mesma. Ela é sempre fruto de valores, comportamentos e relações que são vividos previamente. O resultado feliz é então a paz, talvez o bem mais ansiado e necessário da humanidade atual.

Leonardo Boff — Brasileiro. Doutor em Teologia pela Universidade de Lund (Suécia). Doutor *honoris causa* pela Universidade de Turim (Itália). Membro da Comissão Internacional da Carta da Terra. Foi professor de Teologia Sistemática e Teologia Ecumênica. Professor de Teologia e Espiritualidade, no Brasil e no exterior. Professor-visitante nas universidades de Lisboa (Portugal), Salamanca (Espanha), Harvard (EUA), Basiléia (Suíça) e Heidelberg (Alemanha). Seu nome está associado à Teologia da Libertação e à defesa dos Direitos Humanos. Autor de *Saber Cuidar – Ética do Humano*; *Compaixão pela Terra*; *O Despertar da Águia*; *Ecologia: Grito da Terra, Grito dos Pobres*; *O Rosto Materno de Deus*; *Ética e Eco-espiritualidade*; *Ethos Mundial: Um Consenso Mínimo entre os Humanos*; *Ética e Moral: A Busca dos Fundamentos*.

Educação para Uma Cultura de Paz:
Teoria e Prática de Vinte Anos de Experiência

Pierre Weil

1. Introdução: Um Excepcional Êxito Educacional

"Muito obrigado! Este seminário mudou a minha vida!" "Esta formação transformou a minha maneira de ser. Hoje me sinto em paz!" "Aprendi a viver em harmonia com os outros e vivo feliz."

Estas são, entre outras, as carinhosas e gratas manifestações que nos cercam por parte de pessoas egressas de um dos processos de Educação para a Paz administrados pela Universidade da Paz – UNIPAZ[1] – de Brasília, ou numa das suas extensões no mundo.

Numa pesquisa de *follow up* tivemos revelações de transformações pessoais e profissionais impressionantes. Por exemplo, um médico, catedrático de oncologia, nos declarou que, depois de dois anos de formação na UNIPAZ, ele descobre causas de câncer sobre as quais nunca antes tinha pensado, aumentando o seu poder de cura. As suas relações conjugais ficaram mais harmoniosas.

Um diplomata nos afirmou que descobriu e pratica uma nova diplomacia, a diplomacia do coração, que ele acha superior à diplomacia fundamentada exclusivamente na razão.

---

[1] Weil Pierre. *A Arte de Viver em Paz.* 7ª edição revista e aumentada. São Paulo: Ed. Gente, 2004.
L'art de Vivre em Paix. 2ª edição revista e aumentada. Paris: Unesco UNIPAZ, 2004.
The Art of Living in Peace. 2ª edição revista e aumentada. Paris: Unesco UNIPAZ, 2004.

Um prefeito resolveu aplicar tudo o que aprendeu na sua formação na administração do seu município – de uns quarenta mil habitantes. Um dos resultados foi que o índice de violência caiu a zero.

Isto são dados concretos dos resultados alcançados graças à elaboração e aplicação sistemática de uma metodologia de Educação para a Paz, primeiro no Brasil e depois em outros países do mundo, durante estes últimos vinte anos.

Quais as caraterísticas essenciais que causaram tal estimulante resultado?

A fim de atender ao interesse despertado por esta nossa declaração inicial, pretendemos, nestas páginas, apresentar um resumo destes vinte anos de experiência, descrevendo os princípios que presidem esta educação, os processos e métodos usados, assim como as facilidades e dificuldades encontradas no caminho da sua realização. E, neste último caso, dar a nossa opinião sobre o que achamos que se deveria fazer para ultrapassar estes obstáculos.

Vamos, pois, iniciar pelos princípios que regeram o desenvolvimento deste projeto.

2. Princípios Essenciais ao Êxito de Uma Educação para a Paz

Tomando em consideração esta nossa experiência de vinte anos, destacamos o que achamos os mais importantes e relevantes princípios que devem, a nosso ver, nortear a elaboração e execução de uma metodologia e estratégia de Educação para uma Cultura de Paz.

Em primeiro lugar, vem um acordo sobre a *clareza terminológica* referente aos principais termos usados, principalmente as palavras que expressam finalidades e objetivos do programa.

A começar pela palavra Paz. A maioria das pessoas se refere à Paz como ausência de guerra, que se obtém por um tratado. Esta é apenas uma visão da Paz, limitada ao aspecto social e internacional de uma Cultura de Paz. Na realidade, a Paz é um estado de harmonia que se manifesta em três direções, a saber:

- consigo mesmo, ou Paz Individual;
- com os outros, ou Paz Social;
- com a natureza, ou Paz Ambiental.

A Educação pode ser vista e definida como a ação de transformar pessoas de diferentes idades, sexo e origem, estimulando a sua evolução nos seguintes planos:

- físico, visando à saúde, ao equilíbrio e à transformação do corpo;
- emocional, visando à transformação e evolução da afetividade;
- mental, visando à transformação e evolução do conhecimento, das opiniões e atitudes;
- espiritual, visando à transformação e evolução da relação da consciência com os vários níveis de realidade.

É também muito importante definir o termo Cultura, pois ele pode ser entendido sob o ângulo estritamente sociológico como sendo o conjunto de crenças, opiniões, atitudes e hábitos que regem o comportamento dos indivíduos de determinada sociedade; mas pode ser entendido também como a expressão do nível de evolução de indivíduos, de sociedades e da relação com a natureza. Adotamos este conceito por ser mais abrangente, incluindo e integrando o primeiro sentido.

Assim sendo, podemos distinguir:
- a Cultura Individual da Paz;
- a Cultura Social da Paz;
- a Cultura Ambiental da Paz.

A Cultura da Paz abrange estes três aspectos, estando em harmonia com o aspecto triunitário de Paz descrito mais acima. Esta perspectiva triunitária pode-se aplicar à Educação (individual, social e ambiental) e à Ecologia (individual, social e ambiental).

Em segundo lugar, revelou-se necessário o enunciado de uma *Teoria Fundamental*, que situe o ser humano na sua relação com o cosmos.

Esta teoria constitui hoje a teoria fundamental da nossa UNIPAZ. Trata-se de uma descrição de uma cosmogênese em que o espaço infinito irradia a Energia, de caráter bipolar, que vai-se manifestar sob forma triunitária de:

- matéria;
- vida;
- informação.

Esta trilogia constitui a estrutura hologramática que se encontra em todos os sistemas do Universo, mais particularmente na Terra, sob forma de:

- Geosfera;
- Biosfera;
- Noosfera.

No ser humano, sob forma de:

- corpo;
- emoções;
- mente.

E, na sociedade, sob forma de:

- Economia;
- Sociopolítica;
- Cultura.

Estas categorias integram um modelo circular que nos permitiu uma classificação dos principais problemas humanos, sociais e ambientais, fornecendo uma gênese explicativa e causal do processo de destruição da vida no Planeta.

Deste modelo extraímos um segundo, que descreve as metas de uma Educação para a Paz. Chamamos a estes modelos de Roda da Destruição e Roda da Paz.

Um terceiro princípio se refere ao *Encontro Ocidente-Oriente* na estruturação dos métodos de Educação para a Paz. Este encontro é recomendado pela Declaração de Veneza, da Unesco, que em 1986 diz que a Ciência não pode mais assistir impassivelmente às aplicações irresponsáveis das suas descobertas, e que chegou o momento do encontro complementar e não-oposto entre Ciência, de um lado, e as grandes tradições culturais da humanidade, de outro. Isto equivale ao encontro das funções ligadas ao cérebro esquerdo e direito, da razão com a intuição, do pensamento com o sentimento, do masculino com o feminino, do Ocidente com o Oriente. Tudo dentro dos princípios de uma nova transdisciplinaridade.

O quarto princípio se refere justamente à Transdisciplinaridade, isto é, a uma axiomática que rege as disciplinas dentro de um novo paradigma holístico.

Em quinto lugar, colocamos a existência de vários níveis de Realidade articulados com vários níveis de Consciência.

Adotei para este princípio a seguinte fórmula:

$$VR = F (EC)$$

A Vivência (V) da Realidade (R) é função (f) do Estado (E) de Consciência (C).

Isto constitui verdadeira revolução epistemológica, pois postula que, além do nível físico de realidade, que é vivenciado no estado de Consciência de Vigília, existem outros níveis de Realidade, mais especialmente o nível de Realidade Transpessoal, vivenciado no estado de Consciência Transpessoal, fora do tempo e do espaço e além da dualidade sujeito-objeto.

Dentro desta nova visão, a nossa Ciência atual é uma ciência do estado de Consciência de Vigília. Existem outras ciências correspondendo a outros estados de Consciência.

No que se refere à Paz verdadeira, ela se encontra no nível transpessoal, fora de toda espécie de dualidade.

O sexto princípio se refere à *Personalidade do Educador, necessariamente pacífica*. Este princípio decorre da definição que foi dada ao termo Educação: educar é uma ação que não se limita ao intelecto do educando, mas visa ao seu corpo, às suas emoções, à sua mente e ao seu espírito. Assim sendo, um Educador para a Paz precisa ser, na medida do possível, um exemplo de equilíbrio, harmonia e Paz. O que diria um educando cujo educador ensinasse a controlar a raiva e que, cinco minutos depois, enfurecido gritasse com seus alunos?

Assim, a Educação para a Paz começa pelos educadores.

São estes os princípios essenciais que nortearam e norteiam até hoje, na UNIPAZ, a elaboração e aplicação de métodos de Educação para uma Cultura de Paz.

Quais são estes processos e métodos? É que vamos descrever a seguir.

3. Métodos e Processos de Educação para a Paz

A elaboração da metodologia foi um processo lento, que começou no Departamento de Psicologia da Universidade de Minas Gerais, em Belo Horizonte, em 1979, quando fomos convidados a programar e ocupar uma cátedra de Psicologia Transpessoal.

Foi então que surgiu o que chamei de Cosmodrama, que visava a sensibilizar os estudantes cartesianos para a existência de vários níveis de Consciência e de Realidade.

Foi de 1982 a 1985 que, durante um retiro de três anos com lamas tibetanos, me vieram as idéias essenciais. Durante a organização da UNIPAZ, de 1987 a 1990, transformei progressivamente o Cosmodrama, que consistia num seminário apenas, em vários seminários.

O primeiro, sob o nome de "Arte de Viver em Paz", teve o seu livro publicado em francês e inglês pela Unesco em Paris, em 1991.

Hoje ele é o seminário de sensibilização para a Paz e se destina a educadores e ao público adulto em geral. Existe uma versão para crianças.

O mesmo seminário serve de introdução a um conjunto de oito seminários, intitulados "Arte de Viver a Vida"[2].

Este conjunto, dado num espaço de tempo de um a dois anos, constitui uma demonstração prática e vivenciada de todo o processo, metodologia e espírito da aplicação da Educação para uma Cultura de Paz.

A estrutura do conjunto segue a trilogia das direções da Paz, que demos mais acima, quando definimos a palavra Paz: indivíduo, sociedade e natureza.

Vamos agora mostrar como os seminários são distribuídos nestas categorias, e os principais aspectos de cada um.

4. Características dos Seminários

A. Introdução

Primeiro Seminário: Arte de Viver em Paz

---

[2] Weil Pierre. *A Arte de Viver a Vida*. 2ª edição. Brasília, Letrativa, 2004.
L'Art de Vivre la Vie. Paris: Editions du Rocher, 2004.

Sensibilizar para a existência da Paz em si mesmo, na sociedade e com a natureza. Demonstração prática de que a Paz começa em si mesmo, no corpo, nas emoções e no espírito. Primeiras práticas do despertar da Paz. Planejamento de uma contribuição efetiva e pessoal para a Paz.

B. Viver em Paz Consigo Mesmo

Segundo Seminário: Arte de Viver Consciente

Tomar conhecimento da existência de quatro estados de Consciência – vigília, sonho, sono, superconsciência – da sua relação direta com quatro níveis de Realidade – material, psíquico, luminoso, transpessoal. Experienciar o aspecto ilimitado da Consciência. Descobrir a natureza agitada dos estados de vigília e de sonho, e que a Paz se encontra no estado transpessoal. Consciência como regente das relações entre o corpo, as emoções e a mente. A intensa vivência de experiências sublimes provoca uma compreensão aprofundada da ligação da paz interior com a transformação da forma de viver o cotidiano.

Terceiro Seminário: Arte de Viver em Plenitude

Check up de como e em que nível gastamos a nossa energia na vida cotidiana. Cultivo da Presença a todo instante, do acordar até o adormecer. Confirmar a descoberta feita no seminário precedente, de que o estado de vigília é um estado adormecido e que precisamos despertar e ficar despertos. Integração de um conceito energético do ser humano e do manejo da bipolaridade dos gêneros masculino e feminino.

C. Viver em Paz com os Outros

Quarto Seminário: Arte de Viver em Harmonia

Destina-se aos que vivem uma relação diádica como irmãos, colegas de trabalho, amigos e, sobretudo, casais. Aprende-se que a Paz e a harmonia a dois dependem, antes de tudo, da nossa capacidade de compreender o outro, de mostrar que a gente compreende os seus sentimentos e a maneira de perceber a vida. Intenso treinamento do diálogo com empatia e aprendizagem de como estabelecer uma relação evolutiva, aproveitando a relação e o encontro a dois para evoluir e se transformar.

Quinto Seminário: Arte de Viver o Conflito

Aprende-se que o conflito não é coisa desprezível. Depende de como se lida com ele, de modo violento ou pacífico. O conflito pode ser uma grande oportunidade para crescer, aprender e se transformar. Aprende-se a se colocar no lugar do outro e continua-se o treino da empatia. Começa-se a identificar o nosso conflito conosco mesmos, como, por exemplo, o do nosso corpo e das nossas emoções. Depois, o conflito interpessoal e como administrar conflitos entre grupos como sindicatos, partidos políticos ou departamentos empresariais. O tema central continua sendo o diálogo com empatia.

D. Viver em Paz com a Natureza

Sexto Seminário: Arte de Viver a Natureza

Através de uma pesquisa realizada pelos participantes, descrevendo como o ser humano, ao ocupar o lugar onde se realiza o seminário e os seus arredores, transformou ou mesmo destruiu a natureza primordial deste lugar. Um segundo estudo dos objetos e materiais da sala do seminário coloca em evidência o quanto há de destruição da natureza para fornecer materiais e objetos de uso muitas vezes discutível.

A segunda parte do seminário procura retomar uma idéia do primeiro seminário quanto à causa essencial desta exploração: a fantasia da separatividade, ou dualidade sujeito-objeto. Este conceito é analisado a fundo, pois esta ilusão é também responsável pela ausência de Paz e pelo desenvolvimento da violência.

Sétimo Seminário: Arte de Viver a Passagem

O medo e, mais particularmente, o medo da Morte dominam a nossa sociedade e a impede de viver em Paz. Este seminário se dedica a mostrar o que a Ciência recente e as Tradições, mais particularmente a tradição tibetana, nos revelam quanto à natureza da Morte. Budha perguntou, certo dia, ao seus discípulos qual era o contrário da Morte. Diante da resposta segundo a qual era a vida, ele respondeu que não era a vida, mas sim o nascimento, pois a Vida é eterna. Mostra-se o que caracteriza a vida antes, durante e depois da passagem, cujo termo mais adequado substitui o da morte. Inúmeros são os participantes que perdem o medo da morte e começam realmente a viver em paz.

E. Conclusão

Oitavo Seminário: E a Vida Continua

Este seminário está inteiramente centrado no grupo, que é convidado a selecionar questões que não foram bem compreendidas durante os seminários, dificuldades posteriores na aplicação dos princípios e técnicas, assim como problemas pessoais ou interpessoais de difícil solução, os quais são tratados por métodos evolutivos adequados ou por simples entrevistas. É uma grande oportunidade de fazer uma revisão dos principais aspetos dos seminários da "Arte de Viver a Vida".

Vamos agora tecer alguns comentários sobre a "Arte de Viver a Vida", que é hoje um exemplo do que é possível realizar e quais os métodos e as técnicas que se podem usar.

Em primeiro lugar, convém ressaltar que, em todos os seus aspectos, a metodologia se inscreve dentro do que se chama, em Pedagogia, de Métodos Ativos de Educação. Este conjunto de métodos, oriundos de grandes pioneiros da educação moderna, como Maria Montessori, Ovide Decroly e Froebel, parte do princípio de que é o educando que é ativo, que estuda e aprende. O educador é mais um guia ou um orientador. Esta atitude é muito diferente, ou até mesmo a ele se opõe, do ensino "ex-cátedra", em que é o educador que estuda, fala, explica e, em resumo, é ativo e o educando é passivo. Os resultados dos métodos ativos têm-se revelado bem superiores aos métodos "ex-cátedra".

Ao aplicar o princípio mais acima enunciado, isto é, o do encontro entre Ocidente e Oriente, inspiramo-nos, do lado ocidental, no Psicodrama de Moreno, na Gestalt de Fritz Pearl, na Psicossíntese de Robert Assagioli, na Psicologia Centrada de Carl Rogers, na Psicologia Simbólico-Arquetípica de Carl Gustav Jung, no modelo do aparelho do Ego de Sigmund Freud, na Análise Transacional de Erich Berne, na Dinâmica de Grupo de Kurt Lewin, na Experiência Culminante de Abraham Maslow, na Psicoorientologia de José Silva, da Sofrologia de Caycedo, do Training Autógeno de Schultz, do Jornal Workshop de Ira Progroff, da Pedagogia Ecológica de Pierre Dansereau, e da Biodança. Do lado oriental, as nossas fontes de inspiração foram o Yoga (hinduísta, shivaísta e budista-tibetano), o Taoísmo, o Tai Chi Chuan e o Aikido.

Encontramos, de modo perfeitamente integrado, práticas inspiradas em todos estes métodos nos oito seminários da "Arte de Viver a

Vida". Seria necessário um verdadeiro tratado de como realizamos esta integração.

Atualmente, nos diversos países em que existe a Unipaz, existem três níveis de ação.

- *Nível de Sensibilização*

    Neste nível, o seminário "Arte de Viver em Paz" é ministrado a um público bastante variado. Uma primeira modalidade é dada num programa semestral, com data marcada e inscrições para interessados adultos dos dois sexos.

    O seminário costuma também ser ministrado em escolas e educandários para educadores e associações de pais de família.

    Temos notícias também de aplicações nas prisões e para a Polícia Militar.

- *Nível de Formação*

    Nos núcleos da UNIPAZ, quer dizer, nas unidades limitadas ao nível de sensibilização, a "Arte de Viver a Vida" é ministrada para os que querem se formar como facilitadores e para os que passaram pelo primeiro seminário da "Arte de Viver em Paz".

    Nos campi avançados, a "Arte de Viver a Vida" é integrada num curso maior, intitulado Formação Holística de Base – FHB –, como espinha dorsal desta formação. Outros seminários, como, por exemplo, a Análise Transacional ou a Tanatologia, vêm reforçar e enriquecer os seminários da AVIVIDA. Grande parte da FHB é hoje reconhecida pelo Ministério da Educação – MEC –, através de convênios com outras universidades. Uma "Obra-Prima" coroa dois anos e meio de uma notável transformação.

    Em Brasília, uma escola para crianças, a Casa do Sol, e um programa para adolescentes carentes completam o sistema com metodologias inspiradas na AVIVIDA.

- *Nível de Pós-formação*

    Tanto nos Núcleos como nos Campi, está-se dando uma formação sistemática de facilitadores da "Arte de Viver em Paz", o que permite a multiplicação do processo. É uma formação teórica e prática que se dá para educadores que fizeram a "Arte de Viver a Vida".

Estamos atualmente experimentando processos de formação de facilitadores da "Arte de Viver a Vida", pois não está ainda muito claro o que faz um bom facilitador destes seminários.

5. Reflexões Finais

Começamos esta explanação expressando como se traduzem os benefícios da "Arte de Viver a Vida". Mostramos em seguida como conseguimos estas maravilhosas transformações de pessoas. Vimos o quanto, em nossa síntese, os métodos ocidentais e orientais que nos inspiraram a construir os diferentes seminários foram importantes para produzir estas transformações.

Creio que a vivência periódica de experiências culminantes – como as chamou Maslow, isto é, de vivências práticas de altos valores éticos, como a Beleza, a Verdade, o Amor no Encontro Existencial – foi o fator mais marcante na origem do entusiasmo e da gratidão assinalados no início deste trabalho.

Globalmente, também podemos afirmar que o maior atrativo da metodologia é a descoberta, pelo aprendiz, de uma nova maneira de viver a Vida, mais plena, intensa, amorosa e verdadeira, junto com o despertar da sabedoria interior.

Podemos até nos perguntar por que este sucesso não se comunicou à população, sobretudo através da mídia?

A primeira pergunta que nos vem ao espírito é: por que a penetração desta nova metodologia de educação é tão lenta?

Em quase vinte anos de prática, só uns milhares de pessoas fizeram o seminário da Arte de Viver em Paz. Por que isto?

Em primeiro lugar, observamos a dificuldade de convencer as autoridades educacionais, acostumadas ao método "ex-cátedra", a efetuar uma verdadeira revolução metodológica. Com eles entramos num círculo vicioso: para convencê-los, seria necessário que participassem de um seminário. Mas para participarem de um seminário deveriam ser convencidos de que vale a pena.

O mesmo tipo de dificuldade encontramos com a mídia. Jornalistas que passaram pelos nossos seminários estão mais do que convencidos da sua importância. Mas como convencer os chefes de redação ou diretores de programas para dar prioridade à publicação dos seus textos?

Mesmo assim, graças aos congressos holísticos nacionais e internacionais, aos festivais da Paz, como este que está em plena preparação em Florianópolis, em que Arte, Música e Dança se mesclam com literatura e poesia, conseguiremos sensibilizar o público para a Educação para a Paz.

Apesar das dificuldades, resolvemos prosseguir na nossa ação pedagógica, pois sabemos que ela constitui uma contribuição ímpar para a transformação de uma Cultura de Violência em Cultura de Paz.

Pierre Weil — Francês, vive no Brasil desde 1948. Doutor em Psicologia. Psicanalista. Presidente da Fundação Cidade da Paz. Educador. Criador e reitor da Universidade Holística Internacional de Brasília — UNIPAZ. Co-fundador da Associação Internacional de Psicologia Transpessoal, da Associação Brasileira de Psicologia Aplicada e da Sociedade Brasileira de Psicoterapia, Dinâmica de Grupo e Psicodrama. Autor de quarenta livros, entre os quais: *A Arte de Viver em Paz* e *A Arte de Viver a Vida*; co-autor de *Normose — A Patologia da Normalidade*. Prêmio Unesco 2000 de Educação para a Paz.

No Caminho do Espírito

Padre Vilson Groh

Voluntariado é compromisso. Precisa de engajamento e de profissionalismo, senão não funciona. Precisamos romper com a cultura do assistencialismo que existe há 500 anos no Brasil e há milênios no mundo todo. É preciso ir até a raiz das questões sociais. Mais do que dar comida e agasalho, tem que fazer as crianças terem acesso a tecnologia, tem que trabalhar o processo de aprendizagem e fazê-las perceber as transformações sociais. Nos nossos projetos desenvolvemos muitas potencialidades que a escola não percebe, porque ainda está longe do processo de enfrentamento do mercado de trabalho.

A escola está voltada para uma esfera ilusória, onde a informação é mero dado, que precisa ser memorizado porque vai ser testado em uma prova. Sem desenvolver a consciência não haverá um verdadeiro desenvolvimento. É preciso ter um trabalho profissional. Na verdade temos parceiros que ajudam a sustentar uma rede de ações. A ponta, o educador que lida diretamente com a atividade pedagógica, deve ser profissional, não deve ser voluntário. O investimento no Ser e seu desenvolvimento contínuo dependem de uma entrega total ao processo. Ou vivemos de acordo com o que acreditamos, ou não acreditamos.

No mundo atual vemos duas grandes realidades em construção: as grandes ilhas de miséria e as pequenas ilhas de concentração de riquezas. A única saída que vejo frente ao mundo do mercado é apostar numa sociedade em rede. Hoje temos uma sociedade piramidal, hierarquizada. É preciso construir parcerias entre movimentos sociais, campo, cidade e compreender que o empobrecido mora ao lado da minha casa ou está dentro trabalhando como doméstica. O pobre tem rosto, lugar, endereço e quando constatamos isso começamos a mudar.

É esse contexto que precisa ser entendido e, a partir dessa percepção, poderemos modificar a realidade. Nossa sociedade planetária é fruto dos equívocos que mapeiam nossa visão de mundo. Acreditamos na escassez e, portanto, na necessidade de acumular e, egoisticamente, ter sobra, mesmo à custa da carência do outro. Ser voluntário é, antes de qualquer coisa, abrir-se para o paradigma da prosperidade. Acreditar verdadeiramente que o mundo foi feito para todos e que a dignidade é um direito do ser humano. Esse é o compromisso.

Para isso precisaremos trilhar o caminho do espírito. Frente aos desafios mais complexos, colocar mãos, mentes e corações a serviço da causa humanitária. Acreditar e reconhecer que há um instância maior que tudo provê, quando estamos dispostos a fazer nossa parte. O importante é perceber que não estamos sozinhos, mesmo que a caminhada da consciência seja uma experiência individual.

É indispensável trabalhar, servir, mas assim também é orar, meditar. As duas condutas não são excludentes, são, de fato, complementares. Quando atingimos a benção de uma fé inabalável, tudo flui, porque assim é. "Peça e vos será concedido." E quem anda no caminho do espírito se torna incorruptível. Nada pode ser barganhado, pois não trocaremos a verdade pela ilusão. O perecível não será melhor que o perene. O transitório não guiará o essencial.

A corrupção é resultado da cegueira espiritual. Alguém entregue ao serviço voluntário, com a firme intenção de fazer a diferença e contribuir com a mudança positiva do mundo, não poderá ser corrompido. Não seria razoável que trocássemos tesouros de inestimável valor por bugigangas sem nenhuma importância. Só se não tivéssemos consciência do verdadeiro valor de cada coisa. Assim também é com o processo da existência plena. Alguém que compreende a diferença entre o que passa e o que permanece, não escolherá jamais o que perecerá.

É fundamental que a essência transpareça na existência. Que possamos ser percebidos pelo que somos e pensamos e não pelo que possuímos ou aparentamos. O Ser é a melhor parte de nós, porém é preciso descobrir, sob as camadas do condicionamento social, tal qual arqueólogos, a essência que compõe nossa excelência.

Nada há que já não esteja disponível. Nada a ser inventado que já não seja plausível. Nenhuma qualidade pode ser desenvolvida que já não exista como potencial. O que é preciso é ter um olhar revelador para todos os talentos que subjazem no espírito humano. Olhar alguém não pelo que aparenta, mas por todo o imenso e insondável potencial que abriga. Esse olhar pode mudar o mundo, resolver os conflitos, incluir os desalojados, desenvolver uma outra plataforma de onde as crianças do mundo possam desdobrar asas e voar, livres e plenas, em direção a uma realidade melhor.

Orar, vigiar e servir. Nada mais é necessário para mudar o mundo. Nada é mais necessário. Nada antes foi tão necessário. Trilhar o caminho é fundamental, mas compreender que é o caminho do espírito que deve ser trilhado, é ele a nortear o caminhante, porque senão caminharemos perdidos e a solução para o mundo depende de nos encontrarmos. Avante, portanto!

Padre Vilson Groh – Brasileiro. Padre católico, educador e pesquisador. Graduado em Filosofia e Teologia e mestre em Educação. Em 2002 recebeu o Prêmio Estadual de Direitos Humanos por seu trabalho de 25 anos com comunidades empobrecidas. Coordena três ONGs que atuam com Educação Popular para ciranças e jovens na grande Florianópolis. Articula e desenvolve redes locais e internacionais para o desenvolvimento social sustentável.

Parte II
Oriente-Fogo-Visões

Em que o novo paradigma vai afetar a realidade.
Quais são os cenários futuros.
Em que consiste o sonho de um mundo pacífico.

Aprendendo a estar em paz

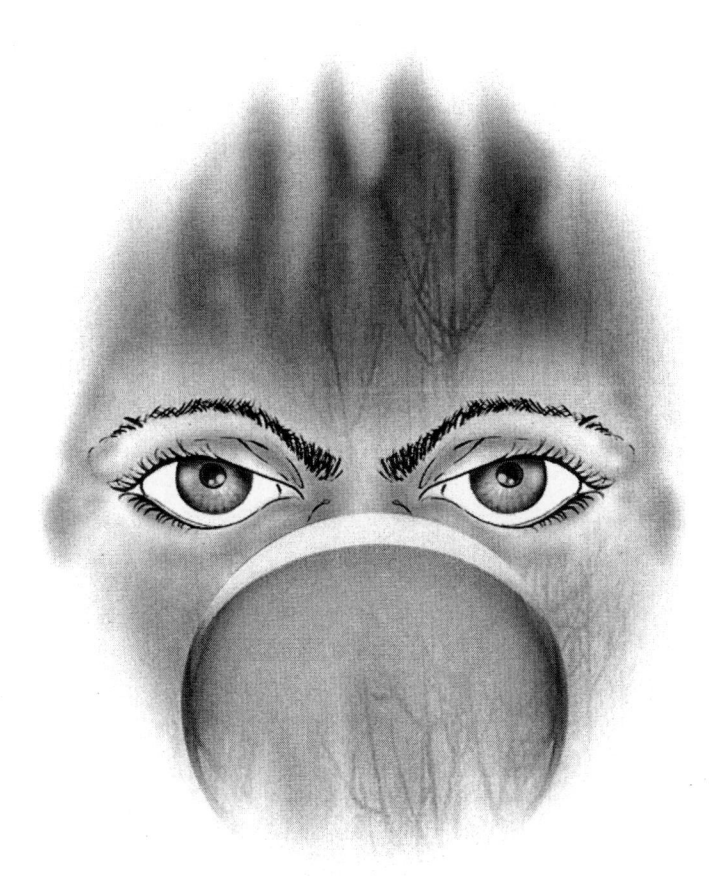

Oração de São Francisco de Assis

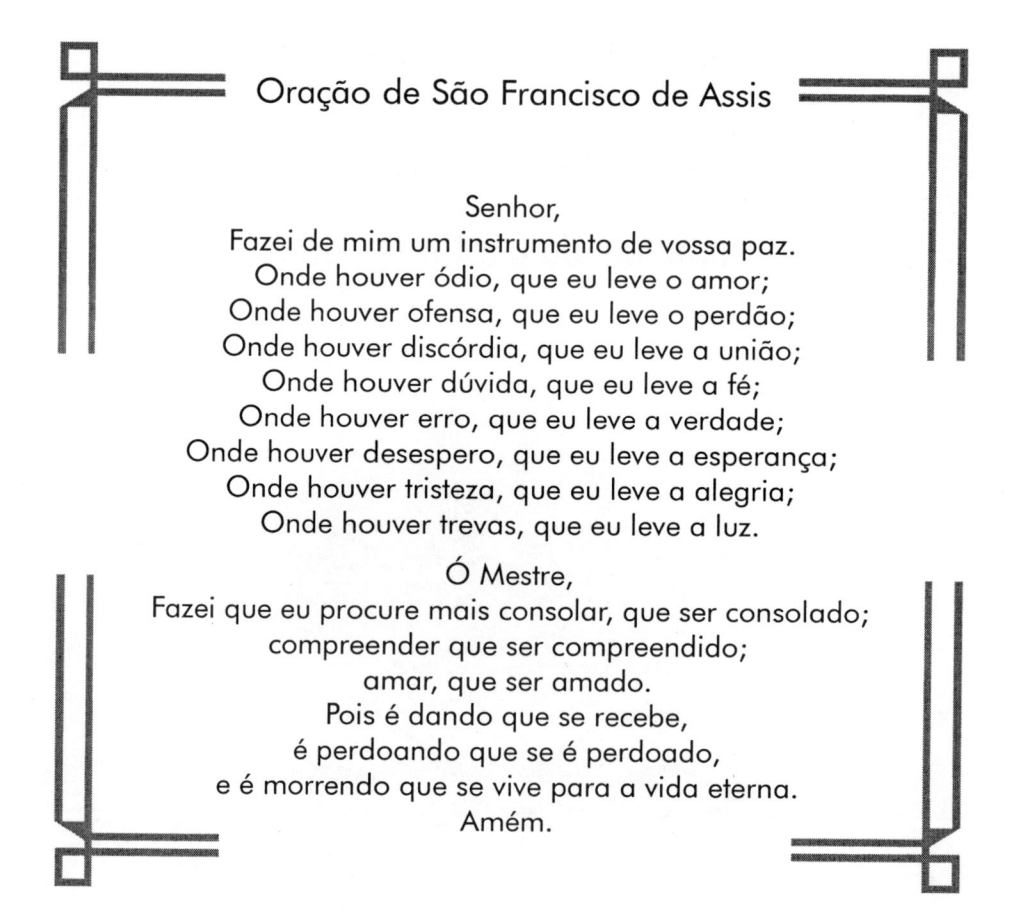

Senhor,
Fazei de mim um instrumento de vossa paz.
Onde houver ódio, que eu leve o amor;
Onde houver ofensa, que eu leve o perdão;
Onde houver discórdia, que eu leve a união;
Onde houver dúvida, que eu leve a fé;
Onde houver erro, que eu leve a verdade;
Onde houver desespero, que eu leve a esperança;
Onde houver tristeza, que eu leve a alegria;
Onde houver trevas, que eu leve a luz.

Ó Mestre,
Fazei que eu procure mais consolar, que ser consolado;
compreender que ser compreendido;
amar, que ser amado.
Pois é dando que se recebe,
é perdoando que se é perdoado,
e é morrendo que se vive para a vida eterna.
Amém.

A Necessidade de Uma Ética Planetária

Ervin Laszlo

Valores e crenças determinam o modo como percebemos o mundo, e nos sugerem como priorizar as respostas ao que vemos. Apesar de essenciais para a sobrevivência da espécie, pois afetam todas as áreas do comportamento humano, valores e crenças individuais, no contexto mais amplo da sociedade, são freqüentemente postos em cheque, porque em geral não se adaptam com facilidade a um padrão comum. No entanto, tentar impô-los "de cima para baixo" seria uma atitude equivocada, como provam antigas experiências, já que poderia levar a resultados negativos. A auto-regulamentação é tão importante na esfera dos valores quanto em qualquer outra esfera da sociedade. Se quisermos aumentar as chances de sobrevivência do ser humano, precisamos introduzir na sociedade civil algum tipo de mecanismo auto-regulador. Em um contexto democrático, deve ser um mecanismo *moral* – um código ou princípio moral, para ser mais exato. E em um mundo interdependente em nível global, este tem de ser universalmente aceitável e espontaneamente compartilhado: uma *ética planetária*.

Uma ética planetária é um imperativo do nosso tempo. Todos temos uma moralidade particular – nossa ética pessoal – que varia conforme a personalidade, as ambições e as circunstâncias, e reflete nossa herança e bagagem únicas, além da situação na família e na comunidade. Temos também uma moralidade pública, a ética compartilhada na comunidade, no grupo étnico, Estado ou nação. Esta é a ética que o grupo no qual vivemos exige de nós para funcionar, e reflete-se na cultura, na estrutura social, no desenvolvimento econômico e nas condições ambientais. Mas existe ainda uma moralidade universal – uma ética planetária. É esta a ética que a família humana como um todo exige para que seus membros possam viver e desenvolver-se.

A moralidade universal é parte essencial, tanto da moralidade particular quanto da pública. Ela respeita as condições sob as quais todos os indivíduos que fazem parte da comunidade global vivem com dignidade e liberdade, sem destruir as chances uns dos outros de contribuir para o próprio sustento, a cultura, a sociedade e o ambiente. A moralidade universal não determina qual deve ser a nossa moralidade pública e privada; apenas procura garantir que não surjam comportamentos prejudiciais à comunidade planetária, que é o contexto vital de nossas vidas.

Como uma moralidade presente no mundo todo se reflete na sociedade? Tradicionalmente, cabia aos religiosos a tarefa de estabelecer normas de moralidade. Os Dez Mandamentos de judeus e cristãos, as disposições para o fiel praticante do islamismo e as Regras do Bem Viver dos budistas são bons exemplos. Atualmente, a supremacia da ciência tomou das doutrinas religiosas, em parte, o poder de regular o comportamento humano, o que faz com que muitos recorram aos cientistas em busca de orientação prática. Estes, até agora, descobriram poucos princípios que possam servir de base à moralidade universal – com honrosas exceções. Saint-Simon, no fim do século XVIII; Auguste Comte, no início do século XIX; e Émile Durkheim, no fim do século XIX e início do século XX, tentaram desenvolver princípios científicos "positivos" baseados na observação e na experimentação de uma ética significativa e publicamente aceitável. Este conjunto de esforços, porém, foi tão estranho ao compromisso da ciência em valorizar a neutralidade e a objetividade que não foi aceito pela corrente de cientistas do século XX.

Somente na última década do século XX, cientistas e líderes políticos começaram a reconhecer a necessidade de princípios que sugerissem normas universais de comportamento. Em abril de 1990, na "Declaração Universal das Responsabilidades Humanas", o *Interaction Council*, um grupo de 24 ex-chefes de Estado ou de governo, expressou esta convicção: "Como a interdependência global requer um ambiente de harmonia, o ser humano precisa de regras e restrições. Ética são os padrões mínimos para que seja possível uma vida coletiva. Sem a ética e as autolimitações que dela fazem parte, a humanidade voltaria à *lei do mais forte*. O mundo precisa de uma base ética para apoiar-se".

A *Union of Concerned Scientists*, uma organização que reúne cientistas renomados, concordou: "É preciso uma nova ética que motive um grande movimento e convença líderes, governos e povos indecisos a efetuar as mudanças necessárias". Esta declaração foi assinada, em 1993, por 1.670 cientistas, inclusive 102 deles agraciados com o Prêmio Nobel. Estes cientistas perceberam nossa responsabilidade e advertiram que "deve haver uma grande mudança na relação que temos com a Terra e com a vida que nela habita, se quisermos evitar a miséria humana e impedir que nosso lar global neste planeta seja irremediavelmente mutilado". Segundo eles, os seres humanos e o mundo natural estão em rota de colisão. Isto pode provocar alterações tão drásticas em todos os seres vivos a ponto de ser impossível sustentar a vida como a conhecemos.

Em novembro de 2003, um grupo de laureados com o Prêmio Nobel, reunido em Roma, afirmou: "Nas relações entre as nações e nas políticas governamentais, a ética é de suma importância. As nações devem tratar as outras como gostariam de ser tratadas. As mais poderosas devem lembrar-se de que aquilo que fazem outras também farão". O mesmo grupo se reuniu em 2004 e emitiu a seguinte declaração: "Somente pela reafirmação dos valores éticos – respeito pelos direitos humanos e pelas liberdades fundamentais – e pela observação dos princípios democráticos dentro dos países e entre eles, o terrorismo pode ser derrotado. Devemos enfrentar as causas fundamentais do terrorismo – pobreza, ignorância e injustiça – em vez de responder à violência com violência".

Sem dúvida, chegou o momento de dedicar especial atenção a uma moralidade que possa ser adotada por pessoas de todos os credos, religiões, raças, sexos e convicções. Esta moralidade precisa de um apelo intuitivo, que fale ao instinto moral básico presente em todo indivíduo saudável. Isto merece reflexão. Como, nos países comunistas, os ideais igualitários de Marx, Lenin e Mao falharam na prática, a mais alta expressão da ética no dia-a-dia, para a maior parte da humanidade, vem sendo o liberalismo – herança conceitual de Bentham, Locke, Hume e da escola clássica de filósofos britânicos. Aqui, ética e moralidade não têm base objetiva: as ações humanas são fundamentadas no interesse próprio, no máximo moderadas pela solidariedade altruísta. Não há necessidade de impedir que as pessoas procurem satisfazer os próprios interesses, desde que sejam observadas as regras que permitem a vida na sociedade civilizada. "Viva e deixe viver" é o princípio liberal. Você pode viver como quiser, desde que não infrinja a lei.

No mundo atual, o liberalismo clássico contribui para uma forma mal aplicada de tolerância. Deixar que cada um viva como quiser, desde que dentro da lei, pode representar um sério risco. Os ricos e poderosos podem consumir uma fatia desproporcional de recursos aos quais os pobres também teriam direito, fazendo com que sejam causados danos irreversíveis ao ambiente em que todos devem conviver.

Em vez de "viver e deixar viver", precisamos de uma ética planetária que seja tão intuitivamente significativa e instintivamente atraente quanto a ética do liberalismo, porém mais bem adaptada às atuais condições do planeta. Tal ética substituiria o "Viva e deixe viver", do liberalismo, pelo "Viva mais simplesmente, para que outros possam simplesmente viver", de Ghandi. Esta idéia precisa ser mais trabalhada, porém, porque não estamos preocupados com a simplicidade implícita dos estilos de vida, e sim com seu impacto sobre a sociedade e a natureza. Não deve ser excedida a capacidade que tem o planeta de suprir as necessidades de seus habitantes. Então, a ética planetária de que precisamos é mais bem definida assim: *"Viva de modo que os outros também possam viver"*.

Viver de modo que os outros também possam viver é a ética planetária do nosso tempo; mas é praticável? Será aceita e adotada por um segmento significativo da sociedade? Tais perguntas não serão respondidas por filósofos morais, e sim por processos dentro das sociedades democráticas. Foi-se o tempo em que reis, papas e príncipes decidiam o que é moral. Em um mundo democrático, os princípios que regulam o comportamento das pessoas vêm delas mesmas.

Thomas Jefferson disse que se você acreditar que o povo não é suficientemente informado para exercer o poder na sociedade, a solução democrática não é tomar-lhe o poder, mas oferecer mais informação. Informar sobre os requisitos necessários a uma ética adaptada ao nosso tempo não é uma tarefa quixotesca. Se as pessoas perceberem que existe uma real necessidade de uma ética planetária, e que ser fiel a ela não nos obriga a uma determinada moralidade particular ou pública nem a enormes sacrifícios, essas pessoas responderão com interesse e boa vontade.

A necessidade de uma ética planetária é real, e sua relevância para a sobrevivência da humanidade é facilmente perceptível. A vida dos seres humanos está intimamente ligada às de outras espécies; na verdade, a toda a biosfera. Se continuarmos a interferir no equilíbrio ecológico estabelecido entre as diversas espécies, as condições da biosfera tomarão um caminho nitidamente hostil ao bem-estar da humanidade, ameaçando sua sobrevivência: erosão das terras utilizadas na agricultura, alteração dos padrões das condições atmosféricas, redução dos lençóis de água e elevação do nível dos oceanos, penetração de radiação letal na atmosfera e proliferação de microrganismos fundamentalmente incompatíveis com o nosso corpo. Em resumo: várias catástrofes ecológicas.

É preciso deixar claro também que aderir a uma ética planetária não implica sacrifícios especiais. Viver de modo que os outros indivíduos da biosfera possam viver não significa abnegação; podemos continuar a buscar a excelência e a beleza, o crescimento pessoal e o prazer, e até o luxo e o conforto. No contexto de uma ética planetária, porém, as alegrias e realizações da vida são definidas em relação à qualidade do prazer e ao nível de satisfação que proporcionam, e não em termos de preço ou de quantidade de energia e materiais necessários. Esta ética exige que se leve em conta uma questão básica: "O que faço e o modo como vivo são compatíveis com o direito à vida que possuem os outros? Permitem acesso aos recursos básicos da vida a 6,5 bilhões de seres humanos, e a plantas e animais que povoam e servem de alicerce ao ambiente"?

Todos nós, a cada ação, devemos responder a essas perguntas. Para isso, é preciso seguir uma regra básica: pense nas conseqüências dos seus atos sobre a vida e a atividade dos outros. Estão sendo privados de seus recursos básicos? Seu ambiente está sendo agredido? Não é impossível descobrir as respostas. Como exemplo, vamos refletir sobre três das práticas mais disseminadas no mundo contemporâneo: consumo de carne, tabagismo e uso do automóvel.

Consumo de Carne

A redução do consumo de carne é um imperativo, tanto para a saúde quanto para a sustentabilidade. O consumo de carne cresceu, de 44 milhões de toneladas em 1950, para 217 milhões de toneladas em 1999, aproximadamente cinco vezes – uma tendência insustentável. Além disso, o produto que compramos hoje em dia não é tão saudável quanto o que era vendido em 1950. Atualmente, além do perigo de estar infectada pelo mal da vaca louca, a carne pode conter progesterona, testosterona, avoparcin e clenbuterol – substâncias químicas que os fazendeiros aplicam no gado para garantir a engorda e evitar doenças. Esteróides anabolizantes, hormônios de crescimento e beta-agonistas transformam gordura em músculo; antibióticos estimulam o crescimento e protegem animais sedentários de doenças pelas quais não seriam atacados se vivessem em condições mais naturais.

Uma dieta com intenso consumo de carne não é apenas pouco saudável; é imoral, pois satisfaz um gosto pessoal às custas do esgotamento de recursos essenciais à alimentação de todos os seres humanos. A carne vermelha vem do gado, e este precisa ser alimentado. O grão que o gado consome é subtraído ao consumo humano. Se os animais devolvessem em forma de carne o que comeram, sua alimentação não seria desperdiçada. Mas a energia calórica fornecida pela carne representa apenas a sétima parte da energia contida no alimento consumido pelo gado. Isto significa que, no processo de conversão do grão em carne, o gado "desperdiça" 6/7 do valor nutricional de um produto primário do planeta. Nas aves, a proporção é mais favorável: uma galinha de tamanho médio utiliza apenas 2/3 do valor calórico do alimento que consome.

Simplesmente, não há grãos suficientes para alimentar todos os animais que seriam necessários ao abastecimento de carne às mesas de toda a população mundial. Rebanhos gigantescos e granjas em número incontável exigiriam uma quantidade de grãos superior a toda a produção das terras cultivadas – segundo alguns cálculos, o dobro. De acordo com a extensão de terras disponíveis para a agricultura e os métodos conhecidos para o cultivo, seria necessária uma quantia proibitiva em investimentos para dobrar a atual produção de grãos. A solução racional e moral é reduzir a produção em massa de gado e aves

– não pelo abate em massa, mas pela criação de uma quantidade menor de animais alimentados de maneira mais saudável.

As necessidades de nutrição de toda a humanidade podem ser satisfeitas com o aumento no consumo de grãos e a redução no consumo de carne, utilizando especialmente produtos do próprio país, da região ou do local. Uma dieta baseada em grãos e vegetais é muito mais saudável, além de permitir que as terras economicamente aproveitáveis do mundo inteiro sejam trabalhadas, para satisfazer as necessidades de toda a grande família de seres humanos.

Tabagismo

O que vale para a carne também vale para o fumo. Que o hábito de fumar faz mal à saúde não é novidade: está escrito em todos os maços de cigarro. O que, em geral, não se sabe é que as lavouras de tabaco tiram de milhares de pobres as terras férteis onde poderiam ser plantados cereais e vegetais.

Havendo mercado para a exportação de tabaco, os envolvidos com agronegócios vão preferir este tipo de cultura às plantações de trigo, milho ou soja. E o mercado vai existir enquanto muita gente continuar a fumar.

O tabaco, ao lado de outras lavouras lucrativas, como as de chá e café, ocupa uma porção considerável das terras férteis, embora não seja um produto necessário.

A redução da demanda de tabaco – assim como ração para animais, café, chá e outras culturas voltadas para o lucro – significaria uma vida mais saudável para os ricos e alimentação adequada para os pobres. Um padrão melhor de aproveitamento da terra permitiria alimentar 8 ou talvez 10 bilhões de pessoas, sem necessidade de mais desmatamento ou de experiências com sementes geneticamente modificadas. Por outro lado, mantidos os atuais padrões de consumo, as colheitas obtidas mal conseguem alimentar a população. No caso do índio, para atender a suas necessidades ligadas à agricultura, basta o equivalente a 4 mil metros quadrados. No entanto, no caso de um americano médio, faz-se necessário ocupar 12 mil metros quadrados. Se multiplicarmos esta medida pelo número de habitantes da Terra, vamos precisar de mais dois planetas do mesmo tamanho para alimentar todos os seres humanos.

Uso do Automóvel

De acordo com estudos feitos pelo Banco Mundial, no ano de 2010, o número de veículos motorizados vai alcançar 1 bilhão. A menos que haja uma rápida mudança na tecnologia aplicada ao abastecimento de veículos – o que é possível, mas muito difícil de alcançar em escala mundial –, dobrar a produção de combustíveis elevaria ao dobro o nível de emissão de fumaça e de gases formadores do efeito estufa. Carros e caminhões estrangulariam as ruas de cidades do Terceiro Mundo e as estradas de rodagem de países em desenvolvimento. Para o transporte de produtos, estradas de ferro e rios poderiam ser mais bem aproveitados, e, no caso dos habitantes de áreas urbanas, um bom serviço de transporte público oferecido em larga escala limitaria o número de carros particulares em circulação. Na maior parte dos casos, o padrão de vida se reduziria em termos materiais, mas a qualidade de vida só teria a ganhar.

Hoje em dia, ser um indivíduo digno significa pensar duas vezes antes de ir de carro para o centro da cidade, quando existe transporte público disponível. Significa orgulhar-se de manter limpos metrô, bondes e ônibus, além de viajar em grupo, em vez de fechar-se em um automóvel, cercando-se apenas de ar condicionado, música e telefone celular. Para aqueles cujo condicionamento físico permite, percursos feitos de bicicleta são uma opção ainda mais feliz: além da economia de combustível, da redução dos congestionamentos de tráfego e da poluição, um pouco de ar fresco e exercício fazem muito bem.

Sabe-se que a ampla utilização de automóveis particulares é indesejável, que os engarrafamentos são frustrantes e contraproducentes, e que os motores de combustão interna movidos à gasolina esgotam os recursos não-renováveis e contribuem para a poluição do ar e o aquecimento global. Atualmente, existem várias alternativas para o automóvel clássico – carros movidos a gás natural, dispositivos para converter energia química em elétrica, ar-comprimido ou hidrogênio líquido, para mencionar apenas algumas. No entanto, as pessoas continuam a preferir carros movidos à gasolina. A continuar essa demanda, as indústrias não pesquisarão combustíveis alternativos, e cidades e Estados não procurarão desenvolver transporte público mais limpo e eficiente.

A mudança da moralidade liberal da sociedade clássica industrial para uma ética mais global e responsável acontece devagar; o inicialmente nobre e atualmente anacrônico preceito "viva e deixe viver" ainda persiste. Em sua maioria, os muito ricos ainda vivem de um modo que reduz as chances que os pobres teriam de alcançar uma qualidade de vida aceitável. Se todos os habitantes da Terra usassem carros particulares, fumassem e tivessem uma dieta rica em carne, muitos dos recursos essenciais do planeta se esgotariam rapidamente e teriam seu poder de recuperação drasticamente reduzido.

Claro que os pobres do mundo também devem adotar uma ética planetária. Eles nada têm a ganhar insistindo nos mesmos valores e estilo de vida dos ricos. Não basta que os norte-americanos, europeus e japoneses reduzam as perigosas emissões de poluentes nas residências, indústrias e meios de transporte. De nada adianta cortar o consumo de energia. Se as populações da China, da Índia e de outros países pobres continuarem a queimar carvão para produzir eletricidade e madeira para cozinhar, a implementar políticas econômicas que vêm da Idade Industrial, e a imitar hábitos de consumo, transporte e vida típicos do Ocidente, não haverá qualquer avanço. Somente com a adoção de uma ética planetária por um número significativo de pessoas, teremos uma chance real de criar um mundo em que o direito à vida e ao bem-estar seja assegurado a todos e o impacto do ser humano não exceda a capacidade de regeneração do ambiente que dá suporte à vida.

Ervin Laszlo – Húngaro. Fundador e presidente do COB – *Club Of Budapest* –; fundador e diretor do *General Evolution Research Group* e diretor científico da *International Peace University* de Berlin. É autor ou co-autor de 36 livros traduzidos em 16 idiomas, e organizador de outros trinta livros, incluindo uma enciclopédia em quatro volumes. Com doutorado em filosofia na Sorbonne, lecionou em grandes universidades dos Estados Unidos, da Europa e do Extremo Oriente, e recebeu diversos títulos honorários.

A Paz dos Meus Sonhos

Frei Betto

Tenho uma proposta concreta de paz para o mundo: os EUA retiram-se do Iraque e devolvem ao México o Texas, a Califórnia e o Arizona e Porto Rico aos porto-riquenhos; suspendem o bloqueio a Cuba e restituem aos cubanos a base naval de Guantánamo.

As metrópoles européias indenizam suas ex-colônias na África e na Ásia pelo grau de miséria humana que restou após extorquirem todos os recursos humanos (escravidão) e naturais (ouro, diamantes, madeira, frutas etc.); a Inglaterra reconhece que as Malvinas são argentinas e emancipa a Irlanda do Norte.

A França e a Espanha devolvem aos bascos o seu território; a Turquia, o Irã e o Iraque admitem o direito dos curdos a uma pátria; a Rússia liberta a Chechênia; a China desocupa o Tibete; as Coréias do Norte e do Sul chegam a um acordo de reunificação; o Estado Palestino é imediatamente criado e reconhecido pela ONU; Israel devolve os territórios ocupados e Jerusalém é declarada santuário universal ou cidade internacionalmente independente, administrada pela ONU.

O papa renuncia ao título de Chefe do Estado do Vaticano, entregando-o à administração da Unesco, e mantém-se apenas como pastor universal dos católicos, sem pretensões de hegemonia religiosa e cultural; o FMI e o Banco Mundial cancelam as dívidas dos países pobres e a Organização Mundial do Comércio condena o protecionismo e os subsídios agrícolas dos países ricos.

Os paraísos fiscais são condenados ao Inferno e as Forças Armadas, abolidas em todos os países, bem como o serviço militar. As fábricas de armas fechadas e o comércio de armamentos, proibido, e também a fabrição e a venda de brinquedos e jogos eletrônicos bélicos.

Adota-se a taxa Tobin nas transações internacionais; são considerados crimes a formação de cartéis e oligopólios, bem como a acumulação pessoal de renda superior à média nacional multiplicada por vinte. Proíbe-se a propaganda de cigarros e bebidas e a exaltação da violência e da pornografia em filmes e programas de TV.

Todos os políticos com cargos eletivos são obrigados a manter na Internet declaração transparente de rendas e bens; as denominações religiosas renunciam a qualquer indício de fundamentalismo e competição; o Estado considera crime hediondo e grave violação dos direitos humanos a fome, a miséria e a pobreza.

São garantidos a cada cidadão e cidadã uma renda mínima; os direitos básicos de alimentação, saúde e educação e um teto gratuito no consumo de energia, água e telefone.

Superam-se os preconceitos raciais e contra homossexuais, as discriminações étnicas e religiosas, a desigualdade social e o medo à liberdade.

Qual Paz?

Haveria paz se os países mais ricos se aliassem, não para bombardear um povo miserável como o do Afeganistão ou do Iraque, mas para combater as causas do terror. Como evitar o terrorismo se o capital goza no planeta de uma liberdade de circulação negada às pessoas, se um passageiro é arrancado de um vôo por ter cara de árabe, se o governo dos EUA rasga o Protocolo de Kyoto, de proteção ambiental, e se retira da Conferência de Durban sobre o racismo?

Como evitar sentimentos negativos se os EUA aplicaram muito dinheiro para Bin Laden combater a invasão russa ao Afeganistão em 1991, mas não deram um centavo para promover o desenvolvimento daquela nação? E como falar em combate ao terrorismo se a CIA protege Posadas Carriles, o superterrorista cubano que mandou pelos ares uma aeronave com 73 passageiros em 1976, e comandou torturas em El Salvador e na Venezuela?

O atentado terrorista aos EUA, em 11 de setembro, foi hediondo. Condenável sob todos os aspectos. Mas deveria ao menos servir para o Ocidente meditar sobre suas relações com a África, a Ásia e a América Latina. O que resta na África após décadas de colonização italiana, belga, francesa e inglesa? Miséria, guerras, epidemias. A AIDS ameaça, hoje, a vida de 25 milhões de africanos.

Nenhum país do Terceiro Mundo produz armas em quantidade significativa. O que comprova que todas as guerras são abastecidas pelo comércio criminoso das nações ricas. É hora de dar um basta nessa política do "bate e assopra". O mundo está cansado, não só de guerras, mas também de cinismo, demagogias e de um sistema que idolatra o lucro e ignora o sofrimento dos pobres, que são hoje 4 bilhões, entre a população de 6,3 bilhões do nosso planeta.

Não podemos mudar de planeta, ao menos por enquanto. Se as nações ricas querem vencer o terrorismo só há uma solução: vencer as causas que produzem terroristas. O que significa investirem seus recursos para que a vida digna e feliz, dom maior de Deus, seja um direito de todos, e não privilégio de uma minoria.

Predomina nos meios políticos e diplomáticos a idéia de que a paz pode existir como mero equilíbrio de forças, através de tratados e acordos que fazem cessar a agressão, mas não eliminam o espírito belicista e as causas que geram conflitos. A ONU, malgrado seus esforços pela paz no mundo, se esforça por evitar guerras, sem, no entanto, empenhar-se suficientemente para erradicar as desigualdades sociais e assegurar a todos os povos condições dignas de vida. A proposta de um Fome Zero Mundial, feita pelo presidente Lula na Assembléia Geral da ONU em setembro de 2003, parece não ter eco.

Apesar de o fim da Guerra Fria ter estabelecido um certo equilíbrio entre o Leste e o Oeste do planeta, aprofundam-se as discrepâncias entre o Norte e o Sul. A África é um continente em vias de desaparecimento, submergido em guerras, fome e disseminação acelerada de epidemias. A América Latina tem seu crescimento estagnado, condenando metade de sua população à pobreza.

Talvez nós, vivos, possamos aprender algo com os mortos, sobretudo aqueles que viveram em contextos semelhantes ao da atual conjuntura internacional.

Isaías Aponta o Caminho da Paz

O profeta Isaías viveu em Jerusalém no século VIII a.C. A Assíria era, então, a grande superpotência do Oriente. Em busca de expansão de seu império, os exércitos assírios invadiam territórios de países vizinhos. A Síria e o reino do Norte – Efraim (Israel), cuja capital ficava na Samaria – selaram uma aliança para deter os assírios. Porém, Acaz, rei de Judá (reino do Sul), recusou-se a participar. Um golpe de Estado foi preparado para derrubá-lo e empossar outro rei mais cooperativo. Vendo-se ameaçado, Acaz recorreu à Assíria, que desbaratou a conspiração e subjugou Efraim. Como vassalo dos assírios, Acaz permaneceu no poder em Jerusalém.

Uma década mais tarde, o reino do Norte rebelou-se contra a Assíria. Em 722 a.C., a Samaria foi destruída e sua população, deportada. Efraim-Israel deixou de existir.

Em 701 a.C., Ezequias, rei de Judá, rebelou-se contra Senaquerib, rei da Assíria. O reino do Sul foi saqueado pelas tropas da potência imperialista e Ezequias ficou confinado em Jerusalém.

Toda a pregação de Isaías, contida em seu livro bíblico, é eminentemente política. Homem cosmopolita, era conselheiro do rei de Judá, tanto à época da guerra sírio-efraimita, quanto no período em que Ezequias foi mantido sem poderes no poder.

Por que há tantas guerras?, indagava Isaías. Sua argúcia política não se detinha nos efeitos. O profeta denunciou as causas das desigualdades sociais, sobretudo a opulência das elites: "Ai daqueles que juntam casa com casa e emendam campo a campo, até que não sobre mais espaço e sejam os únicos a habitarem no meio do país. Javé dos exércitos jurou no meu ouvido: 'Suas muitas casas serão arrasadas, seus palácios luxuosos ficarão desabitados'. (...) Ai daqueles que madrugam procurando bebidas fortes e se esquentam com o vinho até o anoitecer. Em seus banquetes eles têm harpas e liras, tambores e flautas, e vinho para suas bebedeiras; e ninguém presta atenção na atividade de Deus, e ninguém vê o que a mão dele faz. (...) Ai dos que dizem que o mal é bem, e o bem é mal, dos que transformam as trevas em luz e a luz em trevas, dos que mudam o amargo em doce e o doce em amargo! Ai dos que são sábios a seus próprios olhos e inteligentes diante de si mesmos!

Ai dos que absolvem o injusto a troco de suborno e negam fazer justiça ao justo!" (5, 8-23).

Isaías criticava também a ociosidade perdulária das elites, em especial as mulheres: "Por causa do orgulho das mulheres de Jerusalém, que andam de cabeça erguida e olhos cobiçosos; que vão pisando miúdo, tilintando os anéis dos tornozelos, o Senhor cobrirá de sarna a cabeça delas. Arrancará delas os enfeites: anéis de tornozelo, testeiras e lunetas; brincos, braceletes e véus; grinaldas, correntinhas de pé e cintos; caixinhas de perfume e broches; anéis e pingentes para o nariz; vestidos de gala e mantas; xales, bolsas, espelhos, túnicas, chapéus e mantilhas. E, então, no lugar do cinto, estará uma corda; no lugar das tranças, uma cabeça raspada; pano de saco em vez de roupas luxuosas; e marca de ferro em brasa em vez de beleza" (3, 16-24).

Como Tolstoi, Isaías aspirava a uma vida de despojamento e simplicidade. Toda a sua literatura está impregnada de forte conotação utópica: "O lobo será hóspede do cordeiro, a pantera se deitará ao lado do cabrito; o bezerro e o leãozinho pastarão juntos, e um menino os guiará; pastarão juntos o urso e a vaca, e suas crias ficarão deitadas lado a lado, e o leão comerá capim com o boi. O bebê brincará no buraco da cobra venenosa; a criancinha enfiará a mão no esconderijo da serpente. Ninguém agirá mal nem provocará destruição em meu monte santo, pois a terra estará cheia do conhecimento de Javé, como as águas enchem o mar" (11, 6-9).

"De suas espadas eles fabricarão enxadas, e de suas lanças farão foices. Nenhuma nação pegará em armas contra outra, e ninguém mais vai treinar para a guerra" (2, 4-5).

Toda a mensagem de Isaías está centrada nesta afirmação: "O fruto da justiça será a paz" (32, 17). Inútil querer a paz sem, antes, erradicar as causas que produzem conflitos, violência e guerra. Por isso, ele zombava dos idólatras, que adoravam objetos feitos por mãos humanas, e também dos que se julgavam profundamente religiosos sem, no entanto, libertarem os oprimidos: "O jejum que eu quero é este: acabar com as prisões injustas, desfazer as correntes do jugo, pôr em liberdade os oprimidos e despedaçar qualquer opressão; repartir a comida com quem passa fome, hospedar em sua casa os pobres sem abrigo, vestir aquele que se encontra nu, e não se fechar à sua própria gente" (58, 6-7).

Em sua visão abrangente, Isaías articulava fé e política, ética pessoal e conquista da paz mundial. Se vivesse hoje, estaria nos perguntando: Por que falamos em direitos humanos, se pagamos salários miseráveis às nossas empregadas domésticas? Por que acusamos Bush de belicismo, se invadimos a faixa de pedestre e, na fila, não cedemos lugar ao idoso, à grávida ou ao portador de deficiência? Por que criticamos os gastos de guerra, se consumimos coisas supérfluas, apesar de tantos que passam fome ao nosso lado?

Isaías foi um caso raro de quem conviveu com e no poder e jamais abandonou seu compromisso com os oprimidos. Sua visão de Deus nada tinha de maniqueísta, nem de fundamentalista. Ao equilíbrio de forças, acrescia a justiça; à justiça, adicionava o amor. Só o amor é capaz de superar o direito e evitar fazer das diferenças divergências, pois nos ensina a conviver com aquele que não é como nós nem pensa como pensamos e, no entanto, possui a mesma dignidade humana.

Das lições do profeta podemos concluir que, sem uma ética globalizada, o atual modelo neoliberal de *globocolonização* não cessará de colocar os interesses privados acima do direito público; as fontes de riqueza acima do bem-estar da população; as ambições imperialistas acima da soberania dos povos.

Talvez a meditação dos textos de Isaías nos ajude a trilhar um caminho assinalado, na geografia bíblica, há 2.800 anos! Resta-nos gravá-lo nas entranhas do coração.

Frei Betto – Brasileiro. Jornalista. Antropólogo. Filósofo. Teólogo. Frade dominicano. Foi membro do conselho da Fundação Sueca de Direitos Humanos e do *Institute for Critical Research* (Holanda). Recebeu vários prêmios por suas obras literárias no Brasil e por seu engajamento social, da Fundação Bruno Kreisky, (Áustria) e Prêmio Paolo E. Borsellino (Itália). Escritor, tem 48 livros publicados, entre as quais *Batismo de Sangue*, *O Paraíso Perdido*, *Desemprego e Solidariedade*, *O Aquário Negro*; co-autor de *Mística e Espiritualidade*. Colabora com duas dezenas de jornais e revistas.

Caminhos para Uma Cultura da Paz com a Natureza

Maurício Andrés Ribeiro

"Mentes brilhantes provocam ações que causam sofrimentos e dor. É preciso, também, educar o coração."

Dalai Lama, 1999

Nos últimos 50 anos, a população mundial cresceu de 2,5 bilhões para 6 bilhões de pessoas e a civilização ocidental acostumou-se a conviver com curvas geométricas de crescimento populacional, de demanda de energia, recursos naturais e invenções. Nesse período, o consumo material multiplicou-se desigualmente, pois mais de 80% dos recursos são apropriados por 20% da população e as pressões por justiça distributiva ainda não tiveram resultados positivos.

São limitadas as capacidades de sustentação do planeta, de depuração do ambiente, de absorção de resíduos; muitos recursos naturais não-renováveis – entre eles o petróleo – se esgotarão no curto e no médio prazos, o que desafia a sustentabilidade da civilização baseada na sua exploração.

Na segunda metade do século XX, a espécie humana ampliou sua capacidade de transformar a paisagem do planeta Terra e a biodiversidade. Destrói espécies ou provoca, por meio da biotecnologia, o aparecimento de outras espécies vivas.

Num planeta no qual cada vez mais gente consome mais, tendem a se intensificar os conflitos entre governos, nações, etnias, corporações, tribos, gangues ou grupos sociais, diante da escassez dos recursos naturais finitos. O consumismo e o belicismo estão na raiz da pressão sobre os recursos naturais, transformados pela sociedade industrial em bens materiais de consumo. Um cenário pessimista para o futuro prevê maior sofrimento humano, relacionado com as disputas violentas pelos recursos naturais.

Muitos recursos são exauridos e muitas espécies animais e vegetais vivas são extintas devido à sua exploração econômica para atender a demandas humanas. Nossa espécie, voraz, causa o esgotamento dos recursos. Os não-renováveis se esgotarão no curto ou no médio prazos, o que coloca um desafio à sustentabilidade da civilização baseada na sua exploração e uso.

No passado, era pequeno e facilmente absorvido o impacto causado pela atividade humana sobre o planeta. No presente, o desenvolvimento científico e tecnológico criou instrumentos capazes de acelerar a velocidade de apropriação da natureza. Praticamente todos os ecossistemas e todas as paisagens terrestres foram pisados pela presença humana. No futuro próximo, caso continue a tendência registrada até o momento, a capacidade de suporte do Planeta atingirá seu limite.

A compulsão por consumir mais bens materiais leva à necessidade de mais de um planeta. Não será longo o futuro da vida humana na Terra, a não ser que sejam conquistados e utilizados recursos de outros corpos celestes, ou, então, que se reduzam voluntariamente as demandas supérfluas. A primeira hipótese é expansionista e seria alcançada a partir da pesquisa espacial e das viagens interplanetárias. A segunda opção, voltada para o aprimoramento subjetivo e psicocultural, postula ser necessário que a espécie humana passe por mudança estrutural de comportamento, revalorize a frugalidade, a simplicidade voluntária, o conforto essencial. Estas duas opções são complementares e não excludentes.

Mais gente e mais consumo são elementos de uma equação que pode levar a mais conflitos pelo acesso e apropriação dos recursos. Historicamente, isto ocorreu nas disputas por territórios, minerais valiosos, produtos com valor comercial, reservas estratégicas de combustíveis e de energia, e hoje ocorre com a água e os recursos da biodiversidade, que se tornam pivôs de disputas sofisticadas.

No passado, fenômenos naturais, colisões de asteróides com a Terra e outros fatores universais/cósmicos ou locais/planetários também produziram catástrofes, entre elas a que levou à extinção dos dinossauros há 65 milhões de anos. Na era contemporânea, a espécie humana é a catástrofe real ou potencial, devido ao impacto devastador de suas atividades, tais como as transformações de paisagens, os processos de desertificação e a esterilização da vida. Nossa espécie representa um tipo de catástrofe que acelera a extinção de paisagens e de outras espécies a um ritmo rápido, em sua guerra contra a natureza. Neste sentido, ela ainda se encontra em sua adolescência e se comporta como delinqüente em relação às demais espécies.

A crise atual pode ser considerada, mais do que uma crise da civilização, uma crise da evolução da espécie humana, que criou instrumentos capazes de destruir-se e de destruir o ambiente. Durante a história da espécie humana, alternaram-se extremos de criação e de inspiração e, por outro lado, extremos de barbárie e estupidez.

Somos parte da biodiversidade e nossos corpos são feitos dos elementos químicos da natureza. A qualidade da água que bebemos, do ar que respiramos, dos alimentos que ingerimos afeta o ambiente interno dos órgãos digestivos ou do aparelho respiratório. O meio ambiente está dentro de nossos corpos e a saúde ambiental influencia a nossa saúde física, sensorial, emocional e mental. A poluição externa da água dos rios corresponde à poluição que corre no sangue de nosso sistema circulatório. A agressão ao ambiente externo agride os sentidos do olfato, da audição, da visão, do tato e do paladar e prejudica a qualidade da vida.

Da mesma forma, a qualidade do conhecimento e da formação que recebemos impregna nossa mente, nossas sensações e emoções, fazendo com que tenhamos comportamentos que, em maior ou menor grau, podem ser agressivos em relação à vida e ao ambiente.

Nossa qualidade como indivíduos e sociedades afeta a qualidade de nossas ações e condiciona os impactos que causam sobre o ambiente. A ação de cada um de nós carrega o código genético do pensamento e do sentimento que a originou. Atores voltados para objetivos imediatistas, para o auto-interesse ou a busca de poder muitas vezes subestimam os impactos negativos de suas ações, provocando sofrimentos em si próprios, nos demais seres humanos ou no ambiente.

Quando orientadas por valores negativos – ódios, ressentimentos, ambição, orgulho, vaidade, desejo de poder e de riqueza a qualquer custo, indiferença ou insensibilidade, falta de compaixão –, essas ações produzem efeitos destrutivos.

A cuidadosa avaliação prévia dos impactos gerados pela ação humana, individual ou coletiva, tornará seus resultados menos agressivos em relação ao meio. Tornar perdurável o desenvolvimento da espécie humana, num contexto que apresenta crescentes desequilíbrios climáticos e ambientais, é um desafio à nossa capacidade de transcender limites físicos, intelectuais e espirituais.

O aprofundamento da consciência e da percepção ambiental, bem como a maior sensibilização social e individual, mostra que a paz social está associada a relações amigáveis com o ambiente e que a ignorância e autocomplacência precisam ceder lugar a padrões éticos e à ação com responsabilidade. O desenvolvimento sustentável, em sua dimensão cultural, depende de um conjunto de valores, internalizados pelo cidadão, e que orienta seu comportamento para uma relação menos agressiva. Um ser humano mais amoroso, sensível, cuidadoso e gentil para com a Terra, para com sua espécie e com as demais espécies vivas, transcendendo os aspectos rudimentares de sua animalidade e valorizando suas características mais elevadas, terá maiores possibilidades de projetar e construir um ambiente saudável.

É econômico e eficaz investir na consciência ecológica e na educação para os valores humanos.

Valores humanos elevados – como o altruísmo; a solidariedade; a tolerância para com a diversidade social e cultural; o sentido de justiça; a busca da paz pessoal, social e com a natureza; bem como o desejo de servir ou a busca da verdade – tendem a gerar ações com menores impactos negativos.

Assim, o desenvolvimento humano e espiritual, bem como a formação de valores construtivos, pode desencadear, na qualidade ambiental, a melhoria que exige o desenvolvimento cultural, de uma subjetividade compassiva, da ecologia das emoções.

A boa gestão da sustentabilidade exige investimento em dinheiro, habilidades e a capacidade de desenvolver e aplicar métodos e instrumentos de ação que permitam transformar idéias, intenções e desejos louváveis em realidades construtivas. Os métodos de ação baseados na coerção e no autoritarismo exigem maior dispêndio de energia para se sustentarem. Os métodos participativos baseiam-se nos princípios da cooperação, da prevenção e da sustentabilidade, e em valores culturais e éticos. Eles favorecem, mesmo em períodos de adversidade, comportamentos individuais e sociais construtivos, com baixa necessidade de uso da força. É necessário aprimorar os métodos de mediação e gestão democrática, atuando na paz consigo mesmo, com os outros e com a natureza. A consolidação da cultura da gestão democrática exige que se aprendam e exercitem, na prática, métodos colegiados de resolução e prevenção de conflitos.

Somos seres humanos multidimensionais e a ação de cada um dos atores sociais e econômicos pode contribuir para a sustentabilidade.

Os **governos** podem contribuir exercitando a cultura da gestão participativa.

O **consumidor responsável** pode adotar padrões sustentáveis de consumo e atitudes frugais que reduzam desperdícios de água, alimentos e produtos que provoquem pressões sobre o ambiente, preferindo produtos "verdes"; pode adotar o princípio da austeridade feliz, bem como valores pós-materialistas, que desassociem a noção de qualidade de vida da posse material.

Os **movimentos ecológicos**, que defendem a simplicidade voluntária e o conforto essencial, propõem a autolimitação do consumo de bens materiais, eliminando o supérfluo que produz impactos ambientais negativos. Tais movimentos sugerem que as necessidades básicas devam ser diferenciadas das demandas supérfluas, induzidas pelos meios de comunicação e pela propaganda. Nesta perspectiva, ter à disposição menor quantidade de bens materiais não necessariamente significa desfrutar de pior qualidade de vida.

Como **produtores, empresários** e **trabalhadores**, podemos criar e adotar tecnologias e processos de produção limpos e sustentáveis, o que no Brasil significa, entre outros aspectos, tomar consciência de nossa realidade tropical e aproveitar a energia solar de que dispomos em abundância.

Como **contribuintes**, podemos estar atentos a como os governos gastam os tributos que recolhem do nosso trabalho e a riqueza que ajudamos a gerar, para influirmos ativamente, através de orçamentos participativos, no destino dado a tais recursos. Os fundos de investimentos éticos – que aplicam recursos em empreendimentos sustentáveis – são uma opção de **investidores** conscientes e responsáveis.

E os **bancos** podem assumir a co-responsabilidade pelo destino que dão a seus empréstimos.

Como **eleitores**, podemos votar em políticos e representantes que tenham compromisso ecológico e eleger candidatos que tomem decisões, nas políticas públicas e na administração, conscientes dos desafios do desenvolvimento sustentável.

Como **cidadãos**, podemos exercer os direitos e deveres de sermos co-responsáveis pela qualidade do meio ambiente, evitando sujá-lo, associando-nos a movimentos coletivos pelo ambiente e pela sustentabilidade e depurando nosso próprio ambiente interior do corpo, da mente e das emoções. Assim também as **mulheres,** os **agricultores,** os **jovens,** as **autoridades locais** e cada um dos grupos da sociedade podem ser sujeitos ativos de mudanças em seu campo de ação.

A espécie humana poderá, se o desejar e tiver a habilidade para implementá-lo, reverter os processos de degradação ambiental e ter um luminoso futuro pela frente, no milênio que se inicia. Poderá, assim, dar adeus às ações irresponsáveis, virar uma página da história e ajudar a construir um novo tempo, deixando de destruir a Terra-mãe que nos nutre e nos permite viver, passando a restaurá-la, curando suas feridas e dedicando-lhe os cuidados e o afeto que ela merece.

O planeta Terra é vivo, de acordo com a teoria Gaia. O ser humano, de acordo com esta teoria, é a massa cinzenta do cérebro de Gaia. Atualmente, a atividade humana é um dos mais fortes agentes de transformação do Planeta, de suas paisagens, do clima e das condições ambientais. A ação humana pode promover a destruição, degradação, desertificação e perda da capacidade de suporte para a vida, ou pode fazê-lo no sentido construtivo, de proporcionar melhores condições para o florescimento da biodiversidade.

A escalada dos impactos da atividade humana no Planeta foi periodizada por Pierre Dansereau. O controle climático constitui, no século XXI, a etapa atual da relação do homem com o seu ambiente, sucedendo à domesticação dos animais, à domesticação dos vegetais na revolução agrícola, à industrialização dos séculos XIX e XX e à urbanização do século XX[1].

Mas a crise atual não é apenas econômica, social, cultural, civilizatória. É uma crise da evolução da espécie, nas palavras de Sri Aurobindo, e um dilema da "continuidade evolutiva da aventura humana", na expressão de Eduardo Viola.

Ao conferir a uma ambientalista o Prêmio Nobel da Paz de 2004, o comitê que a escolheu prestou um relevante serviço à sociedade. As conexões entre os temas da paz e do meio ambiente são, ainda hoje, precariamente percebidas. Ao valorizar a questão ambiental como essencial para a paz, o comitê do Prêmio Nobel ajuda a expandir a consciência coletiva nessa direção. O noticiário informa que, ao tomar tal decisão, o comitê enfrentou resistências e contrariou posições dos segmentos que ainda não percebem com clareza esta vinculação e que insistem em critérios baseados em outro paradigma e visão de mundo, na qual os aspectos militares, políticos, de conflitos e segurança são percebidos como se estivessem desvinculados da base ecológica que os sustenta.

Wangari Maathai, a queniana premiada, expressava tal consciência quando disse que *"Quando plantamos novas árvores, plantamos as sementes da paz"*. Esta consciência foi também verbalizada pela presidente do Comitê Nobel Norueguês, Ole Danbolt Mjoes, ao afirmar que *"A paz na Terra depende da nossa capacidade de garantir nosso meio ambiente vivo"*.

Num contexto em que é crescente a pressão sobre os recursos naturais – a água, o solo, as florestas –, sendo também crescente o risco de conflitos e de propagação da violência entre sociedades e grupos sociais, relacionadas com o acesso e uso a tais recursos, a disseminação de valores humanos construtivos será um elemento essencial para promover a harmonia e a paz social e com a natureza. Perceber que a guerra é a mais antiecológica das atividades humanas – pois destrói não somente as vidas humanas, mas também a vida animal e vegetal, bem

---

[1] Ver DANSEREAU, Pierre *apud* VIEIRA, P. F, Ribeiro, M. A. *Ecologia humana, ética e educação – a mensagem de Pierre Dansereau*. Florianópolis: APDE/Palotti, 1999.

como polui e contamina os ecossistemas – é um primeiro passo para levar à consciência de sua inviabilidade. A escravidão somente foi abolida quando, além de indesejável para os planos comerciais das metrópoles, pois o assalariamento dos ex-escravos poderia gerar um mercado consumidor, tornou-se insuportável na consciência social; assim também, a guerra e a agressão ao ambiente somente serão abolidas quando se tornarem psicologicamente insuportáveis e quando se expandir a consciência sobre seus custos e riscos.

Tomara que a decisão da comissão do Prêmio Nobel de conferir o Prêmio Nobel da Paz a uma ambientalista não seja um episódio isolado, mas o início de uma tendência que leve a uma longa série de valorizações da atividade ecológica, como essencial para a prevenção de conflitos e a manutenção da paz.

Num mundo em que os conflitos e a disseminação da violência e da guerra estão presentes no dia-a-dia, a construção de uma cultura da paz exige transformação de valores, mentalidade e comportamentos. A Unesco já reconhecia a necessidade de trabalhar a paz dentro de cada pessoa quando adotou a seguinte frase como introdução ao ato que a constituiu: *"Se as guerras nascem no espírito dos homens, é nos espíritos dos homens que devem ser erguidos os baluartes da paz"*.

Há necessidade de trabalhar os valores da paz no nível pessoal, social e da paz com a natureza – com a qual a espécie humana tem travado guerra violenta, degradando-a e poluindo-a. A guerra fria e a cultura belicista anunciavam: *"Se queres a paz, prepara-te para a guerra"* (em latim, *"Si vis pacem para bellum"*). Atualmente, é claro que, se queremos a paz, devemos preparar-nos para a paz.

Programas de educação para a paz retomam noções presentes em antigas tradições, como, por exemplo, a noção indiana de "ahimsa", que tanto pode ser traduzida como "não-violência" ou "ausência de falta de amor". Tal princípio, aplicado a estratégias não-violentas de resolução de conflitos, foi usado pelo Mahatma Gandhi na resistência passiva contra os ingleses, que culminou na independência da Índia, em 1947.

Uma cultura de paz com a natureza implica desenvolver um tipo de relação menos utilitarista da espécie humana com o ambiente, que ressacralize a natureza, reintegrando os indivíduos como parte da biodiversidade. Supõe estabelecer uma relação que evite considerar a terra apenas como fonte de recursos naturais a ser explorada, ou depósito de resíduos no qual se descartam as sobras e o lixo, subprodutos do consumo material imediatista. Implica também reconhecer os crescentes riscos e ameaças à segurança individual e social representados pelos desequilíbrios ambientais.

A educação para a paz e para a cidadania é essencial para produzir uma relação mais amigável e menos conflituosa do ser humano com o meio ambiente. No contexto da educação para a paz e para o meio ambiente, existem várias iniciativas. Uma delas, criada por Pierre Weil na Universidade Holística de Brasília, e adotado em várias partes do mundo, é a "Arte de Viver em Paz". Aborda temas como a mudança de paradigma na ciência e sua influência sobre a educação pela paz. Mostra a diferença entre a paz percebida como um fenômeno externo ao homem e vista como um estado interior, propondo uma visão holística da educação pela paz. Compõe-se de vivências práticas, que abordam a transmissão da arte de viver em paz e o processo de sua destruição.

Distingue três aspectos do tema: a paz consigo mesmo, com os outros e com a natureza. Mostra como nasce a guerra no espírito do homem e apresenta métodos para o despertar e para o desenvolvimento da paz interior, no corpo, no coração e no espírito.

No segundo aspecto, denuncia a "normose" contemporânea e apresenta os processos de educação social, cultural e econômica pela paz.

No que se refere à paz com a natureza, trata do homem como parte da natureza e defende a necessidade de uma pedagogia ecológica.

Paz e guerra se realizam crescentemente no campo psicológico. A guerra de nervos, o medo e o pânico gerados pela falta de informação confiável são conhecidos em casos de acidentes ambientais. Assim, a desconfiança do cidadão comum em relação à energia nuclear foi alimentada pela desinformação e pelo caráter sigiloso com o qúal o tema foi tratado durante décadas, por ser considerado de segurança nacional. O medo ao desconhecido e aos riscos com ele associados também alimenta as ressalvas quanto aos produtos transgênicos, devido a seus potenciais, reais ou imaginários, riscos à saúde e ao meio ambiente.

A informação insuficiente promove reações histéricas, pânico e tensão, inquietações, rumores e notícias sensacionalistas.

A segurança ecológica constitui tema emergente nesse contexto, dados os números crescentes de refugiados ambientais, isto é, pessoas que se viram obrigadas a abandonar seus locais de origem e a migrar devido a catástrofes e fenômenos tais como secas, enchentes, furacões, terremotos.

O desenvolvimento sustentável, que possa perdurar e renovar-se, postula uma nova relação com o tempo. Nas antigas tradições espirituais que aceitam a reencarnação, esta relação com o tempo é menos estressada, porque aquilo que não for possível realizar nesta vida poderá ser feito em vidas futuras. Esta crença também tem efeitos ambientais positivos, ajudando a preservar o ambiente onde serão vividas as vidas futuras. *Slow is beautiful* – lento é belo – é um lema que reflete essa relação menos ansiosa e mais harmônica com o tempo e que garante que princípios e valores não sejam sacrificados em função de resultados imediatos, porém pouco sustentáveis.

A importância da paciência, da sintonização com o ritmo do tempo é fundamental; quando se perde a paciência, aumenta geralmente o risco de se apelar para a violência – física, verbal ou mental. A paciência pode ser vista como a ciência da paz. *"Quem perdeu a paciência perdeu a batalha"*, diz uma inscrição num muro em cidade indiana.

Justiça e paz são aspirações humanas legítimas. Sua falta representa uma perda para a qualidade de vida. Os segmentos pobres da população usualmente dispõem de menor informação e capacidade de mobilização que lhes permitam opor-se à instalação, em sua vizinhança, de empreendimentos que tragam custos ambientais, riscos à saúde ou perda de qualidade de vida. Quando se mapearam os depósitos de lixo tóxico e perigoso nos Estados Unidos, verificou-se que sempre se localizavam próximo de comunidades de baixa renda, em geral negras e excluídas de benefícios sociais e urbanos. Tal fato não constitui coincidência: evidencia que os custos ambientais do desenvolvimento recaem com maior força sobre os segmentos sociais com menor poder de luta por seus direitos e por melhores condições de vida. Ninguém deseja um depósito de lixo em seu quintal, mas os grupos mais pobres têm menor poder de realizar esse desejo e de defender a qualidade ambiental de seu entorno.

As comunidades ricas, econômica e politicamente mais poderosas, escolhem viver perto de parques ou de áreas naturais, com vistas e paisagens privilegiadas; quando ameaçadas por alguma iniciativa que possa contrariar seu padrão de conforto e bem-estar, reagem e lutam com os instrumentos legais, econômicos e políticos de que dispõem. Torna-se, então, mais difícil de serem atingidas pelos impactos ambientais negativos de uma obra ou empreendimento. Entretanto, têm aumentado, no Brasil, os casos de minerações e empreendimentos viários e imobiliários potencialmente incômodos e degradadores do ambiente, que buscam instalar-se próximo de áreas ocupadas por segmentos da elite econômica, embora indesejados por ela. Tais empreendimentos tornam-se desencadeadores de resistências e de conscientização ambiental para esse extrato da população que ainda não havia sido atingido tão duramente, como os pobres, pelos impactos ambientais negativos, associados às iniciativas de segmentos dessa própria classe econômica. Nestes casos, vêem-se diante de confrontos e contenciosos jurídicos e precisam de instrumentos institucionais para defender seus interesses.

A justiça ambiental postula que todos devem ter iguais oportunidades de se proteger dos danos ambientais, com recursos equivalentes. Na vida real, essas condições são muito distintas para os grupos ricos e para os pobres, que também dispõem de menores chances de se mudar para outra localização quando algo os incomoda ou os prejudica.

Longe de constituir preocupação apenas da classe média, o ambientalismo apresenta forte componente social quando explicita melhores condições de justiça ambiental e luta por eles e para evitar que os segmentos mais fracos, desmobilizados ou desorganizados, sejam atingidos pelos custos que lhes causam danos à saúde e à qualidade de vida. Ao reduzir desigualdades, contribui também para a segurança, a paz e a redução da violência.

Maurício Andrés Ribeiro — Brasileiro. Arquiteto. Autor de *Ecologizar — Pensando o Ambiente Humano* e de *Tesouros da Índia para a Civilização Sustentável*. Conferencista sobre assuntos de meio ambiente. Professor de Conforto Ambiental na Faculdade de Arquitetura das Faculdades Metodistas Integradas Izabella Hendrix, 1985-1991.

Mitos para o Novo Milênio

Stanley Krippner

O tema deste capítulo são os mitos antagônicos do século XXI. Tais mitos vão determinar se prevalecem a paz ou a guerra, a cooperação ou o conflito. Uma cultura de paz depende do desenvolvimento de uma mitologia que dê importância à ligação das pessoas com suas comunidades, bem como à sustentabilidade do ambiente. Mitos antagônicos, ao contrário, enfatizam os dois extremos. Por um lado, existe o mito da Grande Narrativa do Progresso, com a tecnologia e a competição como temas. Por outro, há vários mitos milenares, alguns utópicos e outros antiutópicos. Nenhum dos dois extremos leva a uma cultura de paz; em vez disso, os "chamarizes" descritos na teoria do caos precisam enfatizar a transformação do planeta, da cultura e do indivíduo.

Pela segunda vez na história da humanidade, homens e mulheres se vêem diante de um novo milênio. No século VI, o monge romano Dionysius Exignuus criou o atual método de contagem dos anos, a partir da suposta data do nascimento de Jesus Cristo. Mas poucos europeus possuíam calendários ou sabiam que o ano 1000 estava perto. Enquanto isso, outras culturas criavam seus sistemas de contagem de tempo: os judeus, a partir do que consideravam a época da criação – 3760 a.C.; a maioria dos hindus, a partir de 3102, quando começou o ciclo de *Kali Yuga*; e os muçulmanos, a partir do vôo de Maomé até Medina, em 622 a.D. No entanto, com exceção das crenças apocalípticas do islamismo, a passagem de mil anos não despertou qualquer emoção especial. A mudança de "Antes de Cristo" (A.C.) para "Antes da Era Comum" (A.E.C.), e de "anno Domini" (a.D.) para "Era Comum" (E.C.), deu uma unidade leiga à contagem dos anos. Ainda assim, é provavelmente mais exato apontar 1º de janeiro de 2001, e não de 2000, como o início do novo milênio.

Com o passar do tempo, inúmeras culturas em todo o mundo desapareceram, levando com elas suas mitologias. Na América Central, dezenas de belos templos maias nos contemplam em silêncio, assim como um número incalculável de monumentos incas no Peru, marcos celtas no País de Gales, estátuas do antigo império *khymer* no Camboja e os magníficos zigurates, templos piramidais da África Central. O enigma da extinta civilização da ilha de Páscoa, com suas estátuas gigantes, é único em Arqueologia, devido ao isolamento daquela terra árida. Pesquisas apontaram indícios de que, há cerca de 1.600 anos, desbravadores vindos da Polinésia instalaram-se na ilha, um paraíso primitivo com florestas subtropicais, dezenas de espécies de pássaros e nenhum predador. Eles cresceram, multiplicaram-se e distribuíram recursos de um modo que sugere uma economia sofisticada e um sistema político complexo. Para imitar as esculturas de pedra de seus antepassados polinésios, os ocupantes da terra passaram a erguer estátuas cada vez mais altas sobre plataformas, em uma competição entre clãs rivais, cada um querendo mostrar mais poder e riqueza que o outro.

Com o aumento da população, porém, as florestas foram devastadas mais depressa do que conseguiam regenerar-se, com as árvores sendo transformadas em combustível, canoas, casas e transporte para as enormes cabeças de pedra. Aos poucos, os habitantes consumiram todos os animais da ilha; extintas as florestas, não havia madeira para fazer canoas, impedindo assim a pesca; a erosão e o desmatamento prejudicaram as colheitas. E veio a desordem: os clãs lutavam entre si, cada um violando e derrubando as estátuas do outro. Quando os europeus chegaram à ilha de Páscoa em 1772, a terra antes fértil estava árida e desolada. Os habitantes remanescentes, em plena degradação, viviam em meio à violência, à fome e ao canibalismo.

Talvez a história da ilha de Páscoa seja um documento a nos mostrar aonde vai dar o caminho que estamos percorrendo; talvez seja parte da orientação de que precisamos desesperadamente para o novo milênio. A história da ilha de Páscoa é um microcosmo do nosso planeta. A população, cada vez mais numerosa, enfrenta a escassez de recursos. Toda a Terra está tão interligada, que se tornou como que uma ilha única. Não existe qualquer lugar no planeta que não seja afetado pela ecologia do todo. Assim como ninguém conseguia emigrar da ilha de Páscoa, fugindo para o oceano, estamos nós impedidos de escapar para o espaço.

Se quisermos evitar o destino que se abateu sobre os habitantes da ilha de Páscoa, estamos obrigados, individual e coletivamente, a mudar os mitos que nos levam em direção à extinção e a buscar visões inspiradoras de um futuro plausível e atraente. Para que a transformação ocorra, os seres humanos têm de trabalhar ativamente a fim de dar forma ao futuro, uma tarefa que atinge o âmago da criação dos mitos. Se cada um de nós é uma célula no que Peter Russell chama de "cérebro global", a empreitada será tanto individual quanto coletiva. Portanto, nossos atuais artífices da paz têm a oportunidade de se posicionar na vanguarda da criação de mitos para o novo milênio.

Os mitos são mais ou menos como o que os teóricos do caos chamam de *attractors* – chamarizes. São uma reunião de idéias, sentimentos, imagens, motivos, valores e prioridades em forma de narrativas (faladas, escritas, pintadas, dançadas) que tratam das questões da existência humana. Os mitos antigos são freqüentemente desafiados por contrários – mitos em culturas, famílias, instituições e indivíduos. A ciência moderna e a tecnologia impulsionaram o que Kenneth Gergen chama de "grande narrativa do progresso", assim aumentando a duração da vida humana, utilizando recursos naturais e a força do átomo, transmitindo sons através da atmosfera, registrando imagens em filmes e desafiando a força da gravidade para explorar o espaço. Pensamento racional, tecnologia aplicada e método científico empírico tornaram-se os principais instrumentos do mito do progresso, com a promessa de distinguir entre sistema econômico, forma de governo, gosto estético, estilo musical e artístico e planejamento urbano, qual seria o melhor e qual, a caminho de um futuro utópico, levaria a superar a confusão. A mitologia foi comparada à superstição e à falsidade. Seus mais vitais elementos não podiam ser submetidos à verificação empírica, já que sua fonte era mais a imaginação do que a razão. Preocupações com o aspecto espiritual, crenças no divino e respeito pelo sagrado foram considerados "o ópio do povo" e, como qualquer outra dependência, um entrave ao progresso.

No entanto, à medida que a grande narrativa do progresso foi dominando outros valores e visões, começou a projetar uma sombra maligna. A invenção do automóvel foi o exemplo típico do progresso, mas deixou ruas congestionadas, poluição e desmatamento; os fertilizantes melhoraram as colheitas, mas fizeram proliferar as algas em lagos e canais; a descoberta de inseticidas poderosos, de início saudada com entusiasmo, levou ao envenenamento de peixes, pássaros e outros animais; as usinas nucleares aumentaram a oferta de energia, mas trouxeram problemas de armazenamento, contaminação e pelo menos um acidente de repercussão mundial. Os resíduos deixados pela tecnologia começaram a sufocar as grandes cidades e a poluir terras até então intocadas. Quando religião, vestuário e habitação ocidentais foram levados aos aborígines, a incidência de doenças infecciosas diminuiu, mas a freqüência de alcoolismo, dependência química, suicídios e maus-tratos contra mulheres e crianças aumentou.

A grande narrativa do progresso, que dirigiu as atividades do mundo ocidental e ainda reina neste início de milênio, é contrariada por vários mitos, tanto utópicos quanto apocalípticos. As versões auspiciosas do mito do milênio prevêem energia solar, fusão a frio, safras de plâncton e até alienígenas vindos do espaço para salvar a raça humana. Estas versões otimistas do mito do milênio retratam uma nova Idade de Ouro, a Nova Jerusalém, o Reino da Paz ou a Cidade do Sol. Em alguns desses cenários, o Céu desce à Terra, ou pelo menos é copiado. Outras narrativas prognosticam a chegada do Messias, o retorno de Quetzalcoatl, o surgimento de Matriaya ou a vinda do Espírito Curativo da Deusa.

Os pessimistas criadores de mitos, por outro lado, prevêem um mundo destruído por ondas de fogo e a população dizimada pela guerra, pela fome, por doenças infecciosas, pelo anticristo ou pelo colapso da camada de ozônio. Para eles, as conseqüências nefastas da tecnologia ocidental são inevitáveis. Alguns líderes religiosos consideram a Terra irrecuperável: as pessoas se degradaram irremediavelmente, e sua única possibilidade de salvação está no "outro mundo", onde só podem entrar os crentes, os predestinados e aqueles que cumpriram o carma. Alguns grupos étnicos e religiosos ligam a grande narrativa do progresso à depravação sexual, ao imperialismo televisado e à homogeneização cultural. Eles querem manter sua dieta pura, suas mulheres cobertas com véus, seus lugares santos intocados e seus lares livres de *rock*, *fast food*, revistas pornográficas, invasões policiais e idéias estranhas. Não querem fazer parte da aldeia global, da estrada da informação ou da nova ordem mundial. Em vez de trabalhar em prol do progresso técnico e científico, eles se preparam para o Armagedon, o Apocalipse, o juízo final, o deslocamento polar ou o fim do ciclo do calendário maia.

Joseph Campbell advertiu que a nova mitologia é tão imprevisível quanto os sonhos que teremos esta noite. Ele foi bem claro, porém, em sua afirmativa de que, se a humanidade quiser sobreviver, deverá transformar seus mitos não-funcionais. Embora os sistemas mitológicos, em sua maioria, direcionem as qualidades de empatia e integração para o grupo interno, eles direcionam deliberadamente a rejeição e a violência para o grupo externo. O mundo, cada vez menor, impõe que não mais usemos grupos externos como receptáculos de nossos impulsos destrutivos. Para Campbell, o símbolo da mitologia que pede para nascer é a fotografia tirada do espaço, a mostrar a Terra linda e azul, mas claramente indivisível.

O filósofo Sam Keen, que trabalhou muito próximo de Campbell, advertiu que devemos passar do mito do "progresso" para o mito do crescimento sustentável se quisermos alcançar a criação de uma ordem política compassiva, que desvie a humanidade do caminho da autodestruição. Embora reconheça que essa mudança pode parecer completamente utópica, Keen observa que apenas a quarta parte dos gastos mundiais com as forças militares seria suficiente para evitar a erosão do solo, a destruição da camada de ozônio, o aquecimento global e a chuva ácida, para estabilizar o crescimento populacional, fornecer energia limpa e segura, oferecer moradias, acabar com o analfabetismo, a fome e a desnutrição, para despoluir a água e resgatar a dívida das nações em desenvolvimento.

Há necessidade de uma nova visão mítica unificadora e adaptativa, em meio à confusão perturbadora dos mitos em competição. O famoso apelo de Abraham Lincoln, durante a Guerra Civil, é hoje mais adequado do que nunca. Ele disse: "Os dogmas do passado não cabem no presente turbulento. A situação é nova. Portanto, devemos adotar novas maneiras de pensar e agir".

Uma das grandes vantagens das formas democráticas de governo é permitirem o diálogo entre visões conflitantes. Como observou o filósofo francês Michel Foucault, nos regimes totalitários e autocráticos, em que o poder se concentra em uma só fonte, o fluxo natural da argumentação é impedido de seguir seu curso. Quando tinham de decidir sobre uma questão importante, os índios norte-americanos da tribo dos iroqueses perguntavam que conseqüência aquela decisão teria sobre a sétima geração seguinte. Um planejamento social eficaz, seja ele feito por entidade pública ou privada, exige uma discussão ampla sobre a realidade do presente e sobre a mais sábia visão do futuro que um povo puder elaborar.

Dwight Eisenhower, presidente dos Estados Unidos, previu o "projeto de sistemas" ao afirmar que os planos são inúteis, mas o planejamento é extremamente importante. Os programas baseados na informação, preparados tanto por ditaduras como por democracias, raramente apreciam a complexidade dos sistemas econômicos e sociais; daí terem suas metas com freqüência prejudicadas por eventos a que não deram importância ou não souberam prever. O planejamento da orientação política, embora não vá ditar nem prever o futuro, pode refletir os valores compartilhados pelos anos seguintes. Pode-se agir como um projetista e usar roupas de projetista, mas não se pode criar o mito do projetista. Assim, se o projeto do sistema e o planejamento da orientação política se libertarem da Cila da grande narrativa do progresso e do Caribde dos mitos do milênio[1], será possível desenvolver mitologias baseadas na sustentabilidade e na ligação com a natureza e com a comunidade. Um destino igual ao dos habitantes da ilha de Páscoa pode ser evitado pelos habitantes da ilha Terra, no século XXI. E quando esses barcos aportarem, vamos esperar que os atuais artífices da paz desembarquem para corrigir o curso da história mundial e da mitologia humana.

Stanley Krippner — Americano. Ph.D. em Psicologia. Professor de Psicologia na *Saybrook Graduate School* (San Francisco, Califórnia, USA). Co-autor de vários livros: *Dream Telepathy*; *Extraordinary Dreams* e *Becoming Psychice*, no Brasil: *Sonhos Exóticos e Transcomunicação: O Fenômeno Magenta*. É co-editor de *The Psychological Effects of War Trauma on Civilians* e *The Varieties of Anomalous Experience*.

---

[1] Caribde e Cila são monstros lendários, guardiães do estreito de Messina. Trata-se, na verdade, de um sorvedouro e um rochedo temidos pelos homens do mar. Os navegadores que escapassem de um podiam cair no outro; daí a expressão "Estar entre Cila e Caribde".

Vento do Norte:
Cordilheira dos Andes, Sul do Chile — Janeiro de 1964

Suryavan Solar
Tradução: Lenilda Lobo

O sol havia despontado e brilhava em meu rosto. Eu me senti cansado subindo os bosques e as pedras dessas montanhas andinas. A brisa suave do Vento Sul tinha parado de soprar; o índio ancião que me treinava me viu seguir resfolegando e me permitiu descansar. Estávamos subindo a cordilheira desde a véspera, e esse verão, tendo eu 13 anos, corresponderia ao rito de passagem para a idade adulta, com uma poderosa Busca de Visão no estilo antigo.

Enquanto limpava o suor da minha fronte, apreciei, da beira do barranco, as cascatas vertendo água pelas íngremes encostas. Essa noite, enquanto cochilava na mata, havia tido um sonho incrível com um Homem Alado. Meu mestre, um ancião Xamã, não era absolutamente de conversar. Não gostava de perguntas, pior ainda quando oriundas da curiosidade. Quando me arriscava a lhe perguntar alguma coisa, tinha que saber que pagaria o preço das respostas com esforços extras. Arrisquei e, sem encará-lo, perguntei:

– **Algum dia tivemos asas?**... Ficou parado, em silêncio, surpreso, observando-me, e logo olhou em direção ao sol que brilhava sobre as montanhas nevadas.

– Sim. Alguns as tiveram, somente alguns... Caminhamos mais uma hora e meia e, quando o sol brilhava sobre a minha fronte, parei e disse:

– **E ainda existem seres com asas... no mundo?** Minha respiração estava acelerada pela caminhada.

– No mundo atual, com uma sociedade tão decadente, já não existem homens com asas. E se existissem, seriam contados com os dedos de uma única mão...

Olhei por um bom tempo minhas mãos e ainda que contasse e recontasse meus dedos, tinha apenas cinco em cada uma delas. Recomeçamos a caminhada, mas o sonho daquela noite estava fresco em minha memória. Não podia esquecer aquele ser extraordinário, sua figura, seu olhar, suas asas e seu vôo tão livre. Havia sonhado com um Homem-Condor!...

– **E os Homens-Condores vieram do espaço?**

– Sim... Respondeu laconicamente o ancião nativo de longos cabelos cinza e olhar perdido. Talvez um dos últimos indígenas mapuches poderosos, de sabedoria antiga, que guardava o segredo de uma linhagem milenar, a linhagem dos condores. Observei seu rosto, de pele curtida, e um lenço sujo, vermelho e desbotado, preso em volta da cabeça, no estilo apache.

Cheirou o vento e continuamos caminhando mais meia hora. Eu lhe fiz outra pergunta:

– **E quando... chegaram?** Demorou mais de dois minutos para responder.

– Em tempos passados, Manquelipe. Em épocas ancestrais... – Manquelipe, o mesmo que Pluma de Condor, era o nome de batalha que anos atrás a minha avó "curandeira" me havia dado. Para minha surpresa, o índio mágico continuou falando:

– Eles chegaram quando toda a Terra era um Paraíso e a humanidade vivia o seu esplendor. Passaram-se alguns minutos enquanto seguíamos subindo pelas íngremes rochas. Eu ia atrás do índio ancião de calça escura surrada, amarrada com um cinto vermelho, que dava duas voltas em torno da sua cintura, levando uma pequena bolsa feita de tecido onde guardava escassa

provisão: farinha de trigo, torrada com mel e a vasilha para o mate, no estilo gaúcho.
- **E de onde vieram os Homens-Condores?** Manque Liuk, o "Cóndor Blanco", que era meu Mestre desde os seis anos, parou novamente, olhou as neves eternas nos cumes andinos e respirou fundo.
- Vieram do mundo deles... um mundo antigo, muito longe e avançado. Um mundo que existe nas profundezas do Cosmos. Seus olhos se levantaram com infinita tristeza... como se olhassem além do Sol. Observei o céu e não havia nuvens. Seria um dia ensolarado e abafado. Meus lábios estavam rachados pelo clima seco da alta montanha, como também as maçãs do meu rosto e o meu nariz. Dois Condores majestosos voavam pelo céu, silenciosos. A brisa soprou e recordei algumas partes do poema, que minha avó me ensinou, chamado Dois Condores.

Dois Condores

Dois Condores voam desde sempre
Dois Condores Andinos, Mágicos e Livres
Um dia chegaram com o Vento do Norte
O Vento do Sul amável os acolheu.
Dois Condores sobem ao Céu cada manhã
Buscam nas alturas o Vôo Supremo
Juntos tentam Voar às Estrelas
Persistem a cada dia em Conquistar o Eterno.

- **Para que vieram? Quer dizer, tinham algo para fazer neste mundo?** – Disse sem querer. Foi estranho porque eu não estava perguntando. Eram as montanhas andinas que me usavam para perguntar. O velho Xamã parou e se apoiou numa pedra. Ele me observou curioso e logo, desviando seu olhar para o céu, afirmou com voz cansada.
- Como outros seres e raças que chegaram das Estrelas, eles também vieram experimentar a nova vida neste Planeta. Nesses tempos a nova Civilização Original estava começando e chegavam seres raros, convidados de todos os mundos do Cosmo. Mas ne-

nhum de uma raça tão extraordinária quanto os Homens-Condores. Eles deram aos humanos tesouros inimagináveis em saber. Eles são seres muito mais sábios e poderosos do que poderíamos sonhar...

Um sopro de brisa tocou meu rosto e, como havia aprendido com o ancião, fechei os olhos para ouvir os sinais dos Quatro Ventos. E o Vento do Norte me trazia outra parte do poema.

Dois Condores Mágicos voam, desde sempre
Sua linhagem ancestral os convida a serem livres
Sabem que um dia realizarão coisas incríveis
Deixarão este Mundo e se tornarão invisíveis...

Nunca esqueci esta conversa com meu Mestre, um velho índio errante e mágico, que encontrei nas montanhas dos Andes.

Depois do meio-dia, eu estava sozinho no lugar escolhido para passar os próximos quatro dias e três noites sem consumir alimentos nem beber água. E por nenhum motivo sairia desse Círculo de Doze Pedras de Poder, onde as Quatro Pedras Maiores estavam representando os Quatro Ventos. Cada uma das oito pedras restantes também tinha o seu significado.

Apesar de estar aterrorizado com esta impactante experiência, sentia total confiança nesse ancião nativo e sabia que, a partir daquelas quatro noites, nunca mais seria um menino medroso e ferido... pela tristeza e pela solidão... A certeza desse acontecimento se manifestou nos sonhos que tive nesse poderoso *Círculo das Pedras*, às quais o nativo chamava de "As Doze Ancianas Guardiãs da minha Visão". Minhas visões foram impressionantes e vi os Senhores dos Quatro Ventos como Anciãos Xamãs que tinham discípulos e aprendizes, a quem eu dava treinamento e contava lendas.

Nessa noite, no meu sonho, comecei a ouvir um relato do Vento do Norte:

Este é um relatode uma grande cidade chamada *Mediokra*. Antigamente havia sido uma grande aldeia e agora era uma cidade confortável e grande como muitas outras poluídas neste mundo. Ali, o Vento do Sul, do Leste e do Oeste sopravam suavemente o ano todo, exceto por um breve período imprevisível, quando o Vento do Norte chegava com toda sua intensidade. Então coisas muito estranhas começavam a acontecer.

Mediokra não era uma cidade importante, mas era grande por causa de suas indústrias e tecnologia e era também passagem obrigatória de negociantes e viajantes, pois estava localizada no meio de quatro grandes e importantes reinos, nem mais, nem menos progressistas. *Mediokra* era lugar comum, com pessoas comuns que conviviam com suas personalidades costumeiras. Cada um desempenhava o seu papel social de acordo com as normas e atuava como era esperado por todos na família, no trabalho, nos eventos sociais e nos encontros religiosos. Seus habitantes tinham seu manual com frases aprendidas desde pequenos; tudo era rigoroso e repetido à exaustão.

O tédio e o aborrecimento eram o pão de cada dia e nada de emocionante acontecia, salvo a chegada do visitante inesperado, o Vento do Norte. Esse vento poderoso chegava com suas novidades, vindo da periferia do mundo e soprava, com um mantra diferente: Uuuuuhhhhhhmmmmm. E começava a confusão verdadeira com as pessoas... Ah! As pessoas!... Com suas necessidades de se enganarem e terem crises... Na época do Vento do Norte as pessoas eram capazes de agir livremente. Tomavam decisões que jamais tomariam. Passavam a ser sinceras e honestas consigo mesmas e com os outros. Declaravam o seu amor a quem sempre realmente haviam amado. Tinham coragem de decidir por aquilo que sempre haviam querido ser: carpinteiros, cozinheiros, lenhadores ou pastores de cabras. Desesperadamente, buscavam se realizar num trabalho desejado durante anos, declaravam a todos os seus segredos e sentimentos mais íntimos, guardados debaixo de sete chaves. E pediam perdão aos seus amigos, aos familiares, inclusive aos empregados, pelas faltas cometidas. E mencionavam o quanto haviam sido importantes para eles suas companhias e lhes agradeciam... Sim! Agradeciam!... Ali, na cidade de *Mediokra*, onde sempre havia pressa e nunca se dizia obrigado!...

Nesta temporada caótica de Vento Norte, tudo era espontâneo e impreciso e qualquer coisa podia acontecer. As pessoas pareciam mudadas, como se estivessem vivendo seus últimos momentos. Comprometiam-se com as outras pessoas e, em especial, consigo mesmas, a mudar de vida antes que fosse muito tarde e o Vento Norte parasse.

Este vento transformava as pessoas de uma maneira imprevisível e despertava dons e competências adormecidas. Tudo ficava de cabeça para baixo nessa temporada e as pessoas representavam os papéis que escolhiam com total liberdade. Estava aberta a temporada do Grande Teatro da Vida!

Os Mediokritas, seus habitantes, nunca se arriscavam a ser diferentes, eram imitadores, como os seres medianos de quase todo esse planeta, nem frios nem quentes, nem grandes nem pequenos. Jamais tomavam partido em nada, pois detestavam correr riscos, ainda mais o Risco Supremo que todos temiam: o de serem treinados pelos mestres bruxos dos Quatro Ventos. Os Mediokritas, em sua pacata aldeia-cidade, só saíam de casa para navegar, viajar, trabalhar, pescar, semear ou colher nos dias de brisas suaves. Dirigiam-se a qualquer direção conveniente sem nenhum Propósito Maior em suas vidas monótonas e sem emoção. Somente as crianças se divertiam bastante na temporada de Vento Norte com suas brincadeiras, mas os adultos, sérios e repressores, logo matavam a sua alegria, espontaneidade e criatividade.

Os medíocres dessa aldeia-cidade e do mundo nunca assinalavam a diferença, não faziam nada notável havia centenas de anos. Não surgia um grande Guerreiro treinado pelo Vento do Norte, nem um grande Curandeiro que tivesse sido treinado pelo Vento do Sul, nem um grande Artista treinado pelo Vento do Leste e menos ainda um Ermitão, um Sábio destacado, treinado pelo Vento do Oeste. Os Mediokritas não eram seres místicos, notáveis, nem valentes, e se negavam a receber o treinamento dado pelos Xamãs dos Quatro Ventos. Havia séculos que tinham esquecido a parte Xamânica e Nativa da Existência, como Conversar com os Espíritos da Natureza, tocar o Tambor Sagrado para curar-se, entrar e sair do Labirinto e outras técnicas ancestrais, como a Dança da Vida e a Busca de uma Visão Superior. Também não recordavam a antiga técnica de Recuperação da Alma, que em verdade lhes fazia muita falta.

Somente alguns permaneciam fora da farra dos seres medianos e das troças do Vento do Norte: eram os Observadores Bondosos. Seres corajosos que sempre haviam mantido os costumes e os ensinamentos dos Quatro Ventos. Eram os que viviam nas montanhas, afastados de

Mediokra e das aldeias-cidades. Esses eram Autores e Diretores de suas vidas, manejavam seu Destino, porque desde pequenos haviam buscado e recebido o poderoso treinamento dos mais idosos e eram capazes de viver imperturbáveis, graças à Arte de se Observar sem se deixar levar pelas circunstâncias. Atentos ao equilíbrio da Grande Balança do Progresso e da Evolução pessoal e também da sua Tribo...

A maioria era Ermitões que viviam em comunidades distantes e auto-suficientes e se reuniam para as Cerimônias de Solstícios e Equinócios, mantendo relações entre eles e com uns poucos seres especiais das aldeias. Não eram de uma raça diferente, simplesmente haviam decidido Despertar... Despertar do Sonho coletivo, abraçando o vento, recebendo treinamento dos Quatro Grandes Xamãs antigos. Haviam conseguido o impossível para seres medianos, a capacidade de viver no presente, projetar o futuro e manter bem arraigadas as Antigas Tradições da sua Tribo.

Os Observadores Bondosos eram poucos. Na verdade, era um pequeno grupo que mantinha a exceção às regras e se divertia observando a confusão que o Senhor Vento do Norte trazia. Às vezes, alguns se envolviam neste jogo, mas ele estava lento e aborrecido. Preferiam continuar sendo os donos de suas vidas, de seu Destino e de suas próprias decisões. Os mais velhos eram respeitados e convidavam os Grandes Mestres para treinarem os mais jovens, ensinando-lhes sobre o Poder Pessoal e Tribal. Nessa época, próximo ao Solstício, o Grande Mestre do Vento do Norte havia chegado; era um respeitável e Antigo Xamã de cabelo ruivo, olhos azuis, vestido com peles de animal. Não tinha idade e levava um comprido Bastão de Poder com uma esfera de cristal azul na ponta.

Eu havia entrado nessa história e o vi, em cima de uma grande pedra de onde ensinava. Parecia um antigo Celta ou Druida, pois levava sua espada em seu cinto e uma pequena harpa nas costas, com a qual produzia o Vento. Escutei suas sábias palavras:

– O Vento do Norte traz a força e o poder para o jogo da vida. Desmascara a hipocrisia das absurdas regras pessoais e sociais em um mundo decadente e sem sentido. O Vento do Norte mostra para todos a Luz, o Dia. Mas a maioria dos seres medianos, sem treinamento, deixa-se levar demasiado pela hipocrisia, esquecendo o essencial: eles mesmos criaram esse jogo tempos atrás, com todas as suas regras absurdas. É uma tragédia para os milhares de medíocres não Despertos que levam o Jogo da Vida tão a sério. Porque finalmente perdem a Autoconfiança, perdem a Consciência e Recordação Ancestral de quem são e até onde podem chegar ao Despertar...

Os observadores mais jovens, como os adultos e anciãos, escutavam atentos os ensinamentos do poderoso Xamã nórdico.

– Hoje vivemos uma Realidade Planetária que certamente não queríamos que fosse tão real. A sociedade atual do Mundo mediano não favorece a grande balança do Progresso e da Evolução. Não favorece a Prosperidade, a Felicidade, a Cultura e menos ainda a Liberdade. Os bosques do mundo foram cortados. As florestas que produzem o oxigênio também foram cortadas, arrasadas e queimadas. Os rios, lagos e mares foram poluídos. Animais, peixes e aves de todo tipo foram exterminados. A falta de ar puro, a exploração de papel e madeira, o excesso de gado e máquinas contaminam e esquentam a Terra e sua atmosfera numa velocidade vertiginosa. A contaminação das águas, da vida marinha, a extinção de espécies animais são apenas alguns exemplos da guerra que o ser humano travou contra seu próprio Planeta, contra a sua própria Mãe-Terra.

Agora podem acontecer desastrosas e graves conseqüências para o nosso mundo, para as crianças e jovens, para as gerações futuras por causa da pobreza espiritual, mental, emocional e material na qual caíram as Aldeias Medianas do mundo, controladas por milhares de frouxos e adormecidos, sem o sábio treinamento dos Quatro Ventos. Todo esse desastre acontece com a total complacência e colossal incompetência das Autoridades e também pela cobiça dos avaros e negociantes que realizam atos vergonhosos.

– Xamãdo Vento do Norte! Gritaram os mais jovens, diga-nos o que fazer?... O Xamã sentou-se na pedra e respondeu:

– Reconhecer a realidade é o primeiro passo para empreender qualquer mudança. O primeiro a ser feito é uma Nova Atitude Interna. Se o que eu me esforço por criar dentro de mim é a beleza... Beleza é o que também nascerá fora de mim... Mas se continuamos presenciando ou participando de guerras políticas, religiosas, comerciais ou educativas e continua o absurdo extermínio das espécies da Natureza, é porque o ser humano já não quer viver e busca o suicídio. O mundo é um espelho e nos miramos nele... Portanto, se o primeiro passo é reconhecer a realidade, o segundo é assumir a responsabilidade de reparar a culpa pelo que aconteceu ao Planeta.

Em terceiro lugar, entendamos que todos nós formamos a Tribo e temos que pôr mãos à obra: começar a trabalhar como equipe, com os melhores líderes, com uma Visão Positiva e um Plano Concreto. Recordemos que um Líder é quem cria equipes poderosas em torno de uma grande causa. Se vocês, os poucos Observadores Bondosos, místicos, mas passivos, não influenciam nem mudam as coisas e não conseguem se transformar em Atores Poderosos, o rumo tomado pelo mundo não será nada positivo, e isto terá um preço. O futuro do ser humano neste planeta será incerto, tanto dos Despertos como dos Adormecidos... Sou o Vento do Norte... e falo sinceramente.

Todos vivemos neste mundo, mas em uma sociedade sem raízes profundas. Já não podemos seguir sem a relação sagrada com a Mãe-Terra que nos alimenta e seus Quatro Elementos. Sem uma relação sagrada com o Céu e com suas quatro Direções, os Mestres da Mudança, sem relação alguma com os Mundos Internos de nós mesmos, a vida humana pessoal e social está em risco. Se isto continuar, as aldeias e cidades não viverão muito mais. Os problemas do mundo e suas soluções são responsabilidade de todos os seres. E sem necessidade de ameaçar nem de profetizar, somente de prevenir os mais respeitadores e atentos, advirto-lhes que a Natureza tem sua maneira de dar Sinais de Cansaço... O Planeta chamará a atenção de seus irmãos humanos adormecidos de suas necessidades urgentes... Sou o Vento do Norte, falo forte e claro.

O Xamã do Norte guardou um bom tempo em silêncio. Apoiado em seu Bastão do Poder, cerrou os olhos como se estivesse se sintonizando com o Universo e logo prosseguiu.

– Existe um assunto de extrema importância que todos necessitam saber e compreender... Existe um momento em que devemos deixar de ser crianças para assumirmos a idade adulta, mas esta não chega somente com os anos. É necessária uma Cerimônia de Passagem e um Xamã ancião que o dirija, tendo um Padrinho Poderoso. Nesse Ritual é necessária uma marca profunda tão poderosa que desperte o Adulto que está adormecido dentro de todos. No momento certo, lançará a semente, algo morrerá definitivamente e algo renascerá, despertando-se o Poder Pessoal e o compromisso com a Terra e com o Céu.

O Rito de Passagem para a idade adulta como essa Busca de Visão há muito tempo foi esquecido ou desprezado pelos Mediokritas do mundo e muito poucos o conhecem e o fazem. Sem ele, os homens continuarão sendo crianças! Sem ele, os homens continuarão sendo enganados por eles mesmos. Sem ele, viverão uma vida aparente e envelhecerão com seus medos e com as ilusões... de uma criança! Sem esse ritual ancestral, jamais haverá Homens e Mulheres como os de antigamente, também não haverá crescimento nem maturidade! Milhares de Buscadores de uma Visão mais adulta da vida realizaram esta Cerimônia Xamânica, por milhões de anos, no decorrer da História da Humanidade pelas Antigas Tribos da terra... Sou o Vento do Norte que sopra em sua consciência.

Fiquei surpreso com os ensinamentos do Vento do Norte, um Ancião com tamanha responsabilidade de ensinar e iniciar todos esses jovens da Tribo dos Observadores Bondosos, mas comecei a me distrair... – Será tudo isso coisa da minha imaginação? – Imediatamente me recordei da minha avó "curandeira", que dizia: "Se você sabe sonhar de maneira poderosa, abrirá o portal da Fonte da Sabedoria". Nunca havia entendido, mas agora, sim, começava a entendê-lo.

Nessa Busca de Visão, meu Mestre me avisou que eu receberia como padrinho o Vento do Norte... Minha vida inteira mudou a partir dessa experiência. Este antigo e poderoso elemento me acompanha desde então e me aparece em Sonhos e Visões, sugerindo que eu pregue seus ensinamentos pelo mundo. Continuei observando minha visão poderosa. O Xamã ancião fazia grandes pausas quando chamava a atenção para coisas muito importantes e continuou.

– O Vento do Norte é o Vento do Despertar, despertar a capacidade maior que cada um carrega dentro de si. O Vento do Norte pode ser representado por diferentes situações na vida de um homem ou de uma mulher. Pode ser uma crise de saúde, um choque emocional, financeiro, uma crise violenta que destrói as crenças de toda a vida. É o Sinal e o Chamado para entrar no Caminho de Xamã.

A crise existencial que traz o Vento do Norte, quando aparece, obriga-nos a buscar um Curandeiro ou um Homem Mágico e, através disso, um encontro com um Xamã, como um Mentor ou Mestre. Aqui no Ocidente não se cultiva tanto esta relação Mestre-Discípulo; talvez no futuro as coisas mudem, mas os Mestres invisíveis sempre aparecem, inclusive sob o disfarce de um inesperado vendaval... Às vezes, no Ocidente, chamamos o Vento do Norte de crise. As pessoas passam por muitos vendavais na sua vida. Na maioria das vezes são apanhadas de surpresa, destruindo suas crenças e idéias a respeito do mundo.

Bem... eu estava ali, no alto da montanha, em meu segundo dia de jejum e sem tomar uma gota de água, mas nunca me senti mais forte. Cada Xamã e cada Caminho Antigo têm seus Rituais para a criança se transformar num homem de verdade... Continuei escutando.

– Quando chega a hora e a pessoa não está pronta para avançar, os Ventos da Vida e, em especial, o do Norte a ajudam e a empurram. Podem vir terremotos financeiros, nos quais se perdem coisas de importância material. Podem vir maremotos ou crises de relações emocionais, enfeitadas com grandes sofrimentos e decepções. Às vezes, temos que apagar muitos incêndios quando surgem problemas inesperados, discussões, ou somos atacados com palavras ofensivas, pois os Mediokritas ofendem facilmente e defendem com obstinação seus fanatismos. Se eles fossem objetivos, descobririam algo simples... que não são Livres.

Chega o momento para todos na vida em que devemos despertar; então o Universo muda. Somos livres. Já não estaremos mais à mercê de outros, nem das influências hereditárias ou das personalidades e menos ainda de um ambiente insano ou artificial. Se quisermos continuar sendo humanos, devemos ser criadores... de nosso próprio destino, com Poder Pessoal para escolher entre várias opções. No momento em que despertamos não somos mais uma pobre vítima das circunstâncias, ainda que esse estado de inconsciência seja cômodo para aqueles que jamais conseguiram sair das barras da saias de suas mães e lhes falte coragem para assumir a Responsabilidade de serem líderes de suas vidas. Para a maioria dos seres dessa e de outras Aldeias lhes faltou o Encontro...

– O Encontro? – disseram os jovens que escutavam.

– Não tiveram o Encontro Mágico com o Vento do Norte e o Rito de Passagem para a idade adulta. Cada ser humano é o criador e o protagonista da história. Pois tem em suas mãos, consciente ou inconscientemente, o poder de decidir o futuro deste planeta. A decisão de um Homem começa em seu coração, no qual está seu Poder Pessoal, poder que se expande com Energia e Determinação e impulsiona todo o ciclo até a sua realização. Estaremos frente a frente com Vento do Norte para tomarmos a Decisão Total de Amadurecer e sermos adultos.

Para tomarmos esta Decisão necessitamos passar por quatro etapas distintas. A etapa zero é confrontar e superar a crise do Vento do Norte, buscando e tendo uma visão estratégica e central de nosso destino. Então passamos para a Primeira Etapa, que flui em Direção ao Sul: é lançar a Semente da Decisão e nutri-la no útero da Mãe-Terra, recebendo a sua bênção... Dali seguimos para a Segunda Etapa, em Direção ao Oeste, onde é preciso passar por uma morte. Uma parte da nossa personalidade deve morrer para podermos crescer e seguir adiante, renovados. Nunca se detenham pela Morte, é somente outra etapa da vida. Sigam, avancem para o Estado seguinte... O que perdemos é passageiro e nos leva implacavelmente à Terceira Etapa, o Renascimento que traz o Vento do Leste.

Não esqueçamos que a Morte não existe, que a morte não é o contrário da vida; a Vida é Eterna... O contrário da Morte é o Nascimento. Portanto, se temos a sorte de chegar à Quarta Etapa, voltaremos a ser atraídos pelo Vento do Norte, mas dessa vez sem crise, agora para treinamento como seus aprendizes. Portanto, um Grande Segredo nos Mistérios da Vida: o Vento do Norte é primeiro e o último. Aqui nasce a Determinação que nos leva a uma Ação Consciente que significa regular o nosso nível de progresso material de acordo com o nosso grau de Evolução Espiritual. Sou o Vento do Norte e falei das quatro etapas do Balanço do Poder Interno.

Imediatamente escutei o meu mestre, o velho índio araucano Manque Liuk, e me lembrei de que estava ali vivendo minha Busca de Visão, entre as Doze Pedras Poderosas nos Andes Chilenos.

– Você já tomou a decisão Manquelipe, por isso recebe a visita de seu padrinho, o Grande Xamã do Vento Norte.

Agradeci e continuei escutando o Vento:

– Quando estamos prontos, a Visão Adulta aparece com a Grande Decisão, a de aprender e ensinar, e assim fluímos sem medo. Porque o Vento Correto estará à nossa disposição, soprando todo o tempo, e, se agüentarmos as lições, novas crises chegarão e nos convidarão a deixar para trás uma etapa vivida, até que estejamos prontos e maduros para voltarmos à Terra e sermos de novo Sementes...

Quando estamos maduros geramos um Compromisso com a Terra e com os demais. Temos o poder de alinhar as Intenções com as Ações e os Resultados. O Vento, o Norte da Maturidade, é o Vento da experiência; quando sopra sem crise é porque soubemos construir relações duradouras com a Terra e com o Céu, com o Sol e com a Lua, com os elementos, com os Quatro Ventos... com as Pedras, Plantas, Animais e Seres Humanos. Então, o Vento Norte nos dá o poder de realizar nossos Sonhos, ainda que esses poderes e relações sagradas não sejam conseguidos de um dia para o outro, mas tudo tem seus ciclos ou fases, com seus Rituais de Passagem para a outra fase.

O Coração da Terra tem um Compasso Sagrado. Os Mediokritas nunca o conheceram porque, quando crianças, eram medrosos. Em vez de crianças felizes, espontâneas e cheias de energia, transformar-se em crianças feridas, malcriadas e manhosas. Em vez de jovens aventureiros e audazes, transformaram-se em complexados ou rebeldes sem causa nobre para defender. Em vez de adultos responsáveis e vencedores, tornaram-se incompetentes e fracassados, não só na vida pessoal, como também na profissional e na espiritual. Não reconheceram nem despertaram jamais Grandiosidade. Chegarão à velhice, não como Anciãos Sábios, serenos, satisfeitos, realizados, mas como velhos mal-humorados, enfermos, debilitados e com um incompreensível medo de morrer. Por quê?... Porque tiveram medo de viver.

Esta é uma sociedade desorientada. Esta é uma sociedade sem pontos fortes de referência para os jovens de hoje, os que um dia decidirão o futuro de nosso planeta. Esta é uma sociedade cheia de cidades sujas como *Mediokra*, que perdeu o contato com a Aldeia Original... Procurem saber quantos seres conseguem receber os Ensinamentos de Ouro que vocês recebem a cada ano nestas montanhas afastadas do mundo mediano, com as mesmas Técnicas Antigas que conduziam os seus ancestrais mais remotos. Sou o Vento do Norte e sopro para despertar a Grandiosidade nos homens e nas mulheres... E escutem isso:

"O que fizemos, no futuro, interfere em nosso presente. O que ainda não fazemos no passado... pode estar acontecendo agora mesmo"...

Amanhecia o terceiro dia nas montanhas andinas. Pensei nesta última frase extraordinária trazida pelo Vento do Norte como um *koan zen*, uma pergunta que não pode ser respondida. Medito sobre esta frase até hoje. Entretanto, meu Mestre Cóndor Blanco interrompeu meus pensamentos.

O Sol já havia saído quando o ancião indígena me retirou do lugar, com o compromisso de regressar depois da Cerimônia Intermediária, como ele a chamou. Fez-me descer até as margens do rio. Caminhei com a esperança de poder beber água, mas não foi assim. Minha avó esperava mais abaixo com tudo preparado: muitas flores silvestres, das quais emanava um delicioso perfume, e um pequeno vaso de argila que continha uma mistura de terra e mel de abelhas. Várias pedras médias e grandes ao redor de uma cova, de meio metro de profundidade e do comprimento do meu corpo. Ela me pediu para que tirasse toda a roupa e logo começou a entoar cânticos e rezas.

O índio ancião começou a colocar essa mescla poderosa de barro e mel no meu peito e minha avó, nas minhas costas. Logo, eu mesmo lambuzei o resto do meu corpo, incluindo rosto e cabelo. Em seguida, o Xamã indígena me cobriu com terra úmida, enquanto minha avó entoava uns cânticos.

A anciã murmurou em meus ouvidos alguns segredos para que eu recordasse a viagem que realizaria dentro de alguns minutos aos três mundos xamânicos, os mundos espirituais, e disse:

- Respire pela barriga e aprenda que a energia de mil Xamãs respira através de você... Este é o seu último momento antes de nascer dentro de sua verdadeira Mãe.

Não tive tempo de reclamar, mas quando fiquei ali enterrado até o pescoço, tendo somente a cabeça descoberta, não tive mais fome nem sede. Senti o poder das folhas de menta e sálvia postas ao redor. Senti que o aroma da terra, das flores e do mel me alimentava. Passou a minha fome e acabou a minha sede. A Mãe-Terra as levou. Senti que ela me desejava.... Imediatamente, enquanto minha avó fazia um Círculo de Doze Pedras ao meu redor, o Xamã preferiu outra pedra maior e a pôs por cima da terra, na altura do meu ventre. Estava pesada. Isto me ajudou, de maneira impressionante, a deixar meu corpo embaixo e a me elevar para os Mundos Internos. Meu coração batia forte debaixo da terra. Senti a vida correndo nas veias. Logo ouvi ao longe o tambor e já não senti mais o meu corpo. Minha mente e meu espírito se elevaram até o Infinito. Assim permaneci até quase o meio-dia.

Ouvi, imediatamente, o Xamã do Vento Norte que continuou:

- A sociedade perdeu o seu caminho. Perdeu o Tesouro dos Deuses Antigos. Tesouro que os Homens-Condores deixaram... A sociedade atraiu com tal inconsciência os sete graves problemas do Planeta que, como negros ginetes invencíveis, ainda atacam com ferocidade: a pobreza, a escassez de alimentos (e água), a moradia, a delinquência, a guerra, a superpopulação e a destruição do meio ambiente. Isto porque a humanidade perdeu seu Centro, seu Caminho Ancestral, o contato sadio com a Natureza, com a Tribo e com a Aldeia Original; esqueceu a Sabedoria dos Anciãos e Anciãs.

Os jovens não estão preparados para enfrentar a vida adulta e em cada cidade ou Aldeia não existe um Conselho de Anciãos que os guie. Por isso vemos, diariamente, tantos adultos brigando como se fossem crianças. Foram transformados em pragas para as outras espécies, em máquinas de consumo sem vontade própria, em geradores de problemas e de necessidades, subordinando o mundo que os rodeia aos seus caprichos e desejos. A sobrevivência da Humanidade está em jogo; sabemos que existem homens e mulheres que têm em suas mãos poderes colossais, de enorme influência, mas... estão agindo como crianças de cinco anos... E o mundo está nessas mãos... é assustador!

Entretanto, diante de tanta obscuridade, existem movimentos importantes de tomada de consciência que buscam soluções para salvar este Planeta de sua autodestruição. Um dos principais problemas mundiais é a superpopulação, concentrada nos grandes centros urbanos que já não têm condições de oferecer uma vida digna para todos. O movimento de Aldeias Ecológicas, ou Ecovilas, espalhadas pelo mundo inteiro, é uma reação muito positiva de alguns líderes conscientes. Um modo de viver em pequenas comunidades auto-sustentáveis, com outro sistema social mais humano e participativo, com uma educação mais adequada e amável para com a Natureza.

O Vento do Norte, continuava falando como se eu pudesse engolir todas essas informações de um só gole. Talvez soubesse que tudo fica gravado na minha memória celular e é impossível esquecê-lo...

Minha avó e meu Mestre me orientaram a sair da terra e ele me pediu para entrar rápido no rio onde me banhei, ficando com uma sensação de leveza incomparável. Mas ainda não tinham terminado o meu ritual. Veio a famosa limpeza ou "escovamento" com urtiga... por todo o corpo. Minha pele ardeu como nunca. E depois colocaram uma vasilha com cinzas diante dos meus pés.

- Para poder renascer você deve morrer primeiro - Explicou meu Mestre com voz profunda... Isto ele sabia bem e permaneci em silêncio para não interromper a atmosfera daquele ritual. Estava aprendendo a acalmar minha mente que buscava constantemente uma resposta ou debate para tudo.

- As cinzas representam o corpo desintegrado, de uma árvore ou de um ser humano, simboliza a morte, o fim - agregou Manque Liuk - Cobre todo seu corpo com elas, assim sentirá a morte e poderá ultrapassá-la, ir mais além, até sua Liberação verdadeira. Deixará para sempre o medo da morte. O temor ao que tem fim.

Minha avó me falou:

– O Poder Feminino está na Terra e na Água. O Poder Masculino você está conseguindo com A Busca de Visão no Círculo de Pedras que representa o Céu e o Sol.

Ela me disse para entrar debaixo de uma das cascatas mágicas; aí ficasse pelo tempo que pudesse resistir e pedisse à Senhora das Cascatas o que eu quisesse em vida.

– Deixe a água cair bem em cima de sua cabeça; não se mexa muito. Deixe que a Senhora o bendiga ao ver a sua coragem; deixe que os poderes dessa Cascata e dessa Montanha atravessem o seu corpo e estará protegido...

O sol brilhava lá no alto. Este era um instante mágico. A água gelada que descia das montanhas nevadas me refrescou e tirou o ardor de minha pele como num passe de mágica. Quase não podia me concentrar no meu pedido. Mas logo me conectei à Cascata... Soube que a água vinha do Céu.

Quando saí dali, meu mestre interpretou algumas marcas do meu corpo e comentou:

– Agora podemos começar a trabalhar. Está nascendo um Homem e a criança está sendo deixada para trás... Já podemos começar... Está livre daquilo que não lhe pertence... Seus Caminhos de adulto estão abertos.

Minha avó havia cozinhado várias plantas poderosas em uma fogueira, e com uma concha de madeira derramou essa água bem quente na minha cabeça e por todo meu corpo. Gritei quando me queimei levemente, mas isso me tirou o frio e me deu uma incrível sensação de calor. Uma energia muito poderosa de amor à vida invadiu meu corpo. Meu coração batia de maneira diferente; enquanto me banhava, eu era obrigado a repetir a oração: "Que estas ervas naturais e benditas purifiquem o meu corpo, mente e espírito. Que o Universo flua através de mim com todo seu poder".

Depois de me vestir, disseram que eu estava pronto para retornar ao meu lugar para passar a última noite. Eu fui advertido de que estava pronto para a minha primeira *Viagem Xamânica*, uma viagem espiritual às minhas recordações ancestrais. O Cóndor Blanco subiu até o meu sítio de poder; depois de me esticar em uma postura especial, pegou uma Pluma de Condor que sempre levava consigo e começou a passá-la à minha frente.

Não sei como aconteceu, mas já não estava ali; viajei para o passado, estava em um lugar e em uma época que não pude identificar, muito diferente da atual.

"Era um Guerreiro de outros tempos, com roupagens diferentes de qualquer guerreiro conhecido na história". Estava no alto da montanha com uma espada de pedra e metal esculpida e polida por mim mesmo. Tinha um cinto de couro e metal com um símbolo poderoso na fivela. Era meu cinto de Poder. Também levava um medalhão de água-marinha pendurado no meu peito. Meu braço esquerdo estava ferido, meu escudo estava rompido e reparei que tinha um símbolo circular estranho.

Observei as sombras de várias aves gigantes e o seu bater de asas e me abaixei nas pedras. Quando olhei para os picos mais altos das colossais montanhas, vi posarem, com suprema elegância, Doze Homens Alados. Nós os chamávamos de Homens-Condores... Entreolharam-se preocupados, como se estivessem falando com suas mentes e espreitaram abaixo... Olharam o Vale em estado de alerta. Tinham uma aura dourada e brilhante; pareciam seres de outro mundo, homens mágicos. O Vento do Norte soprou em meu rosto e soube que era hora de descer até esse Vale.

Quando cheguei mais abaixo, pude ver o fogo e sentir o cheiro da fumaça; escutei os sons do combate com tambores, trombetas de alerta e a retirada, junto com gritos dos aldeões, homens, mulheres e crianças que corriam apavorados. Ao descer para o bosque, um tão poderoso bater de asas passou sobre a minha cabeça que me derrubou. Rodopiei sobre as pedras até cair por terra. Passou como lufada de gelo. Era a tenebrosa besta voadora que passou cuspindo fogo. Corri em direção à aldeia por entre as árvores enquanto dezenas desses répteis de asas negras passaram voando pelo céu.

Ao sair do bosque, vi passar sobre a minha cabeça a demonstração dos Homens-Condores que iam para a aldeia. Nunca havia presenciado tal beleza e poder. As bestas voadoras fugiram em massa, apavoradas. Os aldeões feridos pararam seus lamentos e, olhando o céu, sorriam de felicidade, esperançosos e agradecidos. Olhei de novo para cima e pude ver que os Poderosos Guerreiros com asas desapareciam atrás das montanhas nevadas na direção dos vulcões. Ali caçariam as suas presas... A perseguição foi implacável. Durante toda a noite se escutou o barulho da batalha... Eu me dirigi para cumprir a minha

Missão. A Paz chega com a Missão cumprida...

Depois da minha impressionante visão dos tempos antigos, despertei quando o Sol raiava no horizonte. Logo o ancião Xamã andino chegou para me recolher. Era meu quarto dia. Terminava a minha prova.

– Você já é um Condor Manquelipe. Já é um Condor... Você pode ouvir a Terra, pode ouvir o Vento e as Estrelas... Agora pode olhar a vida do alto para recuperar e servir o mundo. Ser um Contador de Histórias.

Suas palavras ressoaram em minha mente durante muitos anos. Ao terminar este curto relato, posso dizer-lhes o seguinte: este planeta vai passar por momentos muito difíceis, talvez mais difíceis do que a imaginação inocente e cheia de esperança de tantos seres Mediokritas e espectadores bondosos possa alcançar, mas a Natureza ajuda no momento preciso, oferecendo um novo Paradigma – o retorno à Sabedoria Ancestral junto com novos Modelos Educativos mais humanos e naturais.

Ainda que sejamos minoria e sem força aparente para mudar o rumo das coisas, podemos preparar o Novo Rumo, ajudar no esboço de um Novo Caminho, com espírito para um Homem Novo com uma Nova Tribo. O Poder Pessoal, da Tribo e da Aldeia, substituirá paulatinamente o poder da avareza, da manipulação e dos lucros implacáveis dos poucos que arruinarem a vida de tantos. O Grande Espírito sabe e nós devemos saber quem somos.

Somos Seres Terrenos tentando viver uma experiência espiritual?...

Ou somos Seres Espirituais tentando viver uma experiência terrena?

Suryavan Solar – Chileno. Pesquisador de culturas ancestrais. Escritor e autor de 30 obras do Xamanismo Moderno, entre as quais: *Lobo Blanco; Manquelipe; Tigre Blanco; Linaje de Condores* (obra em dez volumes). Fundador do *Condor Blanco – International Xamanic Center*.

Parte III
Ocidente-Água-Sabedoria

Como influenciar pessoas e processos para uma realidade pacífica.
Qual o paradigma desejável das relações pacíficas.

Aprendendo a conviver em paz

Visão de Futuro

Um dia....homens e mulheres vão-se ver como indivíduos diferentes na forma e na maneira de conduzirem suas vidas e suas carreiras. Mulheres e homens terão diferentes funções na Sociedade. Um dia... haverá uma explícita diferença no comportamento de homens e mulheres.

Entretanto, neste dia, nenhum Ser Humano será considerado inferior, menos capaz ou inadequado para as oportunidades do mundo, apenas por ser diferente. Neste dia, todos vão somar suas diferenças para construir, partilhar suas visões para solucionar, dividir seus sonhos para criar um mundo novo e vibrante, cheio de paz, de esperança e de fraternidade.

Este dia será muito especial, haverá festas e futuro.
Haverá trabalho e emoção. Será um dia de júbilo e de fé.
Este dia já está marcado na História do Tempo.
É um dia de quatro estações, de frio e de calor,
de música e do silêncio.
Este será um dia que as pessoas serão eleitas por
suas competências e avaliadas por seu caráter.

UM DIA...

Dulce Magalhães (autora)

Visões da Energia Segundo a Ciência e o Budismo:
Uma Breve História da Energia na Física

B. Allan Wallace

As teorias tradicionais sobre as energias vitais, desenvolvidas nas civilizações clássicas da China, Índia e Grécia, são comumente consideradas pelos modernos círculos científicos e filosóficos como expressões antiquadas da fisiologia do folclore. Todas essas noções aparecem como variações da escola do "Vitalismo", que sustentava serem os organismos vivos dotados de uma espécie de energia única para a vida. Nenhum sinal dessa energia foi encontrado pelas ciências físicas ou biológicas.

Analisando a trajetória do Vitalismo, chegamos ao estabelecimento do princípio de conservação da energia, cuja primeira formulação matemática foi apresentada por Hermann Helmholtz, em 1847. Em um trabalho divulgado naquele mesmo ano, ele tratava os fenômenos mecânicos de calor, luz, eletricidade e magnetismo como diferentes manifestações de energia que, conforme corretamente previu, serviriam como princípio unificador, na Física.

O termo "energia" na atual concepção foi empregado, pela primeira vez, como um conceito geral e fundamental, por William Thompson, dois anos mais tarde. Segundo sua visão, a energia é uma entidade objetivamente real, quantitativamente imutável e conversível, que une todos os elementos da natureza em uma rede de transformações energéticas.

Helmholtz considerava sua formulação da conservação de energia decisiva para "o completo entendimento da natureza"[1], que poderia ser totalmente compreendida em termos de mecanismos. Para a luz, a eletricidade e o magnetismo, essa explicação mecânica exigia a existência de um éter luminoso. Em 1887, porém, o conceito desse meio mecânico para a energia eletromagnética foi contestado pela famosa experiência de Michelson-Morley. Albert Einstein e seu colega Leopold Infeld declararam: "Todas as hipóteses relativas ao éter não levaram a lugar algum!"[2] Este foi um golpe decisivo na visão mecanicista da natureza como um todo.

Em 1905, Einstein revolucionou o conhecimento científico da energia com sua Teoria da Relatividade. A famosa equação $E = mc^2$ demonstrou que a matéria é convertível em energia e que, de fato, não passa de uma forma de energia. Com o subseqüente desenvolvimento da eletrodinâmica quântica, energia e matéria passaram a ser vistas como oscilações de quantidades abstratas de campo, no espaço. Diferentemente da explicação mecânica formulada em meados do século XIX, partículas e ondas não são propriamente oscilações do espaço, pois nada oscila realmente. Nas palavras do físico Henning Genz, "Sistemas reais são, neste sentido, "excitações do vácuo" – assim como as ondas na superfície do lago são excitações da água... O vácuo em si não tem forma, mas assume formas específicas. Assim, transforma-se em realidade física, em "mundo real"[3]. Esse vácuo contém um infinito suprimento de energia de radiação, mesmo a zero de temperatura.

A visão mecânica da natureza, em que o princípio de conservação da energia exerce papel preponderante, foi derrubada pela própria Física. Richard Feynman concluiu que a conservação da energia é um princípio matemático, e não a descrição de um mecanismo ou de algo concreto. Acima de tudo, segundo ele: "É importante compreender que em Física, atualmente, não sabemos o que é energia"[4].

---

[1] P. M. Harman. Energy, Force and Matter: *The Conceptual Development of Nineteenth Century Physics*. Cambridge: Cambridge University Press, 1982, p. 43.

[2] Albert Einstein e Leopold Infeld. *The Evolution of Physics*. Nova York: A Touchstone Book, Simon and Schuster, 1966, publicado originalmente em 1938, p. 175.

[3] Henning Genz. *Nothingness: The Science of Empty Space*, trad. Karin Heusch. Cambridge, MA: Perseus Books, 1999, p. 26.

[4] Richard Feynman, R. B. Leighton e M. Sands. *The Feynman Lectures on Physics*. Reading, MA: Addison-Wesley, 1963, pp. 4-2.

Para relacionar tal conclusão às origens da filosofia e da ciência ocidentais, devemos lembrar que Pitágoras ficou conhecido por sua afirmativa de que todas as coisas são números, e seus seguidores mais tarde identificaram esses números com formas geométricas. Inspirado por esses conceitos, Platão desenvolveu sua própria teoria de que o mundo das aparências é derivado de um reino subjacente de idéias puras. Demócrito, por outro lado, afirmou que, em última análise, o mundo consiste de átomos independentes em movimento no espaço, e que toda experiência subjetiva resulta das configurações daqueles átomos. Em termos de compreensão da mecânica quântica da natureza da energia, Werner Heisenberg comentou: "No que diz respeito a esta questão, a Física moderna adota uma posição definida contra o materialismo de Demócrito e a favor de Platão e Pitágoras".[5]

Descartes deixou para a ciência um legado da divisão do mundo em um reino absolutamente objetivo de fenômenos físicos e um reino absolutamente subjetivo de fenômenos mentais. Nesse contexto, a Física clássica passou a ver a energia como atributo principal do mundo físico, objetivo, considerando secundários os fenômenos mentais, simples qualidades derivativas das configurações dos átomos. À luz da discussão sobre os avanços da Física moderna, eu caracterizaria o mundo físico real como nada mais que configurações dinâmicas de algum tipo de fundo quantizado, acerca do qual existem várias idéias matemáticas. Essas idéias servem para apontar possíveis regularidades de algum valor profético e explanatório. Alguns sustentam serem tais idéias criações subjetivas da psique humana, ao passo que outros afirmam serem entidades objetivas que existem independentemente da consciência. Existe ainda uma terceira alternativa: como propôs Platão, podem pertencer a uma dimensão da consciência que transcende a mente humana comum, e que exerce papel fundamental na formação do universo como um todo.

Visões Budistas da Energia Sutil e das Formas Puras

Sob a influência das visões mecanicistas de Demócrito e Descartes, a Física investigou a natureza do espaço e da energia em um mundo destituído de consciência e experiência subjetiva de qualquer espécie.

---

[5] Werner Heisenberg. *Physics and Philosophy*. Londres: Penguin Books, 1989, p. 59.

Mas o mundo real – o único que *sabemos* existir – é o universo do qual temos consciência. Muitas culturas tradicionais consideravam, cada uma à sua maneira, este mundo de experiência cheio de energia. *Pneuma* para os gregos, *prana* para os indianos, *loong* para os tibetanos, *qi* para os chineses, *ki* para os japoneses e *mana* para os nativos norte-americanos – qualquer que fosse a denominação, todos acreditavam estar presente a energia, no corpo humano e no ambiente. De *Mana*, como a energia dos físicos, diz-se que fundamenta, potencializa e regula todos os fenômenos físicos e mentais.

No budismo, as energias que circulam pelo corpo humano são investigadas sob uma perspectiva de primeira pessoa, aguçando-se a atenção por meio de um treinamento sofisticado para a contemplação. Muitas técnicas foram elaboradas para regular essas energias pela prática de exercícios físicos, controle da respiração, visualização e recitação de mantras. Outra abordagem inclui uma conscientização passiva da respiração, sem tentar modificá-la de maneira alguma. Por meio dessa prática, as energias presentes no corpo equilibram-se de forma natural, o que tranqüiliza a mente. Esta é uma prática muito recomendada pelo Buda, que descreve assim seus efeitos:[6]

> *No final da estação do calor, terra e poeira sobem em turbilhão. Mas uma grande nuvem despeja a chuva, que tudo acalma. O mesmo acontece com a concentração na respiração: quando desenvolvida e cultivada, é apaziguadora e sublime, uma sensação deliciosa, e acalma imediatamente qualquer estado nocivo.*

A prática da respiração consciente é uma das muitas técnicas budistas para desenvolver a estabilidade e a capacidade de atenção, alcançando um estado altamente refinado de quietude meditativa *(samatha)*, no qual a mente permanece perfeitamente focada durante horas. O desenvolvimento dessa quietude está intimamente ligado a três tipos de "sinais" *(nimitta)*, que são objeto da meditação. O primeiro deles é o sinal para a prática preliminar que, no caso da respiração consciente, consiste em sensações táteis. O segundo é um sinal adquirido *(udgraha-nimitta)*, que

---

[6] Samyutta Nikeya V, 321-2. *The Connected Discourses of the Buddha.* Vol. II. Bhikkhu Bodhi, trad. Boston: Wisdom Publications, 2000, p. 1774. (Tradução ligeiramente alterada pelo autor.)

pode aparecer sob várias formas: estrelas, pedras preciosas ou pérolas, flores, fumaça, teia de aranha, nuvem, flor de lótus, roda, lua ou disco solar. Todos esses sinais da respiração vêm do espaço da mente, e suas diversas aparências estão ligadas à disposição mental do indivíduo que pratica a meditação. O terceiro é um sinal correlativo *(pratibhaga-nimitta)* – uma representação sutil e emblemática de toda a qualidade da respiração, ou elemento do ar, que o sinal simboliza[7].

A experiência do sinal correlativo corresponde à conclusão da quietude meditativa, que representa uma mudança drástica nas energias do corpo. Isto se caracteriza, inicialmente, por uma sensação de peso e torpor no alto da cabeça, que indica o surgimento de um grau excepcional de tranqüilidade e bem-estar mental. As energias vitais, que resultam em uma calma física sem precedentes, percorrem aos poucos o corpo todo, enchendo-o com a força de seu dinamismo. O corpo, então, responde com uma experiência de êxtase mental. A sensação desaparece gradualmente, deixando corpo e mente equilibrados e tranqüilos.

A quietude marca o acesso inicial do contemplativo a uma dimensão ou um reino superior da existência. Antes disso, a mente ficava confinada ao que se conhece como reino do desejo *(kamadhatu)*, assim chamado por ser dominado pelo desejo sexual. Com a experiência do sinal correlativo, a mente ascende a um reino de formas puras *(rupadhatu)*, que é uma dimensão mais refinada da existência além dos sentidos[8]. Alcançado o acesso a esse reino, a consciência é despida de suas características humanas únicas, inclusive de etnia, sexo, idioma e outros aspectos do condicionamento cultural e biológico[9]. A partir da dimensão da experiência com a consciência, o indivíduo transcende as limitações da percepção sensorial e dos conceitos humanos.

---

[7] Paravahera Vajirañana. *Buddhist Meditation in Theory and Practice*. Kuala Lumpur, Malásia: Buddhist Missionary Society, 1975, p. 145.

[8] Tsongkhapa discute esses e outros estados mentais ainda mais abstratos de samadhi em seu *Tratise on Meditative Stabilization and the Formless* [bSam gtan gzugs med kyi bstan bcos (Collected Works, Vol. Tsha). Cf. Leah Zahler, *Meditative Staes in Tibetan Buddhism*. Londres: Wisdom, 1983.

[9] Anne C. Klein. "Mental Concentration and the Unconditioned: A Buddhist Case for Unmediated Experience" em Robert E. Buswell, Jr. & Robert M. Gimello, ed. *Paths to Liberation: The Mārga and Its Transformations in Buddhist Thought*. Honolulu: University of Hawaii Press, 1992, Studies in East Asian Buddhism, p. 7.

Os contemplativos budistas discutem várias formas ou idéias puras que só são percebidas quando se tem acesso ao reino da forma. Aí se incluem representações arquetípicas e refinadas dos fenômenos experimentados no reino do desejo, inclusive os elementos da terra (solidez), da água (fluidez), do fogo (calor), do ar (mobilidade), da luz e espaço. Além disso, os praticantes da meditação afirmam que a realidade física pode ser alterada pela manipulação contemplativa daqueles sinais[10]. Embora no Ocidente tais capacidades sejam consideradas milagrosas, no budismo são vistas como atributos naturais da consciência elevados ao reino da forma. Os contemplativos budistas indianos Nagarjuna e Asanga afirmam, em seus tratados *Precious Garland* e *Compendium of Higher Knowledge*, que os elementos percebidos por nossos sentidos físicos são derivados de uma dimensão mais sutil da existência.

O reino da forma, a que se tem acesso por meio da quietude meditativa, carrega nítidas similaridades com o reino dos números, das formas geométricas e das idéias propostas por Pitágoras e Platão. Esses reinos não são puramente objetivos, no sentido de existirem independentemente da consciência, nem puramente subjetivos, no sentido da mente humana. Em vez disso, permanecem em uma dimensão sutil que pode ser acessada *perceptivamente* por meio da prática contemplativa, e *conceitualmente* por meio da análise matemática. Físicos teóricos nos oferecem uma visão conceitual e quantitativa da natureza do espaço desprovido de consciência, ao passo que o budismo nos apresenta visões empíricas da natureza das dimensões sutis do espaço tomado pela consciência.

Visões Budistas da Energia, do Espaço e da Consciência Primordial

Alcançada a quietude meditativa, a psique humana, condicionada por influências biológicas e sociais, entra em uma dimensão mais fundamental de consciência, conhecida como substrato de consciência *(alayavijñana)*, caracterizada por três qualidades da conceitualidade humana: êxtase, luminosidade e liberdade. Nesse estado de consciência, o que aparece objetivamente é um vazio, uma vacuidade semelhante ao espaço, sem qualquer manifestação sensorial ou mental. Tal estado tam-

---

[10] Buddhaghosa. *The Path of Purification*. Trad. De Bhikkhu Ñanamoli. Kandy: Buddhist Publication Society, 1979, Parte II.

bém é alcançado durante o sono profundo, sem sonhos, nos desmaios e no processo de morte, mas nessas situações não existe clareza mental suficiente para reconhecer o vazio pelo que ele representa.

Os contemplativos budistas, em suas investigações, foram além desse estado relativo de vácuo, penetrando na dimensão mais profunda da consciência, conhecida como consciência primordial *(jñana)*. Este é o estado de consciência básico definitivo, atemporal, não local, e não dual, originário do espaço absoluto dos fenômenos *(dharmadhatu)*, de onde emerge todo o mundo de tempo/espaço e mente/matéria. Esse espaço luminoso de consciência primordial é também imbuído de energia infinita, que se apresenta sob várias formas: térmica, dinâmica, eletromagnética e gravitacional. Como tal, essa dimensão da realidade transcende todas as dualidades conceituais de matéria e energia, espaço e tempo, sujeito e objeto, mente e matéria, e mesmo existência e não existência.

Segundo a visão budista conhecida como Grande Perfeição *(Dzogchen)*, todos os fenômenos físicos e mentais são considerados manifestações da unidade primordial de energia, consciência e espaço infinitos. Düdjom Lingpa, um conhecido contemplativo budista tibetano do século XIX, descreve assim o espaço absoluto dos fenômenos[11]:

> *Devido ao aspecto radiante e claro do espaço, este pode apresentar-se como terra, fogo, água, ar, forma, som, cheiro, gosto e objetos táteis, como acontece aos planetas e às estrelas refletidos sobre o oceano límpido. Todas essas imagens refletidas são simplesmente o próprio oceano, e todos pertencem à mesma natureza... Devido ao poder incessante contido na natureza da consciência primordial, existe total conhecimento e total percepção de todos os fenômenos, sem qualquer fusão a objetos. A consciência primordial tem sua origem em si mesma, sendo naturalmente clara, livre de obscuridades internas ou externas; é penetrante, irradiando-se pela clara infinidade do espaço, sem qualquer contaminação.*

---

[11] Düdjom Lingpa (bDud'joms gling pa). *The Vajra Essence, Dag snag ye shes drva pa las gnas lugs rang byung gi rgyud rdo rje'i snying po*. Título em sânscrito: *Vajrahrdayasuddadhutijñānahāresrilamjātiyātisma*. Collected Works of H. H. Dudjom Rinpoche. Thimphu, Butão: Kunsang Topgay, 1978, pp. 108 e 362.

Complementaridade entre Ciência e Budismo

De acordo com muitos físicos modernos, a energia do espaço vazio exerceu papel preponderante na formação do universo, em seguida ao *Big Bang*. A este respeito, o estudioso da ciência K. C. Cole comenta[12]:

> *Assim como a água congela e libera sua energia no ambiente, o "congelamento" do vácuo libera enormes quantidades de energia... Tão simplesmente quanto a água se convertendo em gelo, o vácuo inflado congelou-se, formando a estrutura que deu origem a quarks, elétrons e, muito mais tarde, a nós, seres humanos.*

Esta visão nos dá uma boa idéia da natureza do universo físico. Segundo tal idéia, porém, a consciência não exerce papel algum. Ao contrário, de acordo com a visão budista da Grande Perfeição, o espaço vazio, permeado pela luz da consciência, é a base de toda a existência. Düdjom Lingpa descreve essa base com estas palavras[13]:

> *Esta base é... como a água em seu estado fluido, natural, congelando sob a ação do vento frio. Devido à concepção dualista sobre sujeitos e objetos, a base, naturalmente livre, aparece congelada em suas manifestações.*

Nem a visão científica nem a budista são completas. A visão científica do universo pouco diz sobre as origens, as características ou as funções da consciência na natureza. E à budista faltam meios de examinar a energia objetiva e quantitativamente. Em vez de considerar incompatíveis os processos de pesquisa dessas duas grandes tradições, é mais útil vê-las como complementares. Assim como os dois olhos enfocam a mesma realidade, a integração das duas perspectivas pode levar a uma visão mais profunda e abrangente do que aquela alcançada por ambas as tradições.

B. Allan Wallace — Americano. Monge budista tibetano. Tem formação em Física e Filosofia da Ciência no *Amherst College*. Doutor em Estudos Religiosos por Stanford. Conferencista. Pesquisador, escritor e tradutor de obras do budismo tibetano no Ocidente.

---

[12] K. C. Cole. *The Hole in the Universe: How Scientists Peered over the Edge of Emptiness and Found Everything*. Nova York: Harcourt, 2001, pp. 177-8.

[13] Düdjom Lingpa. *The Vajra Essence*, 368.

O Cultivo da Paz pela Transformação da Educação

Cláudio Naranjo

O tema deste artigo é a necessidade de prevenir a violência através de uma educação voltada para o desenvolvimento de pessoas saudáveis e felizes e, de forma mais ampla, para a superação da sociedade patriarcal, que constituiu o obstáculo fundamental para isso. Seu principal objetivo é o de interessar o público na transformação da educação tradicional em outra que esteja a serviço do desenvolvimento pessoal da consciência – indispensável à evolução social.

Fala-se muito da violência atual. Por um lado, porque o mundo se tornou mais violento que nunca, mas também porque se começou a ter consciência que desde o começo da civilização até mesmo a história foi violenta. Por outro, porque a injustiça do sistema se torna mais aparente e interessa aos opressores desarmar e pacificar os oprimidos. Curiosamente, entretanto, em uma cultura que recebeu as influências de Marx e de Freud, já quase não se fala na raiz psicológica principal da violência, que é o espírito explorador associado à cobiça, à insatisfação crônica e à perda da empatia.

No Chile, quando eu era criança, circulava uma piada atribuída a um personagem chamado D. Otto – um alemão cujo literalismo e espírito sistemático o impediam de ver a realidade, transformando-o ridiculamente num idiota. Nessa piada, contava-se a reação de D. Otto ao saber que, quando da visita do namorado de sua filha na noite anterior, o jovem casal tinha feito coisas indevidas no sofá do salão. D. Otto solucionou o problema de maneira radical: vendeu o móvel em questão. A maneira como hoje se fala de violência, sem se interessar pela pesquisa de para que serve, ou a que injustiça se reage, parece análoga; quando os episódios de terrorismo infantil se tornam cada vez mais freqüentes, suspeito que se queira ensinar as pessoas a não olharem além da superfície das coisas e das aparências, como se se tratasse de algo estranho e sem motivo, ou de um mero "problema da juventude" (como no filme *Elefante*).

Meu propósito aqui não é tratar das raízes da violência; entretanto, além de causas mais ou menos específicas, chamadas em psicanálise de "oralidade agressiva", simplesmente lembrarei que é preciso ter em mente dois fatores universais: o escasso desenvolvimento psicoespiritual (ou seja, a falta de saúde mental) e a condição patriarcal da sociedade; foi esta que determinou que as tendências agressivas e competitivas do homem se expressem na marcha dos acontecimentos coletivos muito mais do que a ternura ou a cooperação, que se associam à maternidade e à mulher.

Se o que digo é verdade, deduz-se que se contribui para a paz não só ajudando a saúde mental da sociedade, mas também orientando-a para a transcendência de seu caráter patriarcal. Os que se preocupam com a violência, e mais geralmente os que se ocupam com os milhares de problemas que afetam coletivamente a sociedade, não ligam para estas coisas. Parece que insistem em cuidar dos sintomas e não de sanar o mal a fundo. Não levam em conta o que já dizia Erich Fromm, que "a destrutividade é a forma como cada um se volta contra a sua incompletude". Mas como é óbvio que o desleixo com o essencial não ajudou, está na hora de a sociedade cuidar do subdesenvolvimento da consciência e de os políticos, que a representam, darem a devida prioridade ao muito descurado desenvolvimento integral da natureza – chave da felicidade e condição indispensável para uma sociedade saudável.

Já que é óbvio que fomentar tais coisas através das religiões, das escolas espirituais tradicionais ou da psicoterapia somente conseguiriam chegar a uma minoria, para mim, a única forma de se contribuir maciçamente para o desenvolvimento humano seria através da sua prevenção – evitando, assim, as conseqüências sociais da psicopatologia. Isto, por sua vez, somente poderia ser imaginável através da educação. Se o mundo é violento, é porque a criança é assim e se tem a educação que se tem, e principalmente porque não se desenvolveu até hoje uma forma de educação que pudesse levar a criança além da mentalidade patriarcal.

Pelo contrário, a educação patriarcal está dirigida precisamente para a perpetuação da mentalidade tradicional e das habituais formas de vida – cujas conseqüências agora se apresentam problemáticas. Entretanto, assim como não se vê o próprio ponto cego, também não se vê a fraude maciça que penetra no que se costuma chamar de "educar", que na prática se limita a pouco mais que transmitir uma informação destinada principalmente a passar nas provas e assim alcançar vantagens no mercado de trabalho. Tudo o que se faz priva o educando da oportunidade do desenvolvimento emocional, social e espiritual.

Então, nada mais promissor para a paz do mundo que uma alternativa para a educação patriarcal que se conhece, através da qual se pretende, arrogantemente, transmitir valores, sem perceber a transmissão de pragas. Mas como? Principalmente – venho propondo através de congressos de educação, de livros e o repito aqui – através de uma educação "trifocal", voltada para o desenvolvimento harmônico dos três cérebros que se associam na tríade do pensar, sentir e querer, como as três "pessoas interiores" (que correspondem às da família nuclear de pai, mãe e filho). Não há dúvida de que a educação tradicional ou patriarcal não só privilegia o intelecto, mas também se volta sistematicamente contra a instintividade da natureza animal, aviltando-a e dando origem à auto-repulsa sistemática, tão bem descrita pelo modelo freudiano da mente. Segundo tal modelo, o "superego" de cada um se volta contra "isso" e as ordens da cultura autoritária se opõem às ordens da Natureza. Além disso, é mais claro, apesar de Rousseau e da retórica atual que gira em torno da recuperação de valores, que a educação não somente não favorece o desenvolvimento afetivo, mas também o posterga ou o perturba.

Fala-se bastante, hoje em dia, da educação integral ou holística, e a Unesco proclama um ideal holístico quando reconhece a importância de aprender, não somente a fazer e a aprender, mas a conviver e a ser. Entretanto, parece imperar certa confusão entre a retórica e a realidade, algo parecido com o que ocorre com a democracia no âmbito político. É precisamente a crise da educação que prova a irrelevância e obsolescência do afã de transmitir, principalmente a informação, quando os jovens necessitam de uma **educação que os ajude a crescer antes de tudo como seres humanos, em lugar de se lhes impor um regime alienante.**

Como seres tricerebrados – dotados do cérebro de réptil, instintivo, do cérebro meio relacional, que se herda dos ancestrais mamíferos, além do neocórtex propriamente humano, no qual se assenta o potencial de sabedoria (ou demência) –, seria desejável que fôssemos educados como seres completos, capazes de equilíbrio e sinergia entre as suas faculdades. Isto implicaria incluir um aspecto interpessoal e afetivo nos futuros programas de educação e também um elemento estimulador dirigido à liberação da espontaneidade. Além disso, essa educação holística ou integradora deverá ocupar-se daquilo que, sem ser pensamento, emoção ou volição, constitua seu contexto: a consciência propriamente dita, ou o aspecto transpessoal da mente, do qual depende a vitalidade dos valores e sem cujo desenvolvimento a vida perde sentido. Mas como?

Certamente isto vai requerer uma redefinição da educação para levar em conta os elementos de autoconhecimento e aprendizagem relacional etc., bem como a reforma curricular correspondente. Ora, dificilmente se pode esperar muito de uma mudança que não passe por uma formação alternativa de educadores, que permita que um certo quórum de mestres tenha acesso à transformação e à saúde mental necessária para ensinar as disciplinas vivenciais que deveriam integrar os futuros programas. Mais precisamente, será necessário oferecer aos futuros professores e aos gestores da educação cursos e oficinas suplementares nas áreas do autoconhecimento, das relações humanas e do cultivo da consciência – e especialmente levar cursos semelhantes ao pessoal docente das escolas.

Diante de tal proposta, é fácil perguntar se por acaso existe um método para a formação dos professores dessas áreas que seja suficientemente eficaz e seja economicamente possível de ser posto em prática, pois propostas como a de recorrer às contribuições da Psicanálise, ao Behaviorismo, aos cursos de Comunicação, de Psicodrama ou simplesmente de Gestalt, apenas, ofereceriam uma cultura terapêutica superficial e não o nível necessário de transformação que os professores em questão necessitariam para se tornar agentes de uma transmissão viva de valores. Por isso, é de grande importância contar com um método comprovadamente eficaz, e ainda assim rápido, que se proponha como alternativa para a formação de educadores. Ela viria a constituir algo como uma "chave mestra" para essa transformação da educação, de modo que seja uma atividade que venha a dar realidade à tão citada, mas apenas sonhada, proposta da Unesco.

Por isso, quando respondi ao convite para escrever algo para este volume, considerei que esta seria uma oportunidade não somente para poder destacar a importância do desenvolvimento do potencial da educação tragicamente desperdiçado, mas também para poder informar a respeito de um método de formação de educadores. Este método já deu excelentes resultados nas já mencionadas áreas que o mundo acadêmico até agora descuidou – desde o autoconhecimento até a atenção ao nível profundo e transpessoal da mente.

Escrevi sobre a história e o conteúdo desse currículo, que complementa a formação tradicional de professores, em meu livro *"Cambiar la Educación para Cambiar el Mundo"* (Mudar a Educação para Mudar o Mundo). Nele incluo os comentários de trinta professores que ensinam em diversas escolas de educação do Chile e que foram convocados pelo Ministério de Educação para fazerem a experiência desse programa vivencial. Aqui só direi que se trata de algo que vem sendo aplicado em diversos países ao longo de muitos anos de formação de terapeutas e que, depois de sua primeira aplicação no Chile, na virada do milênio, despertou o interesse de educadores mexicanos, argentinos, italianos e outros, e mais recentemente foi reconhecido pelo governo catalão.

Já que este método – conhecido como programa SAT para o "desenvolvimento pessoal e profissional" – resultou da evolução do meu trabalho no decorrer dos últimos trinta anos, o meu entusiasmo poderia ser considerado suspeito, particularmente agora, no momento histórico que poderia perfeitamente ser chamado de "idade da propaganda e da comodificação", quando até a Ciência se coloca a serviço dos negócios e do poder. Não tenho provas de minha inocência, de modo que a prova da verdade do que afirmo, ao anunciar que gerei (na verdade, por acaso) um recurso de interesse público, deverá basear-se na avaliação de seus futuros resultados. Entretanto, não há como duvidar; de fato, colaborei com as diversas equipes docentes em seus sucessivos módulos. Da observação repetida logo se percebe que a grande maioria dos participantes dos programas não somente consegue conhecer-se melhor, como também melhorar as suas relações interpessoais, além de adquirir uma notável capacidade de ajuda, que depende mais de sua própria transformação que da aquisição de idéias ou técnicas.

O formato do processo é o de três seminários sucessivos, de dez dias de duração cada um, repetidos anualmente. Quem ler esta afirmação pode-se perguntar como é possível rapidez e eficiência tão inauditas num âmbito que não se limita às palavras, mas que também deixa muitos dizendo que sua vida se divide em duas partes: antes e depois de tal experiência!

A resposta, creio, está em parte nos novos recursos que integram o programa, mas, principalmente, na forma como, através dele, se combinam, de tal maneira que "o todo é mais que a soma das partes".

O programa SAT é um método específico de reparação da família intrapsíquica e, mais amplamente, das relações interpessoais. Seus componentes são uma visão do "bom amor" como equilíbrio entre compaixão, reverência e capacidade de satisfação, assim como uma compreensão das formas do falso e degradado amor; a prática da observação temporária do pensamento num contexto meditativo; a tomada de consciência do corpo e do mundo emocional; a pesquisa vivencial da mente em repouso; uma nova forma de teatro terapêutico; o cultivo da entrega através do movimento espontâneo; a terapia Gestalt; a psicologia dos tipos de personalidade e um novo laboratório de exercícios psicológicos. Através deles, as pessoas aprendem a trabalhar a si mesmas, tendo o estímulo e o apoio das demais, de tal forma que o grupo, em seu conjunto, se torna um sistema psicologicamente auto-reparador.

Os resultados alcançados não podem ser atribuídos unicamente à aplicação de um programa. É necessária uma escola viva: um currículo assumido pelas equipes docentes de seus respectivos módulos, cuja evolução pessoal e perícia acumulada através de muitos anos permitam a realização de algo que não poderia ser bem executado por novatos a partir de idéias e métodos aprendidos por observação ou através de livros.

Sinto-me como poderia sentir-se um camponês que, arando o seu terreno, encontrou um tesouro, ou como o personagem do conto de fadas que descobre as propriedades mágicas de uma planta que cresceu no pátio de sua casa. Simplesmente quis partilhar, anos atrás, com minha mãe e com alguns amigos algo do que havia alcançado ao entrar no que poderia chamar-se de a fase carismática da minha vida. Meu trabalho logo despertou o interesse de muitos pesquisadores em Berkeley, nos inícios dos anos 70. Mais tarde, a improvisação daquela época me serviu de base para os programas SAT – já descritos –, os quais, à medida que foram evoluindo, tornaram-se cada vez mais breves e poderosos. Tais programas começaram em resposta ao interesse de psicoterapeutas na Espanha, mas, com o tempo, não só eles estavam interessados; havia terapeutas também de outros países. Acudiram mais e mais professores, até que, em parte por suas observações e em parte porque com o passar dos anos entendo um pouco melhor da trágica condição do mundo, achei que o fruto do trabalho da minha vida bem que poderia ser suficiente para desencadear a transformação de que a educação tanto necessita.

Tomara que estas palavras possam interessar aos governos, aos administradores da educação, às universidades, aos colégios e às escolas e os induzam a testar o programa SAT para que possam comprovar a verdade do que foi descrito aqui, pois assim não somente responderiam adequadamente à crise educacional, mas também começariam a contribuir para o nascimento de uma geração mais sadia e sábia. Que as minhas palavras também possam chegar às pessoas que têm a possibilidade de colaborar com o dinheiro que será necessário para oferecer bolsas aos empobrecidos educadores e também tornem possível a produção de programas e a materialização deste projeto, tendo em vista o limitado orçamento educacional dos empobrecidos governos – cada vez mais sujeitos à vontade do império transnacional do dinheiro.

Ficaria muito feliz se algum dia o meu pensamento chegasse aos poderosos do império global, aos quais penso que, por justiça, mais que a qualquer outro cabe financiar a transformação da sociedade – tão sofrida com o resultado de suas decisões –, para que os jovens de hoje possam viver amanhã em paz e amor e gerem formas de vida e instituições melhores que as da civilização patriarcal em sua crise de obsolescência.

Resumo: *A violência é um aspecto de uma problemática complexa, cujo fundo está no subdesenvolvimento emocional; por isso, a paz do mundo depende da possibilidade de prevenção da crescente deterioração psicoespiritual. Chamo a atenção para o fato de que somente a transformação da educação poderá levar ao êxito, e dou notícia de um método para a necessária formação alternativa de educadores que tal transformação irá requerer.*

Cláudio Naranjo — Chileno. Médico e músico. Fundou o Instituto SAT (Berkeley — USA), uma escola integrativa psicoespiritual. Pioneiro do Movimento do Potencial Humano e da Psicologia Transpessoal. Membro do *Institute of Research* de Londres, do *USA Club of Rome* e participante do Parlamento de Religiões. Dedica-se à educação integrativa e transpessoal em vários países. Auto dos livros: *The One Question*; *Psicología de la Meditación*; *La Única Búsqueda*; *La Agonía del Patriarcado*; *El Niño Divino y El Héroe*; *Entre Meditación y Psicoterapia*; *Gestalt de Vanguardia*; *Cambiar la Educación para Cambiar el Mundo*, entre outros.

Coexistência em Paz e Amor

Kathy Jones

A coexistência pacífica é o maior desafio da humanidade. Quando não vivemos em harmonia, perigos e catástrofes ameaçam a sobrevivência da nossa espécie. Somente encontrando maneiras de viver em paz conseguiremos enfrentar os problemas sociais, econômicos e ambientais, e alcançaremos, então, uma vida plena e feliz neste belo planeta.

A paz começa dentro de cada um, quando nos sentimos seguros e confiantes acerca da realidade. A segurança vem da certeza de que somos essencialmente seres de energia ou almas encarnadas em um corpo físico – almas com grande capacidade de dar e receber amor.

Como experiência pessoal, a confiança surge quando sabemos que amamos e somos amados, e que não estamos sozinhos na jornada da vida. O que nos dá segurança é contar com uma casa, onde não sejamos ameaçados pela violência, pela guerra, pela pobreza, pela fome, pelas doenças e forças destrutivas da natureza.

Paz e amor caminham lado a lado, e não podem ser separados. A capacidade de dar e receber amor, individual e coletivamente, é um dos nossos maiores atributos; é a essência do que nos faz especialmente humanos. O amor confere significado à vida e, ao dar e receber, a enriquece. Ao reconhecer a necessidade de amarmos e sermos amados, estendemos isso a todos os seres humanos.

O amor gera empatia e compaixão pelo sofrimento alheio. O amor é a qualidade de alma e coração que nos permite compartilhar em paz a alegria e abundância do maravilhoso mundo em que vivemos.

A capacidade de amar e coexistir em paz está ligada diretamente ao nosso estado mental e emocional, que, por sua vez, estão condicionados às experiências da infância, aos sofrimentos, ao carma pessoal e coletivo, à sociedade e à cultura de que fazemos parte. Quando o amor é negado, seguem-se repressão emocional e comportamentos agressivos. Agimos e reagimos de uma forma que tanto nos fere como aos outros: egoístas, tentamos excluir qualquer um que não faça parte do nosso mundinho.

Não obstante a dificuldade que encontramos em coexistir pacificamente em família, na vizinhança, na comunidade ou com outros países, esta é uma necessidade absoluta. Apesar de nosso anseio individual por amor, parecemos preferir o desgaste, projetando sobre outras pessoas nossa insegurança e desarmonia interiores. Em vez de assumir a responsabilidade pelo que nos acontece, radicalizamos, colocando nossos demônios para fora; em vez de reconhecer nossas zonas de sombra, fazemos do outro um inimigo. As pessoas podem ser boas ou más, mas nós nos consideramos sempre inteiramente bons. Sem amor, vemos o outro como um estranho que pode ser explorado, ferido, roubado, violentado ou morto. Ignoramos o fato de sermos todos iguais.

Atualmente, culturas patriarcais predominam em quase todo o mundo, impondo a homens e mulheres a valorização e a precedência de concepções masculinas de ser e pensar. Estas culturas incentivam a polarização e a projeção. A mente e a racionalidade superam o coração e a natureza emocional e intuitiva. O pensamento científico tem mais valor do que o saber mitológico. Na busca de ganhos materiais e poder temporal, perde-se o significado da vida. A cabeça comanda o coração, em vez de haver harmonia entre amor, emoção e inteligência. Estamos em desequilíbrio, tanto individual quanto coletivamente. O mundo exterior e o mundo pessoal se refletem. É difícil encontrar paz interior quando vivemos em um mundo tão perturbado, e é difícil criar paz exterior estando em desarmonia.

A paz interior reside no espaço de tranqüilidade onde corpo, emoções e mente descansam; é um lugar de renovação, cheio de potencial criativo. A paz física acontece quando relaxamos o corpo, liberando as tensões contidas em nossos músculos, órgãos e articulações; quando nos livramos da couraça que carregamos. A paz emocional acontece quando reconhecemos, sentimos e expressamos as emoções de maneira criativa, em um fluxo contínuo de dentro para fora. A paz mental acontece quando percebemos que a mente é um veículo de expressão da alma – mais um servo do que um senhor. A paz espiritual acontece quando deixamos de lutar, experimentando os vastos recursos não aproveitados da nossa natureza. No mundo exterior, paz quer dizer ausência de guerra, pobreza, fome, privação e liberdade para desenvolver nosso potencial, para nos expressar e sermos quem realmente somos.

Pela experiência que tenho, a paz acontece quando todas as partes do nosso ser podem expressar-se, dentro do todo que somos. Vivemos em harmonia quando todos os aspectos da nossa identidade – o forte, o fraco, o amoroso, o assertivo, o carente, o dependente e o independente – conseguem expressar-se: têm voz e são ouvidos. Acredito que o mesmo se aplica à criação de um mundo de paz.

As partes individuais do *self* estão constantemente em busca de expressão, com o foco da nossa atenção mudando de um estado para outro, guiado por forças inconscientes. Quando um aspecto da nossa identidade predomina por um período, isto geralmente significa que outros estão sendo ignorados ou reprimidos. Tal estado de coisas não permanece por muito tempo. Em âmbito coletivo, nações mais pobres e mais fracas podem ser dominadas por outras mais fortes, mas a situação não dura para sempre: um dia, elas se insurgem. Valores políticos e culturais podem ser impostos sobre indivíduos e sociedades, mas somente até que surjam defensores da liberdade ou terroristas, dependendo do grau de desespero. Povos feridos lutam com os meios que conhecem pelo direito de serem ouvidos.

Como indivíduos e sociedades, podemos experimentar a paz, mas o equilíbrio corre o risco de ser destruído de uma hora para outra, quando aspectos negados ou esquecidos da nossa natureza vêm à tona, chamando-nos a atenção.

Gostaria de dar o exemplo da minha experiência de vida. No início da década de 70, quando tinha vinte e poucos anos de idade, passei a viver sozinha em uma grande propriedade rural, em uma colina do País de Gales, com vista para o parque nacional de Brecon Beacons. Não que eu tivesse planejado; aconteceu por acaso, pelos desígnios da alma. Desde criança, sempre fui curiosa acerca das coisas do espírito, e achei aquele o lugar ideal para explorar minha espiritualidade inata. Sem qualquer mestre ou guia, seguia apenas os impulsos da alma que me convidava a lembrar quem eu era e o que havia aprendido em vidas anteriores, em várias culturas e tradições espirituais.

Li todos os livros que consegui encontrar sobre o assunto. Estudei as principais religiões patriarcais, do cristianismo ao islamismo, do budismo ao hinduísmo, e muito mais. Explorei os mistérios da tradição ocidental, cabala, tarô e teosofia. Durante cinco anos, tomei contato com os ensinamentos esotéricos de Alice A. Bailey; refleti sobre eles e experimentei a movimentação da energia em mundos visíveis e invisíveis. Todo dia meditava por várias horas. Aprendi a pensar criativamente. Fazia caminhadas diárias pelas colinas, observando o crescimento de plantas e árvores. Virei jardineira. Cortava lenha para me aquecer e tirava água do poço.

No início, senti uma grande solidão. Era a primeira vez na vida que ficava inteiramente só. Sempre vivera com outras pessoas na mesma casa. Tivera vários casos de amor intensos e apaixonados – afinal, eram os anos 60 –, mas de algum modo as coisas tinham desandado. Nunca havia encontrado um amor verdadeiro que também quisesse o meu afeto.

Por meus próprios meios, descobri que tinha medo de muita coisa: de ficar só, da escuridão, do desconhecido, da violência gratuita, de que um estranho invadisse a casa durante a noite e me matasse, e da morte em si. Começando a explorar meus mundos espirituais interiores, afastei-me aos poucos de outros seres humanos que não estavam no mesmo patamar; e não havia qualquer pessoa por perto que atendesse a esse requisito. Durante algum tempo, fiquei meio perturbada. Fui salva da loucura somente pela bondade demonstrada diariamente pelos dois irmãos galeses que cuidavam da terra em volta da casa.

No inverno, soprava um vento frio e a neve caía, fazendo com que me encolhesse junto à lareira ou me recolhesse ao quarto pintado de azul-escuro onde praticava meditação e explorava os espaços da minha consciência. Criei para mim mesma disciplinas espirituais, tentando controlar o que considerava minha "natureza inferior", minhas emoções fortes: medo, tristeza e raiva.

Aos poucos, com o desenvolvimento do meu espírito, alcancei a transcendência e o mundo da iluminação.

O tempo da loucura passou. Gradualmente, com a continuação das práticas espirituais, uma incrível sensação de paz surgiu em mim – uma paz que se expandia e tocava todos quantos estivessem em contato comigo. Era uma calma de dentro para fora. Acreditei haver superado as emoções fortes, que tanto me haviam perturbado. Aproximei-me de outros seres humanos, e passei a praticar para ser médica de almas.

Dois amigos, que eram as únicas pessoas conhecidas a estar fazendo uma jornada espiritual esotérica semelhante, voltaram à Inglaterra depois de um retiro nas montanhas Atlas, no Marrocos. Viajei para encontrá-los na pequena cidade de Glastonbury, no Sudoeste da Grã-Bretanha que, segundo dizem, é o chacra do coração das ilhas britânicas e, sustentam alguns, do mundo.

Glastonbury e as terras em volta são a contrapartida do mundo exterior ao paraíso sobrenatural conhecido como ilha de Avalon. A cidade é famosa por um rochedo pontudo que se destaca das planícies de Summerland. Naqueles dias, uma comunidade alternativa de uns cem elementos, com interesses espirituais diversos, vivia nos arredores da cidade. Hoje, são mais de duas mil pessoas vivendo ali, com tradições espirituais ou não – adoradores de deusas, pagãos, budistas, hindus, cristãos, sufistas etc.

Por quase dois anos fiz uma peregrinação a Glastonbury a cada lua cheia, para meditar com meus amigos. Certa vez, na véspera do dia de Beltane, durante o festival de Wesak, tive um sonho em que me via entrando no rochedo pontudo de Glastonbury, onde encontrava todo tipo de criaturas estranhas e engraçadas. Ao acordar, pela manhã, senti que o espírito do lugar me chamava. Decidi que aquele era o momento de deixar meu refúgio de paz no País de Gales e ir para Glastonbury. Os últimos meses tinham sido gloriosos, com um clima agradável e o jardim belamente florido. Com o coração cheio de alegria, recebi novos e velhos amigos que foram me visitar. Com gratidão, deixei meu querido retiro espiritual, preparei-me para receber o que houvesse de novo e fui para Glastonbury.

Depois de cinco anos de celibato, apaixonei-me pelo primeiro homem interessante que apareceu, apenas poucas semanas depois da minha chegada. Foi então que começou o inferno. Minha paz, conquistada a duras penas, se desfez. As emoções que julguei superadas tinham sido apenas reprimidas, e explodiram à menor oportunidade, atingindo a minha vida e a de outras pessoas. E me vi chorando, gritando e lamentando, louca por um amor que não conseguia receber. Confusa, eu questionava o que tinha ido fazer no País de Gales. De que adiantavam todas aquelas práticas espirituais, se não me ajudavam em um relacionamento amoroso? Tudo que eu aprendera de nada valeria se não provocasse efeitos positivos sobre aquilo que me interessava realmente: o relacionamento amoroso pessoal com um homem.

Eu trazia no coração um desejo de amar e ser amada que não se alterou com as experiências e a busca espiritual. O desejo de amor pessoal ainda estava lá. Percebi que minha fome de amor e meu desejo de intimidade simplesmente não haviam sido atendidos pelas religiões patriarcais, que os viam como fraquezas, uma inadequação a ser sublimada, negada ou eliminada, como parte das falhas de nossa "natureza inferior". Para mim, não podia ser assim. Amor é amor – uma das melhores coisas do mundo.

Decidi abandonar as práticas espirituais adotadas nos cinco anos anteriores – meditação, leituras etc. – para ver o que acontecia. Sem meu sistema de crenças e as escoras que me mantinham no caminho, eu manteria uma vida espiritual? Haveria alguma coisa mais? Eu encontraria o amor? Deixei de lado o que sabia e abri espaço em minha vida.

Nos dois anos seguintes, tive alguns relacionamentos, mas nada havia mudado. Ainda me sentia incapaz de sustentar uma relação. Para resolver os problemas que trazia da infância, fui procurar uma terapia. Eu, que nunca quisera ter filhos, comecei a ouvir o chamado da alma da minha filha, querendo encarnar e ter-me como mãe. Então, voltei-me para o universo, pedindo para conhecer o pai da minha filha. Ele veio. Eu me apaixonei e, em seis meses, estava grávida. O relacionamento se deteriorou e me vi sozinha, grávida, sem casa e sem emprego. Dei à luz uma linda menina que me amava e precisava de todo o meu amor. Meu coração se encheu de afeto e alegria.

Vivi esta experiência no início da década de 80, exatamente quando mais de vinte mulheres de Glastonbury se reuniram, formando um grupo de conscientização para discutir a vida e o papel feminino. Durante dois anos, nós nos reunimos quinzenalmente. Acomodadas em círculo, falávamos de nossas experiências como mulheres e das diferenças de tratamento em relação aos homens. Cada uma tinha sua vez de falar, e todas ouviam. Muitas questões eram discutidas. Ficamos conhecendo melhor nossos corpos, nossos direitos, nossa mitologia.

Compartilhamos os poucos livros disponíveis sobre o tema, a maioria produzida pelo movimento feminista dos Estados Unidos. Lemos histórias de antigas culturas européias cujas deusas eram a figura máxima e valorizavam e honravam a mulher. Começamos a reconhecer que a Terra em que vivíamos era nossa mãe. Naquele tempo, porém, nosso conhecimento espiritual ainda era moldado de acordo com as religiões e culturas patriarcais das quais começávamos a emergir. A Terra era Ela, mas o Espírito superior ainda era Ele.

Naquele grupo de mulheres, reconhecemos a responsabilidade individual e, da pequena cidade de Glastonbury, saíram ônibus lotados de mulheres, que se juntaram aos protestos na base aérea de Greenham Common, contra a instalação de mísseis nucleares norte-americanos em solo britânico. Tomamos parte no "abraço da base", junto a dezenas de milhares de mulheres, que decoraram toda a cerca de segurança com fotografias, roupas e brinquedos de seus filhos. De mãos dadas, formamos uma roda de 32 quilômetros. Cantamos, choramos, rimos e nos sentimos parte de uma grande manifestação do anseio das mulheres pela paz e por um mundo melhor.

O pai da minha filha voltou, e tornei a apaixonar-me por ele. Em um mês, estava grávida do meu filho. Durante a gravidez, voltei a Greenham Common algumas vezes, quando participei de criativos atos pela paz. Em uma das vezes, levei comigo minha filhinha, pois achei importante que soubesse estarmos tratando de seu futuro.

Certa vez, eu fazia parte de um grande grupo reunido em um pequeno bosque próximo à base, com velas acesas ao entardecer. Do lado de dentro da cerca, havia policiais, arame farpado, mais policiais, mais arame farpado em rolos, soldados, novamente arame farpado e outros soldados armados, protegendo os silos de concreto que continham as armas da morte. Foi um momento muito polarizado e comovente: as mulheres do lado de fora defendendo a vida e a criatividade, e os homens do lado de dentro defendendo a morte e a destruição. Parecia uma metáfora para a vida em nosso planeta e o grande enigma que é o motivo pelo qual as pessoas se matam.

Todos trazemos em nós o desejo de amor, mas as religiões e sociedades patriarcais negam isso, em especial aos homens, treinados desde o nascimento para colaborar com sistemas de destruição. Como mulheres, temos uma perspectiva diferente, baseada em nossa capacidade de carregar uma nova vida e dar à luz, além de cuidar dela. Ainda que os pais das nossas crianças sejam incapazes de expressar ou receber amor, elas precisam ser amadas por nós, e podemos aceitar o amor que nos oferecem. Feridas passadas podem impedir-nos de fazer isso como deveríamos, mas sabemos, ao menos, o quanto nosso amor é necessário.

Em Greenham, junto às árvores, em meio às velas acesas, cantamos:

> *Espírito não morre.*
> *Ela é como a montanha,*
> *Velha e forte.*
> *Ela permanece.*

Uma sensação de paz nos envolveu. Foi um momento poderoso – para mim, especialmente: era a primeira vez que eu tratava o Espírito de "ela". A partir daquele momento, no bosque de Greenham, eu soube que o Espírito seria sempre "ela". Acordei para uma espiritualidade inteiramente nova, na qual a Deusa está viva e de volta à consciência humana. Ao abrir espaço e deixar para trás as escoras em que se apoiava minha crença no divino, experimentei uma forma desconhecida de espiritualidade que, saindo do vazio da memória, saltou diante de mim.

Na época, eu não sabia descrever esse conhecimento interior de quem era Ela – apenas minha experiência como mulher. Não havia livros que tratassem da Deusa com palavras atuais. Ela estava tão velha e morta quanto as culturas que em tempos remotos a honraram. Mas eu sabia que Ela estava viva e era real em mim. Meu coração ansiava por conhecê-la.

Os mitos antigos sobre a Deusa, que começáramos a ler em nosso grupo de mulheres, subitamente ganharam significado: não eram mais mitos antigos e áridos. Lendo sobre Demétrio e Perséfone, compreendi o mito e o senti vivo em mim pela primeira vez. Em homenagem a duas mulheres da nossa comunidade, que haviam abandonado a família para viver na lama de Greenham Common, escrevi uma peça sobre a história dos dois personagens. A peça, que encenamos na sala de reuniões de Glastonbury, traçava um paralelo entre o mito e o que acontecia em Greenham: comparei o submundo de Plutão ao complexo industrial-militar alimentado pela morte que sustenta as sociedades modernas. No início de 1984, nasceu meu filho. Meu enorme coração logo preparou um lugar querido para ele, junto ao grande amor que sentia por minha filha.

Comecei, então, a ler e a estudar outros mitos de deusas, encontrando formas de transportar histórias antigas, de tempos patriarcais, para os dias de hoje. A Deusa passou a falar comigo como uma voz interior e por meio de formas e seres da paisagem sagrada de Glastonbury e Avalon. Ouvi o que Ela disse e segui suas instruções. Acreditei que a sabedoria da minha intuição era a energia que me orientava a vida. Experimentei o poder da auto-expressão e da criatividade, para a cura de antigas feridas.

Durante 13 anos escrevi várias histórias sagradas – algumas sozinha, outras em co-autoria –, que foram encenadas em Glastonbury. A encenação daquelas peças em honra da Deusa contribuiu para que Ela fosse reconhecida na comunidade, apesar de alguma resistência. Aprendi a apresentar as peças de maneira que atores e platéia se sentissem à vontade para se manifestar e experimentar a entrada da Deusa em suas vidas.

Foi então, quando eu já completara 42 anos, que a Deusa me trouxe o verdadeiro amor: um homem que queria o afeto que eu tinha para dar e precisava dele. Ele me ama pelo que sou. É uma bênção.

Por meio dessa e de muitas outras experiências, compreendi que era chamada pela Senhora de Avalon para servi-la, lembrá-la e trazê-la de volta ao mundo. Compreendi que meu lar era aquele solo sagrado, e como é importante honrar a terra onde se vive e seus ancestrais. A terra e os ancestrais devem ser honrados em todos os lugares.

Nos últimos vinte anos, a espiritualidade da Deusa expandiu-se, tornando-se uma das mais importantes razões pelas quais Glastonbury veio a ser um local de peregrinação. Lá, as pessoas sentem que podem encontrar a Deusa viva. Fiz parte do grupo que criou organizações de comunidades espiritualizadas para reconhecer a existência da Deusa, expressando sua presença, tanto quanto a de Deus, na vida diária. Todas essas organizações estimulam a expressão da criatividade e a aceitação das pessoas como são – com seus talentos ou falhas, divindade ou humanidade – e baseiam-se em dar e receber amor e compaixão.

Nestes vinte anos, minha compreensão da espiritualidade da Deusa cresceu e se aprofundou. Esta nova noção de espiritualidade é uma libertação. Não existem dogmas nem regras. Não somos constrangidos por um livro sagrado que diga o que podemos e o que não podemos fazer, em nossa jornada de amor com a Deusa. Cada pessoa, seja homem ou mulher, é incentivada a descobrir como desenvolver uma relação direta com a Deusa e com Deus, e a ser o que realmente é, expressando seu amor.

Atualmente, sou professora das Sacerdotisas de Avalon, mulheres e homens que se dedicam a servir à Senhora de Avalon, Deusa transformada que dirige o Paraíso Sobrenatural. Também ensino aos que quiserem ser médicos de almas a trabalhar com as energias da própria alma. Após tantos anos de jornada espiritual e de trabalho criativo com indivíduos e comunidades, aprendi que encontramos a paz interior quando partilhamos nosso amor e nos abrimos para aquele espaço de afeto e tranqüilidade que é a própria alma. Toda alma é uma com a Deusa, e carrega as mesmas energias. A expressão criativa dessas energias traz a paz interior.

A paz não é a fuga às provações impostas pela vida, mas a expressão da nossa natureza em toda sua simplicidade e complexidade. Assim como a Terra se move em torno do Sol, criando o dia e a noite, o Deus e a Deusa são luz e escuridão, criação e destruição, em uma eterna espiral de vida. Reconhecemos a necessidade de explorar nossos abismos ocultos e nossas alturas transcendentes, de nos engajarmos na vida. Aprendemos que as chamadas emoções negativas, como ódio, tristeza e raiva, escondem feridas profundas, que devem ser trazidas à superfície para serem tratadas. Ajudamos a criar condições seguras, de modo que a cura aconteça, para nós e para o outro. Compreendemos a importância de expressar os talentos especiais que a Deusa nos deu, para nossa realização.

Paz interior é aquele ponto sossegado que buscamos, bem no centro do redemoinho, no caldeirão que é a vida. A busca da paz e da estabilidade é uma jornada dinâmica e contínua, uma resposta a circunstâncias em constante mutação. À medida que nossas almas se expressam, partilhamos nosso amor com um número cada vez maior de pessoas, trazendo paz à vida e aos relacionamentos. Quanto mais tivermos paz interior, mais as sociedades serão pacíficas, bem como todos que delas fizerem parte.

Um aspecto importante da coexistência pacífica é sabermos haver um lar, um pedaço de terra, um cenário, uma nação, um mundo a que pertencemos. Segurança é saber que a Terra é nosso lar, que temos nossas raízes na Mãe Terra, que Ela é a fonte de tudo que temos. Tudo vem dela. Somos seus filhos, e ela nos ama a todos igualmente. Quando tomamos consciência de nosso relacionamento com ela, quando diariamente a honramos e expressamos gratidão por tudo que nos dá, ficamos mais seguros. Esta é uma prática essencial em comunidades indígenas que coexistem pacificamente na Terra há muitos e muitos anos; é uma prática que precisamos adotar com urgência.

As mudanças na tecnologia – em especial as do último século – abalaram nossas vidas, antes passadas em um único pedaço de terra, que conhecíamos e amávamos. Agora, somos viajantes e migrantes. Vamos de um lugar a outro, mudando de emprego ou de casa, ou tocados pela guerra, pela doença ou pela fome. Muitos voltaram a ser verdadeiros nômades, embora sem a constante migração em busca de alimento e novos pastos. São os sem-teto, os sem-raízes, os sem-amigos, os solitários, obrigados a deixar a terra onde viviam. Tudo isto cria uma profunda insegurança.

A paz acontece quando fincamos raízes na terra e encontramos nosso lugar neste belo planeta. E se nascemos aqui, é porque aqui existe um lar para cada um de nós. É nosso direito. Quando nos esquecemos de que o importante é o amor, que a posse da terra é temporária, que nossa missão é guardar a natureza, preservando a diversidade e a abundância da vida, nós nos tornamos territorialmente agressivos. Quando nos esquecemos de amar uns aos outros e reivindicamos terras e riquezas, nós nos tornamos nacionalmente agressivos. Quando acreditamos que a revelação que tivemos do divino é a única e forçamos os outros a aceitar a nossa verdade, nós nos tornamos religiosamente agressivos.

Estas formas de agressão permanecem no centro das culturas patriarcais que dominam o mundo atualmente. Elas negam o amor, a essência do que somos. Elas satisfazem a cobiça e a ânsia de poder de poucos, em prejuízo de toda a humanidade. A Mãe Terra vem respondendo, aos abusos que lhe impomos, com alterações no clima e no solo que ameaçam a nossa sobrevivência como espécie. Muitas das nossas sociedades estão falidas, e as pessoas estão assustadas, deprimidas, desesperadas. A possibilidade de um futuro de paz parece muito, muito remota.

Quando nascemos, nosso estado natural é em paz com a mãe e o pai humanos, sobre a Mãe Terra. Nossa natureza essencial é nos sentirmos em casa e em paz na Terra, amando a todos que encontramos e sendo amados por eles. Muitas condições desafiam essa natureza básica. Todos encarnamos trazendo as sementes do nosso carma pessoal, bem como o carma da raça e nação a que pertencemos. A paz e o amor que experimentamos junto ao seio da mãe pode desfazer-se diante das dificuldades. A vida nos ensina. É por meio dela que podemos recuperar a paz a que temos direito: abrir o coração para o amor, buscar a cura e aprender a coexistir em paz com todos que nos rodeiam.

Em todo o mundo, enquanto vizinhos e nações tentam se entender, muitos indivíduos iniciaram uma jornada em direção à paz em seu coração e nos locais onde vivem. Muitos começaram um trabalho consciente de cura para eles mesmos e para os outros. Existe um crescente desejo de amor e paz que tem o poder de mudar o mundo. Vai chegar o dia em que a subida do povo na escada da hierarquia reverterá a maré de destruição visível em nosso planeta.

Coexistência pacífica significa amar e aceitar as pessoas como são, em suas várias fases do processo de cura. Significa abandonar a arrogância de dizer: "Eu sei o que é melhor para você". Significa agir com humildade, com a certeza de que não sabemos nem entendemos tudo. Isto quer dizer que, ao seguirmos nossa inspiração, sentimos segurança suficiente para deixar que os outros sigam as suas. Quando fazemos o que consideramos certo, deixamos que os outros façam o que é certo para eles. Estamos em uma jornada de amor ao mesmo tempo individual e coletiva, pelo corpo da Mãe Terra – um lugar maravilhoso para se aprender a amar e coexistir em paz.

Kathy Jones – Britânica. Escritora, ritualista, curadora, professora, iniciadora e sacerdotisa de Avalon. É autora de vários livros: *The Goddess in Glastonbury*; *The Ancient British Goddess*; *In the Nature of Avalon*; *Spinning the Wheel of Ana*; *Chiron in Labrys: An Introduction to Esoteric Soul Healing* e de *Breast Cancer: Hanging on by a Red Thread*. É organizadora da *Glastonbury Goddess Conference*. Cofundadora do *Glastonbury Goddess Temple*, da *Isle of Avalon Foundation* (Centro esotérico de ensino), da *Library of Avalon* e do *Brigit Healing Centre*. Professora de *Priestesses and Priests of Avalon* e *Esoteric Soul Healers*.

Sabedoria Feminina para Promover a Paz

Mirella Faur

Um mito comum a muitas culturas, religiões e tradições espirituais diz respeito à existência de uma Idade de Ouro, período que corresponde a uma das quatro idades da mitologia clássica e é definido como a "perfeição dos começos", no qual a humanidade vivia em paz, harmonia e abundância.

Na Bíblia judaico-cristã, menciona-se o Jardim do Éden, onde o casal primevo vivia em perfeita harmonia consigo mesmo e com a Natureza, antes de ser expulso do Paraíso por um Deus punitivo e severo, que decretou o "pecado" da mulher como causa do sofrimento da humanidade e a castigou com sua inferiorização e subserviência do homem[1].

O texto clássico chinês Tao Teh Ching descreve um outro período harmonioso da Terra, quando o princípio feminino – Yin – era o pólo complementar do masculino – Yang –, sem ser, todavia, por ele dominado. Honrava-se Tao, a Ordem Cósmica, a lei da harmonia primordial que tudo permeava e que estava refletida no todo e em todos. Quando nasciam, todos os seres e todas as coisas Dela emergiam, a ela retornando após a morte. Tao era infinita e imensurável, não era limitada nem pelo tempo, nem pelo espaço; ela criava tanto a forma, quanto sua ausência, o vazio. Era reverenciada como "O Coração Imortal, a Misteriosa Mãe Fértil, Criadora do Céu, da Terra, de tudo que existia,

---
[1] Eisler, Riane. *O Cálice e a Espada*. Rio de Janeiro: Imago, 1989.

visível e invisível", cuja essência era eterna e toda abrangente, imutável, e se encontrava em movimento perpétuo. Enquanto Tao reinou, a humanidade viveu em paz e prosperidade; a Terra foi honrada e a mulher, respeitada.[2,3]

O poeta grego Hesíodo mencionou uma "raça dourada", que cuidava da terra em "paz e tranqüilidade", até ser dominada por outra raça, que cultuava os deuses da guerra e invadia as pacíficas comunidades agrárias, instaurando a hierarquia e a dominação do poder masculino, a conquista da terra e a subjugação das mulheres – não mais respeitadas, mas aprisionadas como troféus dos conquistadores.

Outros poetas, como Virgílio, enalteceram o aspecto bucólico da tranqüila vida dos pastores e camponeses, considerando-a vestígio da Idade de Ouro, ao passo que escritores e filósofos declararam a cobiça pelo ouro como a causa dos males e da violência da Idade de Ferro. Sá de Miranda escreveu que "do branco ouro e da prata faz duras prisões de ferro", já o padre Antônio Vieira, inspirado pelos filósofos gregos, resumiu esta realidade mítica com palavras simples: "Enquanto no mundo não houve ouro, então foi a Idade de Ouro; depois que apareceu o ouro no mundo, então começou a Idade de Ferro"[4].

Com o passar do tempo e a substituição da tradição clássica pelo movimento romântico, começou a desvalorização da herança greco-latina e de toda sua riqueza mítica, ignorando ou ironizando qualquer menção a uma possível Idade de Ouro. As referências aos períodos em que homens e mulheres viviam em paz e harmonia eram consideradas fantasias. Os manuais de história davam ênfase à evolução da humanidade pelas guerras e conquistas, o poder e as vitórias pertencendo sempre às hierarquias masculinas. Os dogmas religiosos reforçavam cada vez mais a supremacia paterna (divina e humana), afirmando ter sido ordenada divinamente. A Igreja Cristã não somente permitia, como incentivava e abençoava, as guerras santas, ordenando e "premiando" a destruição dos vestígios espirituais e culturais do passado, considerados "heresias pagãs nocivas à alma cristã". Os livros científicos ou artísticos ignoravam os primórdios da civilização européia e a existên-

---

[2] Tzu, Lao. *The Tao Te Ching*. Tradução de Brian Walker. St. Martin's Griffin, NY, 1996.
[3] Baring, Anne; Cashford, Jules. *The Myth of the Goddess*. Arkana, England, 1993.
[4] A Grande Enciclopédia Delta Larousse. RJ, Delta, 1971.

cia das sociedades igualitárias que cultuavam a Grande Mãe, criadora, nutridora e sustentadora da vida e que desfrutavam de longos períodos de paz, abundância e respeito pela vida.

É fácil se compreender, atualmente, o motivo dessas omissões e das inúmeras distorções das verdades arcaicas. A história – à medida que era escrita e ensinada – pertencia aos escritores, filósofos e estudiosos homens, com escassas ou deturpadas referências ao culto da Deusa, à existência das sociedades matrifocais – gino e geocêntricas – e à participação das mulheres na criação e manutenção das estruturas sociais, culturais e espirituais dessas sociedades[5].

Assim como a história, a religião também ficou centrada no princípio masculino. Nos últimos quatro milênios, as principais religiões do mundo cultuaram somente o Criador. Apesar das diferenças entre conceitos, dogmas e práticas do judaísmo, islamismo e cristianismo, a Divindade Suprema é sempre personificada por arquétipos masculinos e a estrutura social, enfaticamente patriarcal. As poucas figuras femininas não são consideradas forças primordiais e criadoras; apenas desempenham papéis ou funções secundárias. No entanto, a origem dessas religiões – que atualmente prevalecem no cenário mundial – é relativamente recente (2000 a.C.), como demonstrado pelo crescente surgimento de provas irrefutáveis dos antiquíssimos cultos a uma Grande Mãe, a fonte criadora primordial, que era reverenciada do período paleolítico (50000 a.C.) até o fim da Idade de Bronze.[5,6]

A Grande Mãe foi a Suprema Divindade deste Planeta por pelo menos 50 milênios, venerada por seu poder de gerar, criar, nutrir, proteger e sustentar todos os seres. Representando a totalidade da criação e a polaridade da vida/morte, início/fim, masculino/feminino e luz/sombra, sua essência é imanente e permanente em todo o universo. Seus múltiplos aspectos e manifestações representam e reproduzem o ciclo evolutivo da natureza, a própria dança espiral da vida, desde o nascimento, crescimento e florescimento até a decadência, morte e renascimento. Cultuada na forma de inúmeras representações e nomes, conforme a cultura ou a época, a Deusa era a própria Mãe Terra, venerada

---

[5] Neumann, Erich. *A Grande Mãe*. SP, Cultrix, 1996.
[6] Markale, Jean. *The Great Goddess*. Inner Traditions, USA, 1999.

nos ciclos das estações, nos fenômenos da natureza, na beleza do céu, das estrelas, montanhas, águas, plantas e animais, a matriz primordial de todas as formas de vida.

Escritos antigos – sumérios e babilônios –, anteriores aos textos bíblicos, descrevem o paraíso como um "Jardim Mágico" onde a Árvore da Vida oferecia os frutos de ouro da imortalidade e todos os seres viviam juntos – e em paz. Essas descrições podem ser equiparadas às memórias ancestrais das sociedades paleolíticas e neolíticas, com suas comunidades matricêntricas e pacíficas, que cultuavam a Deusa, louvavam a mulher por seu dom de gerar a vida e viviam em harmonia com a natureza.

O Paraíso – em hebraico, pardes – simbolizava o "Jardim das Delícias" (ou Éden), onde corriam rios de leite e mel, uma clara alusão ao corpo nutridor e protetor da mãe – tanto no nível mítico, quanto no pessoal. O modelo psicológico do paraíso infantil é sua primeira experiência de amor, nutrição e proteção no colo materno. Depois do trauma do nascimento – quando se "cai", do abrigo seguro do ventre, no mundo traumático dos estímulos e sensações –, a criança necessita da compensação pelo "paraíso perdido", que apenas a mãe pode lhe dar*.

O desejo atávico de voltar para o útero – materno e divino – é evidente também nos antigos ritos funerários, como os do Egito, nos quais a tampa dos sarcófagos tinha a representação da Deusa Celeste Nut, arqueada sobre o morto e recebendo aquele espírito em seu ventre. Os povos indígenas entregam, até hoje, seus mortos ao ventre da Mãe Terra, orando para que Ela lhes dê cura, renovação e renascimento, pois acreditam que os seres humanos emergiram das entranhas da Terra 6. Em inúmeros mitos e lendas, o útero primordial é representado pela montanha sagrada, gruta, lago, fonte, portal, caldeirão ou cálice – todos símbolos sagrados da Deusa.

Recentes descobertas arqueológicas, bem como inovadores trabalhos acadêmicos das últimas décadas do século passado, forneceram evidências surpreendentes de que, ao contrário dos conceitos tradicionais e das teorias ensinadas nas escolas, a evolução histórica, cultural e espiritual da humanidade seguiu um caminho pacífico, equilibrado

---

* Ver nota de rodapé nº 1.

social e ecologicamente, sem ter sido permeado por guerras ou pelo domínio de um gênero humano sobre outro. Por milênios, as tecnologias básicas que serviram de fundamento para inúmeras civilizações foram desenvolvidas em sociedades isentas de violência, hierarquia, supremacia, dominação ou competição, caracterizadas pela linhagem matrilinear, pelo culto à Grande Mãe, por uma organização social igualitária e uma economia de parceria[7].

Nomes como Barbara Walker, Elinor Gadon, Mary Daly, Max Dashú, Merlin Stone, Monica Sjöo, Joseph Campbell, Robert Graves, E. O. James, Jean Markale, James Mellaart, Erich Neumann e Robert Patai, entre outros, lançaram luzes reveladoras sobre a nebulosidade que envolvia a pré-história e as origens do culto à Deusa. Porém, deve-se creditar principalmente a duas mulheres – Marija Gimbutas e Riane Eisler – o "desbravamento" das intricadas distorções e omissões que ocultavam evidências históricas sobre as pacíficas e igualitárias sociedades matriciais.

O fantástico trabalho – de campo e acadêmico – de Marija Gimbutas, contido em seus 20 livros e mais de 200 artigos, documentou, com inúmeras ilustrações, dados e comparações interdisciplinares, a existência de uma era matrilinear, entre 6500 e 3500 a.C., na região por ela denominada de Europa Antiga. Oriundas do período paleolítico e neolítico, sociedades matrifocais, agrícolas e sedentárias, igualitárias e pacíficas – cujo denominador comum era o culto à Grande Mãe – permaneceram naquela área até meados da Idade de Bronze.

A Europa Antiga estendia-se da Rússia até Creta – em direção ao sul –, Malta – seguindo para oeste – e o Mar do Norte, e englobava agrupamentos culturais diferentes, mas com o mesmo tipo de organização social, tecnologia, economia, comércio e arte. Todas essas comunidades eram desprovidas de fortificações e armas, evidenciando, assim, seu caráter pacífico e não-patriarcal.

Com base em escavações feitas em mais de três mil sítios arqueológicos e nas 30 mil esculturas e objetos ritualísticos e domésticos encontrados, Marija Gimbutas criou um novo ramo científico, chamado "arqueomitologia", que unia dados de dendrocronologia, datações com

---

[7] Zweig, Connie. *Mulher. Em Busca da Feminilidade Perdida.* SP, Gente, 1994.

carbono radioativo, mitologia comparada, textos históricos, etnografia, folclore e estudos lingüísticos.[8-10]

Assim, ela pôde comprovar que a cosmologia das sociedades matrifocais não era polarizada em princípios separados e opostos (masculino e feminino), pois estes coexistiam e se complementavam sem que um estivesse subordinado ao outro. A sociedade refletia a estrutura de um panteão governado pela Mãe (cósmica e telúrica) e por seu filho/consorte, cuja união se realizava pelo *hieros gamos* (casamento sagrado) e garantia a fertilidade da terra, dos humanos e dos animais. A Deusa era a divindade suprema e eterna, ao passo que os arquétipos masculinos, por serem ligados aos ciclos da vegetação, morriam e renasciam conforme as estações.

A união entre o Deus e a Deusa era um acontecimento sagrado e perene, celebrado anualmente nas festividades de plantio e colheita[11].

O simbolismo da Deusa era centrado nos mistérios da vida, da morte e do renascimento, tanto no nível mítico e humano, quanto na periodicidade da criação, qualidade da natureza e do universo, representada pelo "mito do eterno retorno", de acordo com o escritor Mircea Eliade[10]. A arte paleolítica representava a energia feminina por movimentos dinâmicos (ondas, espirais, círculos, serpentes, sementes, barcos, rodas solares), ao passo que no período neolítico apareceram as figuras antropomórficas e as estatuetas de mulheres com ventres e seios protuberantes, grávidas ou dando à luz. Foram encontradas imagens de Deusas Pássaros e Senhoras dos Animais ou Mães Divinas embalando seus filhos, bem como imagens de ovos cósmicos, serpentes e borboletas, jóias, ferramentas, objetos ritualísticos e caseiros. A arte centrada na figura multifacetada da Deusa reflete a estrutura social deste período em que as mulheres eram respeitadas e honradas como representantes terrestres da Deusa, a imagem religiosa central sendo da mulher que dava à luz ou amamentava seu filho. Não foram encontradas imagens de guerra ou dominação, nem armas ou cenas de guer-

---

[8] Gimbutas, Marija. *The Goddesses and Gods of Old Europe*. University of California Press, 1996.
[9] Gimbutas, Marija. *The Language of the Goddess*. Harper, San Francisco, 1991.
[10] Gimbutas, Marija. *The Living Godess*. University of California Press, 1999.
[11] Teurstein, Geog. *A sexualidade Sagrada*. SP, Siciliano, 1994.

ra, o que comprova que a vida, a fertilidade e a arte eram os traços predominantes das sociedades matricêntricas.[12, 13]

Paralelamente ao apogeu de prosperidade, convivência pacífica e perfeição artística das culturas neolíticas européias, no quinto milênio a.C. surgiu uma outra cultura no Sul da Rússia, que se expandiu posteriormente para o Leste. Provenientes das tribos indo-européias, estes povos – denominados de Kurgos por Marija Gimbutas – tinham um sistema social patrilinear e patriarcal, cultuavam deuses guerreiros, centravam-se na guerra e nas conquistas, eram exímios fabricantes de armas (flechas, espadas, punhais, escudos), possuíam características nômades e economia pastoril (criação de cavalos). Por meio de repetidas incursões e invasões no Sul e no Oeste, conquistaram – e, aos poucos, dominaram – os nativos e pacíficos povos europeus, impondo suas crenças, seus valores e seus sistemas (social e religioso).

Depois de alguns séculos, a Europa Antiga mudou sua estrutura social, passando da parceria igualitária para a androcracia, da linhagem matrilinear para o patriarcado, da orientação pacifista e do respeito pela vida, pela mulher e pela natureza ao culto da violência, à dominação pela força e à subjugação. Apenas em algumas regiões mais isoladas – como Creta, Malta e Sardenha – a cultura matrifocal e a civilização pacífica e de parceria persistiram até 1500 a.C. O último reduto do culto da Deusa e da reverência a seus valores foi Creta minóica, que aprimorou o antigo legado com expressão artística mais refinada e tecnologia avançada, únicas na civilização européia. Mas o enfoque principal da cultura cretense continuava sendo a glorificação da paz, harmonia, beleza e alegria de viver, bem como a participação igualitária e solidária de mulheres e homens na construção e preservação da sociedade e na celebração da vida.[1, 8-10]

A escritora Riane Eisler, em seu livro "*O Cálice e a Espada*"[1], denominou este tipo de sociedade igualitária e de parceria de gilania, palavra composta de *gyne* (o princípio feminino) e *andros* (o princípio masculino), unidos por objetivos e esforços comuns e equilibrados. Em Creta, assim como no período neolítico, as imagens de divindades fe-

---

[12] Eliade, Mircea. *O Mito do Eterno Retorno*. Edições 70, Lisboa, 1970.
[13] Campbell, Joseph. *Mitologia na Vida Moderna*. Rosa dos Tempos, RJ, 2002.

mininas estavam presentes em todos os lugares; as mulheres exerciam funções importantes e os cultos eram centrados na reverência à Deusa, à Natureza, à beleza e à harmonia da vida.

Todavia, o "poder letal da espada" dos conquistadores indo-europeus pôs fim ao reino pacífico e harmonioso do "cálice". Consagrou-se o poder de tirar a vida, não mais o dom de gerá-la ou nutri-la. Uma nova ordem social foi imposta, baseada na hierarquia e na autoridade masculinas, na subjugação e na dominação. O sexo da Fonte Criadora foi modificado, a Mãe tornou-se Pai, a Deusa foi transformada em consorte, filha ou amante dos deuses guerreiros, senhores dos raios, trovões e conquistas. Apesar da diferente origem das tribos invasoras, elas tinham em comum o sistema social, baseado na dominação, na tecnologia da destruição, na propriedade privada e no "culto do falo", a subjugação das mulheres pelos homens[14].

A queda de Creta marcou o fim da pacífica era matrifocal. Em toda a Europa, a sociedade, dominada pelos homens, tornou-se hierárquica e belicosa; os cultos e a simbologia da Deusa foram relegados ao ostracismo e, paulatinamente, ao esquecimento. Os princípios masculino e feminino – anteriormente pólos complementares da mesma unidade – foram separados e colocados em lados opostos. Enalteceu-se o Pai, renegou-se a Mãe: em nome do Pai, foram cometidos crimes inimagináveis que vitimaram, por séculos, as mulheres, declaradas "seres inferiores, sem alma e perpetuadoras do pecado original"[15]. O nome de Deus foi utilizado para creditar e justificar o código patriarcal e a inferiorização da Terra e das mulheres. Culparam-se as mulheres para que seu poder (espiritual, ancestral) fosse roubado e, assim, fosse consolidada a supremacia patriarcal. Os antigos símbolos da Deusa – os rituais para a fertilização da terra e a capacidade geradora, curadora e profética da mulher – foram demonizados. Pela sistemática inferiorização e perseguição da mulher, o patriarcado procurava apagar e denegrir os valores e os cultos da Grande Mãe: a serpente, símbolo sagrado da Deusa – que representava a renovação e a transmutação –, foi demonizada; o simbolismo da árvore da vida foi distorcido; a impor-

---

[14] Nicholson, Shirley. *O Novo Despertar da Deusa*. Rocco, RJ, 1993.
[15] Faur, Mirella. *O Legado da Deusa. Ritos de Passagens para Mulheres*. Rosa dos Tempos, RJ, 2003.

tância da sexualidade e da relação igualitária homem-mulher foi renegada. A mulher foi declarada responsável pelos males do mundo, um ser maldito, inferior, destinada a sofrer e ser dominada pelo homem. Ao passo que, na era matriarcal, comer da Árvore da vida significava adquirir sabedoria, a Bíblia cristã considerou este ato pecado mortal e substituiu a Árvore pela cruz do sofrimento. O amor sagrado (divino e humano) foi substituído pelo matrimônio – muitas vezes imposto ou forçado –, fundamentado no domínio masculino, na preservação do patrimônio e na obediência feminina[16].

Pela desconstrução e deturpação dos milenares conceitos matriarcais, pautados na paz, na prosperidade e na parceria igualitária, a era patriarcal de dominação e conquista – de outros homens, de mulheres e da própria natureza – foi legitimada. Os homens – como gênero – não foram os únicos responsáveis pela violência a eles atribuída, mas a maneira pela qual a identidade masculina foi criada e reforçada pelos conceitos e comportamentos de "heróis" e "super-homens"[14] – fundamentados em seus "direitos divinos", outorgados inicialmente pelos deuses guerreiros e depois pela interpretação tendenciosa dos preceitos bíblicos. Ao negar e anular a energia feminina (divina e humana), o patriarcado criou uma cultura destrutiva e exclusiva, centrada predominantemente na violência e na aniquilação, voltada para a morte e não para a vida. O atual desequilíbrio global não foi criado, nem está sendo mantido ou sustentado por mulheres: em todas as tradições femininas, a guerra e a violência eram inaceitáveis, por serem contra o dom da vida conferido pela Grande Mãe à humanidade, que se encontra oculto no ventre das mulheres[17].

Agora, que presenciamos o "poder letal da espada ampliado milhões de vezes pela energia atômica"[14], também vivenciamos o surgimento de uma nova consciência, pautada na valorização das antigas tradições e dos atributos do "cálice". O caos da civilização atual decorre da hipertrofia e do desgaste da estrutura patriarcal e dos sistemas sociais, morais, culturais e espirituais, excessivamente polarizados nos valores assim ditos masculinos. A dicotomia entre matéria e espírito,

---

[16] Muraro, Rose Marie; Boff, Leonardo. *Feminino e Masculino*. Sextante, RJ, 2002.
[17] Walker, Barbara. *The Woman's Encyclopedia of Myths and Secrets*. Harper, San Francisco, 1983.

razão e emoção, homem e mulher, levou à concepção do Universo como um sistema mecânico fragmentado, o meio ambiente visto como uma fonte inesgotável de recursos a serem explorados em função dos objetivos e interesses humanos, a prevalência das leis dos mais fortes.

A exploração da natureza anda de mãos dadas com a das mulheres: a mãe Terra mostra, com suas manifestações cada vez mais intensas e avassaladoras, que foi levada aos limites de sua resistência e paciência.

É necessário transcender as teorias científicas, as pesquisas tecnológicas e o pragmatismo para reconhecer a Terra como a Mãe de todos, um sistema vivo e complexo que entrelaça e liga todas as formas de vida à atmosfera, aos oceanos e ao solo, como tão bem demonstrou o cientista James Lovelock em sua teoria sobre Gaia (Cálice e a Espada e o Novo Despertar da Deusa).

O avanço tecnológico e cultural da civilização atual criou um complexo de superioridade que faz com que sejam desprezadas ou ignoradas as antigas culturas, suas cosmologias, suas cerimônias e seus valores. No entanto, esse pedestal de superioridade é falso e frágil, pois foi erguido à custa de atitudes e conceitos unilaterais que favorecem os valores do consciente e relegam ao inconsciente percepções, emoções, anseios e visões. A sociedade e a cultura patriarcais enfatizaram os valores e padrões ditos masculinos (competição, conquista, rivalidade, racionalismo, materialismo, dominação, violência) em detrimento ou rejeição dos valores e atributos ditos femininos (sensibilidade, receptividade, emotividade, compaixão, tolerância, proteção, nutrição, intuição). Como masculino e feminino não apenas definem o gênero, mas são características psicológicas comuns a ambos os sexos, em graus diferentes, como *anima* e *animus*, a supremacia dos valores, das atitudes e ações patriarcais está prejudicando a verdadeira expressão e identidade de homens e mulheres. As mulheres são mais atingidas pela dificuldade – criada e mantida pela dominação masculina secular – de reconhecer e expressar sua verdadeira identidade, suas crenças, percepções e necessidades. Os homens, ao perderem ou não encontrarem o contato com sua *anima*, fecham-se em estruturas rígidas, deixando-se escravizar pelo trabalho e pelo consumismo, pelas compulsões ou pelas evasões. As relações entre os gêneros se tornaram muito superficiais e precárias, oscilando entre a rotina insípida das obrigações familiares e a luta aberta pelo poder e suas nefastas conseqüências (brigas, traições, separações, omissões). São poucos os casais que conseguem revalidar o antigo modelo de parceria igualitária e solidária, aceitando sua complexidade psicológica, mutuamente respeitando sua identidade, honrando em si o Deus e a Deusa e tornando-se reais companheiros (*cum panis*, que comem do mesmo pão)[14].

Estamos assistindo a uma mudança de paradigmas nas relações e nos conceitos relativos ao masculino e ao feminino. Mas, para que isso se consolide de fato, deve-se desconstruir os conceitos que destroem a harmonia da união complementar das polaridades masculina e feminina e procurar encontrar – ou relembrar – antigos e novos símbolos e práticas de fortalecimento e equilíbrio[16].

O surgimento progressivo de uma dimensão feminina de Divindade na atual consciência coletiva está favorecendo o "retorno da Deusa" e a revalorização da sacralidade feminina.

Um número cada vez maior de mulheres e homens está questionando e refutando os conceitos e dogmas ultrapassados, que atribuíam à mulher uma condição espiritual e social secundária por causa do "pecado original" e da desobediência de Eva. O "retorno da Deusa" não postula a substituição da figura masculina de Deus por uma mulher sentada no trono celeste, nem a volta para conceitos, valores e comportamentos pré-históricos. A principal diferença entre a visão patriarcal do Pai e a vivência cotidiana da Mãe é a condição transcendente e longínqua do Criador e a essência imanente e permanente da Criadora, presente em todas as manifestações da Natureza. A Deusa retoma assim a regência dos processos orgânicos, das mudanças cíclicas e de todas as formas e manifestações da sua criação, atribuição intrínseca à sua essência e esquecida ou negada ao longo dos tempos.

A redenção da sacralidade feminina diz respeito tanto à mulher quanto ao homem. O dogmatismo espiritual patriarcal, que dominou e limitou a percepção do divino e a compreensão dos mistérios da vida e morte nos últimos quatro mil anos, fez com que se olhassem apenas o céu e o Pai como pilares de sustentação e redenção. A excessiva ênfase no masculino – manifesta no pensamento racional, analítico e científico – levou a humanidade a atitudes violentas e destruidoras que afetaram o equilíbrio global e planetário. Ao esperar respostas e soluções vindas "de cima", esquece-se de olhar para "baixo" e ao redor, o que distancia e aliena os valores, as tradições e as necessidades de nossa Mãe Terra e de todos nossos irmãos da criação. Para que os valores femininos possam ser plenamente compreendidos e vividos, e assim restabelecidas a paz e a parceria, são necessárias profundas mudanças em todas as áreas (social, política, educativa, cultural, econômica, familiar e espiritual). Uma nova consciência ecológica, pacífica e comunitária surgirá tão somente quando resgatada a conexão espiritual com a Mãe Terra, percebida, sentida e honrada a Teia Cósmica da qual todos fazem parte e assumida a responsabilidade em zelar por sua harmonia e por seu equilíbrio[15].

O reconhecimento do Princípio Feminino da criação deve ser uma busca de todos – homens e mulheres. No entanto, cabem às mulheres missão e responsabilidade maiores em razão de sua ancestral e profunda conexão com as energias e manifestações da Grande Mãe e da Terra. Ao reverenciar o corpo da Mãe Terra como seu próprio, as mulheres se sintonizarão com seus ritmos e ciclos e sentirão a agressão, a poluição e a devastação do planeta como uma injúria e uma violência pessoais. Assim, poderão empenhar-se, com maior convicção e eficiência, no combate aos atos de violência e de destruição, sabendo que a sobrevivência das futuras gerações – seus descendentes – dependerá do restabelecimento do equilíbrio e da paz planetária.

Foram os movimentos feministas e o ativismo político do século passado que iniciaram a restauração da energia feminina na *psique* da humanidade. O princípio *Yin* foi fortalecido, mas sua exarcebação ativou também a complementaridade *Yang* na estrutura psicológica e no comportamento das próprias mulheres. A faceta *Yang* do princípio *Yin* se manifestou nos conflitos e nas dificuldades de relacionamento – entre si, com os homens e com a sociedade – e na adoção de padrões masculinos (competição, rivalidade, desconfiança, compulsão pelo trabalho, ambição exagerada, consumismo, dependências). Simultaneamente, surgiu a necessidade de correção dos erros da "masculinização" do feminino por meio de iniciativas que reforçassem a essência do *Yin*, sem acentuar suas fragilidades e vulnerabilidades. Resgatando conhecimentos e tradições ancestrais, inúmeras mulheres começaram a se reunir em círculos e a celebrar seus "mistérios de sangue" e os festivais da

Roda do Ano, em reuniões nos plenilúnios ou pela simples reverência às inúmeras faces e manifestações da Grande Mãe, refletidas nas formas da natureza, no movimento das águas, no rodopiar dos ventos ou nas chamas das fogueiras[18].

Enquanto as feministas e as ativistas políticas provocavam mudanças sociais, políticas e culturais – questionando e rejeitando as antigas definições sobre os papéis, as atuações e os direitos masculinos e femininos –, as mulheres empenhadas na prática e na divulgação das tradições espirituais e mágicas de suas ancestrais abriram as portas para a mudança de consciência. Ambas as correntes – a política e a espiritual – aumentaram a percepção, a compreensão e a evolução de todos os que estavam dispostos a retirar "as vendas" e a abrir os olhos para novos pontos de vista, novas escolhas e opções de vida. Enquanto as ações políticas propunham diferentes abordagens para os problemas da sociedade e ofereciam novas direções e possibilidades de valorização das mulheres, a espiritualidade feminina trazia um novo enfoque para a compreensão e a vivência dos "mistérios". Essa espiritualidade – a tradição da Deusa – está baseada nos princípios da imanência – cada ser humano é uma manifestação da energia vital da Mãe Terra, por isso todas as formas de vida e a diversidade da natureza são sagradas; da interdependência – todos os seres são conectados e interligados na grande teia cósmica, fato que exige de todos nós maior responsabilidade, compaixão e atuação para o bem do todo; do espírito comunitário - não apenas em relação aos humanos, mas a todos os seres vivos e a todos os sistemas de energia – e do retorno aos círculos de cura, celebração, conselhos, apoio e transmutação[19].

Essas duas vertentes – do feminismo político e da espiritualidade feminina – fluíram de forma independente ao longo das últimas décadas do século passado até encontrarem um "ponto de convergência", a partir do qual uniram seus esforços na construção de uma "nova antiga" tessitura de irmandade, solidariedade e atuação feminina. O ressurgimento das antigas tradições e práticas espirituais femininas – que constituem o assim chamado "retorno da Deusa" – tem direcionado

---

[18] Faur, Mirella. *O Anuário da Grande Mãe*. Guia Prático de Rituais para Celebrar a Deusa. Gaia, SP, 1999.

[19] Starhawk. *A Dança Cósmica das Feiticeiras*. Nova Era, RJ, 1993.

a nutridora energia feminina ao equilíbrio e cura das nefastas conseqüências do excessivo e agressivo uso da energia masculina. Para a transformação, a cura e a pacificação planetária, é indispensável o balanceamento das polaridades feminino/masculino, Pai/Mãe, Céu/Terra. O "casamento sagrado" que era celebrado pelos nossos antepassados deverá ser relembrado e realizado em três níveis: dentro de nós – equilibrando as polaridades, o *anima* e *animus*; na sociedade – criando condições para que círculos e grupos de homens e mulheres trabalhem em conjunto para criar harmonia e paz; e no nível sutil, espiritual e cósmico, atraindo e direcionando harmoniosamente as energias celestes e telúricas, do Pai e da Mãe, dos Deuses e das Deusas[20].

Uma grande contribuição para a transformação das consciências e para a união de mulheres em bases de confiança, solidariedade e irmandade foi trazida pela escritora Jean Shinoda Bolen[21]. Ela se baseou na mundialmente aclamada "Teoria dos Campos Morfogenéticos", do biólogo Rupert Sheldrake, que os define como campos que atuam de forma semelhante aos campos magnéticos e que possibilitam que influências pretéritas, na base da similaridade, afetem acontecimentos presentes. Esta hipótese levou à "Teoria do Centésimo Macaco", de que cada espécie possui um tipo de memória coletiva, alimentada e compartilhada por cada um de seus componentes simultaneamente. Bolen parte dessa mesma premissa, de que uma mudança no comportamento da sociedade irá ocorrer quando um número crítico de pessoas mudar seus conceitos, suas atitudes, seus valores e seus objetivos. Para que a rígida estrutura patriarcal seja amenizada pela sabedoria e compaixão femininas – o que favoreceria, por sua vez, a pacificação planetária –, deverá haver um número cada vez maior de Círculos de Mulheres, até que se alcance a mudança almejada com o Milionésimo Círculo. O planeta necessita – para seu equilíbrio, para sua cura e sua transformação – da energia feminina que se materializa nos círculos, sistemas perfeitos, pois são arquétipos naturais, desprovidos de hierarquia e pautados em valores de parceria igualitária e solidária. Em círculos – de cura, apoio mútuo, trabalho, aprendizado, celebração ou oração –, as mulheres resgatam sua ancestralidade, força, criatividade, coragem,

---

[20] Starck, Marcia. *A Astrologia da Mãe Terra*. Pensamento, SP, 1999.
[21] Bolen, Jean Shinoda. *O Milionésimo Círculo*. Taygeta Trion, SP, 1999.

espontaneidade, capacidade de cura e sabedoria inatas. Elas se sentem à vontade para se expressar, rir, chorar, dançar, trabalhar, criar, ensinar, aprender e compartilhar a riqueza do legado ancestral. Os círculos podem ser temáticos ou espontâneos, programados (em função de uma agenda ou propósito) ou ocasionais, podem-se reunir em locais especiais ou simplesmente nas casas das integrantes ou na natureza, e podem ser formados por mulheres de todas as idades, de todos os níveis sociais ou culturais, das mais diferentes profissões, crenças ou religiões.

Uma vez criados, os círculos permitem o surgimento de novas propostas, modelos e funções; atuam como mandalas sutis que vão expandir o campo mórfico pelas energias a ele agregadas. Sua função é despertar os arquétipos femininos esquecidos, reprimidos ou adormecidos e alinhar mentes, corações, espíritos e ações para que sejam encontradas soluções que visem à profunda cura, regeneração e transmutação das feridas patriarcais na *psique* e alma femininas.

Cada círculo representa uma experiência diferente e desafiadora para o autoconhecimento, aprendizado e transformação individual. Seus efeitos não se restringem apenas ao nível pessoal, mas vão além e se refletem e agem nos relacionamentos e nas situações do mundo exterior. Quando alguém se conhece melhor, fortalece-se, cura, renova e cresce. A mulher que pertence a um círculo pode catalisar energias de transformação positiva para as estruturas familiar, social, profissional, política e espiritual das quais faz parte. Ao se reunirem em círculos, as mulheres modernas – assim como suas ancestrais, que pintavam linhas ondulatórias nas paredes das grutas onde se reuniam para celebrar seus "mistérios de sangue" e para buscar as orientações intuitivas e espirituais de cura e sobrevivência de suas comunidades – podem criar ondas concêntricas de atuação a distância que, ao se espalharem, irão provocar mudanças – sutis ou visíveis – nas áreas problemáticas ou difíceis de suas vidas, seus relacionamentos, no seu trabalho ou em sua realização espiritual.

Nos círculos, as mulheres se sentem protegidas e seguras e podem abrir seus corações e mentes. Com a exposição de suas dificuldades, elas podem clarear seus pensamentos, enxergar novas possibilidades, descobrir e fazer uso de seus recursos criativos – sutis e energéticos – para curar e transformar, não apenas a si mesmas, mas a seus entes queridos e todo um passado de dor, opressão, humilhação ou violência (racial, ancestral, familiar ou pessoal). Os círculos também oferecem apoio e orientação para a retificação dos comportamentos passivos, complacentes ou submissos das próprias mulheres, que favorecem a perpetuação do *status quo* patriarcal e hierárquico (familiar, profissional, cultural, social e político).

A mulher atual, ao se confrontar com os condicionamentos limitantes impostos pela educação e pela estrutura sociofamiliar e deles se libertar, poderá melhor perceber sua programação negativa como "filha do Pai" e descartar os vestígios do "patriarcado interior". Ao se reconectar com sua essência, iniciará a jornada de sua expansão espiritual e reencontrará o caminho que a leva de volta à sua verdadeira origem e fonte: a Mãe Divina – celeste, telúrica e ctônica.

O hábitat do ser humano, a Mãe Terra, encontra-se em um ponto crítico e é vital que "as filhas da Grande Mãe" se empenhem no resgate, na prática e na divulgação dos valores, das tradições e dos ensinamentos da Sacralidade Feminina. O verdadeiro Graal – aquele que trará a cura para a violência, a devastação e a poluição do planeta, para o sofrimento da humanidade, e restabelecerá o equilíbrio e a paz – não é o cálice que contém o sangue do sofrimento, mas o coração da Grande Mãe, pleno de amor e compaixão, símbolo sagrado e ancestral da capacidade feminina de curar a "terra devastada"[21].

Uma nova era planetária deve ter como fundamento o poder do amor amparado pelo respeito à vida, direcionado pelos esforços pessoais, coletivos e globais para criar – de fato – as condições necessárias à sustentabilidade e à preservação da vida e ao estabelecimento e à manutenção da paz.

Apaziguar a si mesmo, pacificar seus relacionamentos, vencer o separatismo, honrar a interdependência de todos os seres, evitar qualquer forma de violência, dominação pelo poder, competição ou discriminação são os desafios do homem contemporâneo, tanto no micro – do seu cotidiano individual – quanto no macro – do cenário global.

E compete às mulheres a tarefa de tecer uma nova padronagem para o bem-estar natural, social, econômico, político e espiritual do planeta, lançando mão da força poderosa do amor, que desperta e expande as mentes, toca e apazigua os corações. Ao se reconhecer e honrar a inter-relação de todas as formas de vida, o Amor – pessoal, transpessoal, universal – torna-se uma ferramenta para a reeducação e a mudança dos sistemas conscientes e inconscientes das crenças patriarcais. O poder expansivo e inclusivo do amor transcende o separatismo, transmuta medos e sombras, promove a gratidão pelas dádivas da Terra e fortalece a união de mentes e corações, de homens e de mulheres que cultivam novos valores e objetivos.

A nova realidade será o resultado da ativação e da expansão dos campos mórficos, da repetição de ações e de pensamentos positivos, construtivos e regeneradores por um número crítico de pessoas. Os círculos de homens e mulheres poderão criar uma nova egrégora de sinergia, entrando em comunhão entre si, com os outros, com a Mãe Terra, elaborando padrões inovadores de comportamento e interação.

Ao ser ativada a reação em cadeia da expansão da consciência individual, fundamentada na parceria entre gêneros e a interação dos planos energéticos – celestes, telúricos e ctônicos –, criar-se-á uma massa crítica suficiente para catalisar a transformação e a evolução da consciência planetária. Os problemas mundiais não serão resolvidos pela tecnologia ou pela ciência: somente uma elevação dos níveis de consciência da humanidade e o compromisso conjunto de homens e mulheres poderá conduzir à descoberta e ao uso de soluções pacíficas que visem ao bem de todos e do Todo e por ele se responsabilizem.

As mulheres percebem com maior acuidade o sofrimento do mundo, pois "a dor e as experiências de uma mulher refletem fragmentos da vida de outras mulheres"[15]. A natureza feminina é mais permeável à vivência e à compreensão da dor, qualquer que seja sua natureza, o que torna as mulheres mais aptas a sentir e a expressar a compaixão. No entanto, não basta irmanar-se na dor: as mulheres contemporâneas devem descobrir e praticar um ensinamento budista, da *Mudita*, de "alegrar-se com o sucesso, as conquistas e a sorte dos outros". Somente assim as mulheres, independentemente de filiação cultural, política, econômica ou espiritual, poderão mobilizar seus recursos inatos e agir como agentes vivos de transformação do mundo.

Em vez de apenas chorar as perdas e as dores, lamentar a destruição das florestas, a extinção das espécies, a violência e a degradação de mulheres e crianças, a negação da sacralidade da vida e da reverência ao Sagrado Feminino, os círculos e os grupos de mulheres devem transformar sua dor, sua ira e sua revolta, seu choro e seus lamentos, em ações firmes orientadas a propósitos comuns.

Ao se curarem, as mulheres também poderão curar os outros e melhor educar as futuras gerações e corrigir, assim, os padrões familiares e sociais corrompidos. Apenas honrando seus corpos, respeitando suas necessidades emocionais e fortalecendo suas mentes é que as mulheres irão recuperar sua força interior, desenvolver seus dons, realizar seus sonhos, compartilhar sua sabedoria e trabalhar em conjunto para curar e beneficiar a humanidade e a Mãe Terra.

Para que se possa criar e manter uma nova cultura – a "Cultura da Paz" –, deve-se buscar a interação harmoniosa, igualitária e solidária do masculino/feminino, do Pai/Mãe, do Deus/Deusa, da fé/razão, da ciência/religião, da tecnologia/ecologia. Somente assim se poderá criar uma ponte entre o velho e novo, de forma a aproveitar o aprendizado do passado e evitar a repetição dos erros.

Um engajamento coletivo e global deverá traçar programas em longo prazo que beneficiem não apenas a geração atual, mas que também levem em conta a sabedoria dos povos indígenas – que atribui a uma geração a responsabilidade pelas próximas sete gerações.

Ao relembrarem o legado da sabedoria ancestral, homens e mulheres poderão agir de forma responsável, consciente e solidária a fim de restabelecer a paz e o respeito entre todos os seres. Assim, poderão recriar a harmonia e a igualdade originais, devolvendo o equilíbrio e a abundância à Terra.

Mirella Faur – Romena, naturalizada brasileira. Química farmacêutica. Dedica-se, desde 1968, a estudos metafísicos e espirituais, à prática da astrologia e a métodos oraculares, vivências e práticas xamânicas, estudo dos mitos, lendas e rituais das antigas tradições da Deusa. Desenvolve círculos de mulheres visando ao despertar e à vivência da força espiritual feminina. Autora de dois livros: *O Anuário da Grande Mãe. Guia prático de rituais para celebrar a Deusa* e *O Legado da Deusa. Ritos de passagem para mulheres*.

Cuidar da Paz

Roberto Crema

Neste tempo-espaço de aceleração de processos transformacionais, locais e globais, a violência pode ser compreendida como um sintoma de uma humanidade enferma, em grande medida, num processo evidente de declínio, sob o peso de suas próprias contradições. Testemunhamos no século XX, perplexos e horrorizados – entre outras cerca de três centenas de conflitos bélicos, tão dementes quanto, embora menores –, a duas guerras mundiais, com um intervalo de apenas 21 anos entre o término da primeira e o início da segunda.

Como se não bastasse, iniciamos o novo milênio e o novo século, na leitura de muitos pesquisadores de cenários, na fatídica data de 11 de setembro de 2001, com a gélida face do terror. Um evento, trágico e redefinidor, que entra na história da comunicação como o que mais constelou a atenção do público mundial. E que se desdobra num imenso e ensangüentado campo de batalha, onde se busca eliminar a violência com uma violência maior. Desde então, as pessoas mais sensíveis e dotadas de um mínimo de escuta e de visão se perguntam: *Onde nos perdemos? Como a educação fracassou? O que é uma pessoa educada? O que é um país realmente desenvolvido? De onde brota, enfim, tanta demência e violência?*...

A violência pode ser considerada um sintoma, estridente e doloroso, de uma doença maior da humanidade: a ignorância existencial e o esquecimento do Ser. Nos últimos séculos, através do exercício de uma razão excludente e imperialista, hipertrofiamos a mente analítica, que divide e fragmenta, gerando todo tipo de fronteiras, onde transcorrem os conflitos e dilaceramentos. Já que *diabolos* é um termo grego que significa o que divide e dissocia, nossa crise tem uma característica diabólica. O seu oposto é o *symbolos*, o fator simbólico do sagrado, que religa e restaura a inteireza. Sofremos de uma anemia da inteligência simbólica, da consciência subjetiva e intersubjetiva, de uma atrofia da mente sintética e conectiva, da perda da consciência de comunhão.

Eis a constatação óbvia: nós agredimos alguém quando nos sentimos dele desconectados. Nós excluímos o outro por nos sentirmos dele separados. Seja num campo de futebol ou na arena internacional, a violência é uma função das fronteiras: quanto mais nos sentimos desvinculados, mais buscamos nos defender, o ataque passando a ser justificado pela ameaça do fator estranho, daquilo que julgamos não nos dizer nenhum respeito. Neste contexto, a consciência de participação e de comunhão adquire o valor de um preceito ético imprescindível.

A violência brota de um tipo de alienação normótica, que Pierre Weil[1] denomina de *fantasia da separatividade*. O ego representa o *diabolos* por excelência, fator básico da separatividade pessoal, que se encontra na fonte mesma da violência individual, social e ambiental. Portanto, o egocentrismo pode ser considerado a causa comum de todo tipo de violência. E, naturalmente, não será com a lógica do ego que resolveremos este dilema, por ela mesma criada. Assim, uma terapia para a paz solicita, inexoravelmente, o resgate da dimensão transpessoal, da consciência simbólica inerente a uma mística, que se traduz pela consciência não-dual, geradora do amor e do serviço em movimento.

Transcender o ego não significa negá-lo, destruí-lo ou suprimi-lo Trata-se de sujeitá-lo ao *Self*, abrindo-o para o oriente do Amor e do Ser. Como afirma a sabedoria hindu, *o ego é o melhor empregado e o pior patrão!...* A primeira tarefa, no processo da individuação, proposta por Jung[2], é desenvolver um bom ego, enraizado no solo da cidadania, curado de suas feridas, pacificado em seus conflitos, apaziguado em seus temores.

Só podemos transcender o que foi reconhecido, aceito, desenvolvido e integrado. Só superamos o que já foi conquistado. O diabólico necessita ser orientado pelo simbólico; o bisturi retalhador precisa ser conduzido pela visão totalizadora e norteadora, capaz de ver a *gestalt*, a totalidade, como afirma o sábio axioma holístico, *Pensar globalmente, agir*

---

[1] Weil, Pierre. *A Arte de Viver em Paz*. São Paulo: Ed. Gente, 1993.
[2] Jung, C. G. *A Prática da Psicoterapia*. Petrópolis: Vozes, 1981.

localmente. Para deixar de agir loucamente, convenhamos. De outra forma, seguiremos tudo rasgando e dilacerando, cega e violentamente, a exemplo das aplicações irresponsáveis da tecnociência, que tão bem conhecemos e sofremos. O todo descansa na parte e a parte só tem um sentido pelo todo. O um da unidade e o dois da dualidade são transcendidos no três, da Aliança: unidade diferenciada ou diferenciação unificada. Esta boa parceria da análise e da síntese, do diabólico e do simbólico nos conduz a uma inteligência da Trindade, arejada pelas energias do Amor, este mistério que nos vincula, realçando a alteridade de nossos semblantes. *Ninguém é uma ilha, ninguém é completo em si mesmo. Cada ser humano é um pedaço do continente*, afirma o famoso poema de John Donne. Mais sábia e inclusivamente, observa Anne Lindbergh[3], que todos nós somos ilhas, unidas pelo mesmo oceano...

Necessitamos superar a polaridade pessoal *versus* transpessoal. Maslow[4] se referiu a quatro forças em psicologia e terapia: as duas primeiras, que surgiram praticamente ao mesmo tempo, são o *behaviorismo*, centrado no determinismo reflexológico, e a *psicanálise*, centrada no determinismo psíquico. A terceira força é o *movimento humanístico*, centrado no potencial humano de saúde, na sua tendência para o desenvolvimento e para a auto-regulação. Para este autor, esta seria uma força de transição para uma quarta força, transumana, centrada no cosmo e nos ampliados estados de consciência: o *movimento transpessoal*.

Compreendo que a quarta força foi um movimento compensatório, de resgate do fator transpessoal, após um século de uma psicologia exclusivamente a serviço do pessoal. Representa, também, uma dinâmica de transição para uma *quinta força*, centrada na inteireza, que integra a dimensão pessoal à transpessoal, o diabólico ao simbólico, as raízes às asas, a análise à síntese: *o movimento transdisciplinar holístico*[5]. A abertura para o supra-humano pressupõe um bom enraizamento no infra-humano, no coração do fenômeno humano. Esta ponte que liga a terra ao céu, porta-voz de todos os reinos da Totalidade, o sacerdote cósmico, vislumbrado por Chardin, que facilita que o próprio Universo se mire, se conheça, se integre, se rejubile.

---

[3] Lindbergh, A. M. *Presente do Mar*. Belo Horizonte: Crescer, 1997.
[4] Maslow, A. *Introdução à Psicologia do Ser*. Rio de Janeiro: Eldorado, s.d.
[5] Crema, R. *Antigos e Novos Terapeutas*. Petrópolis: Vozes, 2002.

Segundo André Chouraqui[6], a palavra hebraica para a paz, *shalôm*, é próxima de *shalem*, que significa *inteiro*. O que indica que a paz é uma emanação natural de uma inteireza lograda. *A paz não é a ausência da guerra, mas a plenitude da existência humana, na fecundidade de todo o ser e na contemplação de IHVH*, afirma Chouraqui.

A tarefa imprescindível é resgatar a inteireza e a grandeza da alma. *Tudo vale a pena, se a alma não é pequena*, afirma o poeta Pessoa. *Mahatma* significa, em sânscrito, *grande alma*. Este foi o marcante testemunho do ícone de humanidade, que conhecemos como Mahatma Gandhi, que venceu o bom combate pela paz, utilizando apenas duas armas brancas: *ahinsa* e *satyagraha*, ou seja, não-violência e veracidade. É importante destacar que, para Gandhi, existiam dois tipos de violência: a ativa e a passiva. A última, que se traduz pela inércia e pelo conformismo, é a mais destrutiva, o que ele indicava quando afirmava preferir um violento ativo a um covarde!

Neste sentido, importa refletir sobre o que, com Leloup e Weil[7], denominamos de *normose*, a patologia da normalidade. Caracterizada pela adaptação a um sistema dominantemente desequilibrado, mórbido e pela estagnação evolutiva, um aspecto terrível da normose se traduz pela violência passiva: nada fazer, diante dos descaminhos da humanidade. Cruzar os braços, indolentemente, diante de escândalos absurdos como o da exclusão, injustiça, corrupção e destruição dos ecossistemas planetários. Neste contexto, a pessoa saudável é a desajustada, dotada da capacidade de se inquietar, de se indignar, de se desesperar sobriamente...

Uma terapia para a paz, portanto, solicita uma dimensão *iniciática*, como a proposta por Graf-Durckheim[8], que possibilite um abrir passagem para as trilhas interiores que, do ego, possam conduzir-nos ao *Self*, do conhecido ao desconhecido, do finito ao Infinito, para que o dom da Essência se manifeste na existência, aberta à transcendência. Nesta perspectiva evolutiva, o humano é considerado um projeto inacabado, um germe de plenitude clamando por investimentos, para que floresça plenamente, através do processo da individuação. Pelo cultivo de

---

[6] Chouraqui, A. *A Bíblia, no Deserto* (Números). Rio de Janeiro: Imago, 1997.
[7] Weil, P.; Leloup, J-Y. e Crema, R. *Normose, a Patologia da Normalidade*. Campinas: Verus, 2003.
[8] Graf-Durckheim, K. *L'Homme et sa Double Origine*. Paris: Albin Michel, 1996.

uma ecologia do Ser, a paz poderá ser conquistada e irradiada para a ecologia social e ambiental.

O *Colégio Internacional dos Terapeutas – CIT –*, fundado em 1992, por Jean-Yves Leloup[9,10], constitui um solo fecundo para o desenvolvimento desta quinta força em terapia, que constela as virtudes conjugadas do rigor e da abertura, aliando o plano pessoal ao transpessoal, a existência com a essência, as raízes com as asas, a profundidade com a altitude. Foi pesquisando a origem da palavra terapeuta que Leloup se deparou com uma tradição hebraica, elogiada pelo grande hermeneuta Philon de Alexandria[11], denominada de Terapeutas. Há dois milênios, quando da passagem do judaísmo para o cristianismo, é inspirador constatar e resgatar o legado holístico destes sacerdotes do deserto, que exerciam também a função do filósofo, do psicólogo, do médico e do educador, praticando uma proto-abordagem transdisciplinar, uma ética de respeito à inteireza do composto humano e uma *práxis* centrada no cuidar da totalidade do Ser.

Alexandria, cujo nome evoca o grande conquistador que forneceu um impulso primordial ao que conhecemos, atualmente, como processo de globalização ou mundialização, foi um espaço privilegiado de encontro das culturas, ciências e tradições do Ocidente e do Oriente. Não estaremos vivendo, neste momento intensificado de transformação, em que podemos entrar em contato instantâneo, através desta torre de Babel virtual que é a Internet, com todas as linguagens, bibliotecas e formas de saber e de fazer – o que podemos metaforizar como uma Nova Alexandria? É no marco significativo desta transição de milênio e de emergência de um novo paradigma que está se articulando o que Leloup[12] denomina de *estilo alexandrino em terapia*.

No estilo alexandrino, a tarefa básica do terapeuta é a de cuidar para que a Grande Vida possa curar. Cuidar, sobretudo, da saúde e da plenitude, já que é a partir do que está bem e fluindo em nós que uma dinâmica curativa e evolutiva é impulsionada, de forma expansiva e integrativa.

---

[9] Leloup, J-Y. *Cuidar do Ser*. Petrópolis: Vozes, 1996.
[10] Leloup, J-Y. *Caminhos da Realização*. Petrópolis: Vozes, 1996.
[11] Filon de Alexandria. *Obras Completas*. Tradução de José Maria Triviño. Buenos Aires: Acervo Cultural, 1975.
[12] Leloup, J-Y. *Carência e Plenitude*. Petrópolis: Vozes, 2001.

Para cuidar, precisamos escutar. A escuta é o mais essencial medicamento. É uma grande arte, pois só realmente escuta quem é capaz de silêncio interior. De outra forma, os diálogos internos serão projetados, contaminando e adulterando o que se supõe escutar. A escuta não-projetiva é um bem precioso e raro, dos que cultivam a mente meditativa e contemplativa, nas trilhas do despertar para o Instante, a pátria da Presença.

Escutar é ouvir e, também, interpretar. Aqui nos deparamos com a ciência e arte da hermenêutica, que possibilita o desvelar de um sentido, muito além de meras explicações. O exercício de uma interpretação aberta e vasta ultrapassa o campo analítico, rumo ao universo sintético, dos significados íntimos, das sincronicidades, dos mergulhos nos abismos anímicos e noéticos, sem negligenciar a sabedoria dos velhos rabinos, afirmando que cada frase bíblica é suscetível de 72 interpretações! Assim, prevenimo-nos contra os malefícios de um certo analfabetismo simbólico, quando o conotativo se degenera em denotativo, com as armadilhas nefastas e mutiladoras dos fanatismos e fundamentalismos decorrentes, enfim, dos catecismos redutores e estupidificantes, sejam eles religiosos, ideológicos, psicológicos, psiquiátricos, pedagógicos... Eis uma virtude preventiva com relação ao absurdo da maioria das guerras contemporâneas!

Para cuidar, necessitamos também de uma ética da bênção. Abençoar é bem dizer; expressar uma boa palavra, jamais reduzindo o outro a um rótulo, a um mero objeto de análise. A pessoa não *é* doente; ela *está* doente. A doença é um momento de uma passagem, de um processo, de um devir. Ser Terapeuta é restituir o outro na condição de Sujeito da sua existência, de suas dores e louvores. Já que a informação tem uma função estruturante, o diagnóstico, aplicado de forma tecnicista e descuidada, pode ser um ato normótico, fonte de iatrogenia. É uma violência que pode modelar a própria doença proclamada, antes incipiente ou inexistente.

Abençoar é, também, bem olhar. Olhar para o outro na sua dignidade e integridade essencial, na sua nobreza de filho unigênito da Vida, dotado da originalidade de um semblante. Também o olhar é estruturante, para quem olha e para quem é olhado. Quando olhamos apenas para o pequeno e o disfuncional no outro, será isto que estaremos estruturando, nele e em nós mesmos, já que nos tornamos aquilo para o qual olhamos. Enfim, encontramos o que buscamos. O estilo alexandrino, sem deixar de acolher e de cuidar dos sintomas, privilegia e busca no outro o que ele tem de maior: o dom do Ser e a luz interior, muitas vezes esquecida e, mesmo, reprimida. A porta na qual se bate é a que abrirá, no tempo justo...

Como indica o mitologema de Caim e Abel, uma pessoa que se sente abençoada é pacífica e caminha docemente sobre a terra. Já o outro, que não se sente aceito nem abençoado, que calcula e inveja, é uma fonte de violência e de sofrimento. Caim é o arquétipo do ser que se sente renegado e excluído, no interior de si mesmo. Apenas uma terapia da bênção pode facilitar que ele se converta, retornando ao eixo de seu centro, o Paraíso Perdido do Amor. O que é verdade, também, com relação a todos os tiranos que contaminam a humanidade com o vírus do ódio, da iniqüidade e da ignorância existencial.

Assim como a paz não é ausência de combate, saúde não é ausência de sintoma. Como bem define a Organização Mundial de Saúde, é a presença de um estado de bem-estar psicossomático, social, ambiental e espiritual. Transcendemos, assim, a noção estreita e normótica de que saúde é uma área de dedicação apenas para médicos, psiquiatras, psicólogos, fisioterapeutas, enfermeiros... No CIT, consideramos três categorias de terapeutas, cujas ações são convergentes e complementares: a clínica, a social e a ambiental. Além da terapia dos indivíduos, carecemos de uma terapia de cunho social, que seja exercitada nas organizações, escolas, igrejas e demais instituições, públicas e privadas. Igualmente, urge cuidar da Natureza flagelada, pela insanidade compulsiva do consumismo e de um desenvolvimento não-sustentável. Como convoca a própria OMS, todos precisamos tornar-nos agentes de saúde, pois o planeta inteiro está enfermo! O perverso sintoma da violência apenas poderá ser tratado e superado através de um mutirão de empenho terapêutico, envolvendo todas as competências e ofícios, na tarefa de *cuidar da paz*.

Cuidar da paz, portanto, é investir em nosso potencial de inteireza, de integralidade, de conectividade e de comunhão. É conquistar um centro, que nos direcione para bem viver e conviver, para transparecer. Estar em paz é estar centrado. Sem um centro, estaremos deslocados em nossas próprias casas. Com um centro, em lugar algum seremos estrangeiros...

Cuidar da paz é saber sorrir, é sorrir saber. A misteriosa metafísica do sorriso expressa uma bioenergética essencial. É uma transfiguração do semblante, que irradia raios do sol interior, do *Self*, perene beatitude e consciência pura, chama serena que a tudo ilumina e aquece. O sorriso vem do além, como um sonho premonitório, anúncio delicado de uma Eternidade a nos aguardar em alguma curva definitiva do caminho. É um Evangelho da Graça, desmascarando e anunciando o Amor que prevalece, subjacente a tudo e a todos, este Absoluto, morte da morte, que sempre dirá a derradeira palavra. Na medida e qualidade na qual sorrimos é que nos fazemos portadores e artesões da paz.

Cuidar da paz é, enfim, ser capaz de dom, de doação, de serviço: Viço do Ser. Canta o poeta Tagore[13]:

Amigo meu... Meu coração se angustia com o peso dos tesouros que não entreguei a Ti.

O que nos pesa é o que não entregamos, o que não ofertamos, o que não servimos. O que nos tira a paz é o que retemos, o que estagnamos em nós, o peso de nossos apegos. Nosso corpo de leveza e de plenitude é construído a partir de tudo o que somos capazes de doar, de forma gratuita e incondicional. É na alegria desta conquista que afirmaremos, à moda de oração, no mais ensolarado e abençoado dia de nossas existências, estas palavras de triunfo da Vida: *Confesso que servi*.

Não basta existir, há que viver. Não basta viver, há que ser. Não basta ser, há que transparecer. Não basta transparecer, há que servir. E só então, partir. Saciado de dias e de noites, de luzes e de sombras, de amores, tremores e louvores. Em paz, como um avô sorridente, descascando uma laranja para o seu netinho. Confiante, como uma criança inocente se jogando nos braços de sua mãe. É longa e paradoxal a caminhada de retorno à Morada da Essência, de onde jamais partimos...

Roberto Crema – Brasileiro. Psicólogo e antropólogo do Colégio Internacional dos Terapeutas. Analista transacional didata. Criador do enfoque da Síntese Transacional. Vice-reitor da Universidade Holística da Brasília – UNIPAZ. Mentor da Formação Holística de Base da UNIPAZ. Diretor do Holos Brasil. *Fellowship* da Findhorn Foundation (Escócia). Educador e autor de vários livros, entre os quais: *Antigos e Novos Terapeutas; Análise Transacional Centrada na Pessoa; Introdução à Visão Holística* e *Saúde e Plenitude*. Co-autor de *Normose – A Patologia da Normalidade*.

---

[13] Tagore, R. *Poesia Mística*. São Paulo: Paulus, 2003.

Ocidente, Água e Sabedoria: Aprendendo a Conviver em Paz

Ubiratan D'Ambrosio

Ocidente, água e sabedoria são três palavras que podem sintetizar a problemática da condição humana atual.

Claro, poderíamos procurar definições para essas três palavras num bom Dicionário e teríamos as concepções formais, "técnicas", das mesmas. Vou, no entanto, utilizar as concepções que vêm do contexto amplo, que é o panorama cultural da humanidade.

Por **Ocidente** entende-se o modelo de civilização que teve suas origens nas civilizações da Antigüidade Mediterrânea, e as principais são as do Egito, da Babilônia, de Israel, da Grécia e de Roma. A partir daí desenvolveu-se um modelo de conhecimento e comportamento identificado como ocidental, que tem como principal característica a crença em um criador único e abstrato, onisciente e onipotente.

Água é o componente na constituição dos seres vivos, essencial para a vida. É um nutriente universal. Está presente, em todas as tradições culturais, tanto na busca de sobrevivência quanto da transcendência. Inúmeros conflitos, em todos os tempos e em todas as regiões do planeta, tiveram sua origem na dependência e no controle da água. Hoje, o controle da água é um dos temas mais importantes da política internacional e tem o maior potencial de gerar confrontos armados.

Sabedoria é um fator básico na condição humana. Sabedoria é conceituada de diferentes modos. Uma das acepções considera sabedoria como o acúmulo de muitos conhecimentos formais, isto é, como uma grande erudição, enfim como o conjunto de conhecimentos adquiridos por instrução. Esse é o conceito dominante no Ocidente. Mas, nas tradições não-ocidentais, sabedoria tem, geralmente, uma outra acepção. Refere-se a bom senso, à prudência e moderação no modo de agir, à temperança e reflexão, à capacidade de considerar todos os fatores envolvidos em uma situação. Sabedoria, nesse sentido, é fundamentalmente holística e transdisciplinar. Ao se falar em sábio, vem imediatamente a primeira acepção e a imagem do acadêmico.[1]

As três noções, nesse sentido amplo, permitem abordar a temática da PAZ.

O Que É Paz?

Uma reflexão sobre a paz pressupõe um entendimento sobre o significado de paz. Em outras palavras, um enfoque teórico. Mas teorias resultam da escolha de categorias de análise. Assim, para abordar a problemática da paz, trabalho com categorias que permitem entender a natureza humana e o fenômeno conhecimento, que é característico da nossa espécie. Nenhuma outra espécie animal revela conhecimento com as características da humana.

A questão da paz é crítica para a espécie humana. O conhecimento atual, resultado de uma concepção de divindade, de natureza e de homem que vem da Antigüidade Mediterrânea, permitiu a grande epopéia das navegações, seguida de conquista e colonização, atingindo e subordinando povos e civilizações. O resultado é o modelo de civilização, originária do **Ocidente**, que se impôs a todo o planeta.

A problemática da paz deve ser o centro de nossas reflexões sobre o futuro. Violações da paz não se resumem aos confrontos militares, que são as guerras. Na verdade, a paz é um conceito pluridimensional. Nosso objetivo deve ser atingir um estado de **PAZ TOTAL**, sem o que o futuro da humanidade estará comprometido.

Por PAZ TOTAL entendo a paz nas sua várias dimensões:

• **Paz Interior** – estar em paz consigo mesmo;

---

[1] A língua francesa usa dois termos distintos para sabedoria e sábio: *savoir* e *savant*, refere-se à primeira acepção, e *sagesse* e *sage* à segunda. Em português não há distinção.

- **Paz Social** – estar em paz com os outros;
- **Paz Ambiental** – estar em paz com as demais espécies e com a natureza em geral;
- **Paz Militar** – a ausência de confronto armado.

Paz não é a inexistência de divergências e conflitos. As diferenças e, conseqüentemente, as divergências e conflitos, são parte da diversidade que caracteriza todas as espécies, e são, portanto, intrínsecas ao fenômeno vida. Cada indivíduo é diferente do outro. A homogeneização da espécie humana é algo que contraria frontalmente as leis biológicas e tem, como resultado, a anulação da nossa vontade individual; em outros termos, causa a subordinação da nossa consciência e a eliminação dos traços culturais. Essa homogeneização é hoje uma ameaça efetiva em vista das possibilidades atuais de manipulação genética.

Paz é a resolução de divergências e conflitos sem o confronto de forças, sem violência e sem recursos à neutralização do diferente.

A Condição Humana

A existência de diferenças e o encontro com o diferente são, em todas as espécies vivas, naturais e essenciais para a continuidade da espécie. Mas é incrível como, num curto tempo de sua presença neste planeta, a espécie humana tornou esse encontro um ato sujeito à arrogância, à inveja, à prepotência, à ganância e à agressividade. A ética tem como grande objetivo transcender esse comportamento.

Devemos entender primeiramente o que é vida e como o ser humano se comporta como uma espécie diferenciada.

Minha visão de homem repousa sobre a análise das seguintes categorias:
- cosmos;
- planeta;
- vida, com a resolução das relações entre cada indivíduo, outro(s) e a natureza;
- sobrevivência do indivíduo e da espécie;
- homem, como uma espécie diferenciada;
- transcendência;

- intermediações, criadas pelo homem, entre indivíduo, outro(s) e natureza;
- comunicação;
- comportamento;
- conhecimento;
- consciência e ética.

O problema fundamental é entender a relação entre o indivíduo e o seu comportamento, isto é, entre **O SER HUMANO** [*substantivo*] e **SER HUMANO** [*verbo*].

Ao longo da sua curta história, o homem tem procurado explicações sobre *quem é* – e tem-se acreditado o favorito de algum deus – sobre *o que é* – e tem-se acreditado um sistema complexo de músculos, ossos, nervos e humores – sobre *como é* – e tem-se acreditado uma anatomia com vontade – e sobretudo *quanto pode* – e tem-se acreditado sem limitações à sua vontade e ambição.

Procurando entender quem é, o que é, como é, o homem constrói sistemas de explicações que se organizam como história, religião, ciência, arte. E na explicação do quanto pode, concebe o poder. Essas explicações determinam a construção de modos de **comportamento** e de **conhecimento**.

Temos avançado muito no conhecimento **do** ser humano. Mas a grande angústia existencial, que resulta de não se encontrar uma resposta satisfatória à questão maior "por que sou?", dá origem a contradições na qualidade **de** ser humano.

As violações da dignidade humana na civilização moderna, que chegam até a exclusão e mesmo eliminação de indivíduos, levam alguns a duvidarem da viabilidade de uma sociedade eqüitativa. A agressividade desmesurada contra a natureza põe em risco a continuidade da espécie.

As distorções da maneira como o homem tem-se acreditado induziram poder, prepotência, ganância, inveja, avareza, arrogância, indiferença. Neste trabalho vou refletir sobre esse comportamento através do exame do conhecimento.

O conhecimento tem sido utilizado para justificar nossas ações, muitas vezes desencorajando críticas e dando o caráter de verdade absoluta a certas crenças. Isso é particularmente notado no pensamento ocidental, fragmentado em disciplinas.

O grande pensador Sri Aurobindo (1872-1950) escreveu, numa das mais interessantes apreciações da cultura ocidental:

> *Para a filosofia ocidental uma crença intelectual fixa é a parte mais importante de um culto, é a essência de seu significado e o que o distingue dos outros. Assim são que as crenças formuladas fazem verdadeira ou falsa uma religião (uma teoria, uma filosofia, uma ciência), de acordo com sua concordância ou não com o credo de seus críticos.*

O comportamento e o conhecimento se constroem sobre crenças intelectuais basilares, por muitos chamadas paradigmas. Comportar-se e conhecer são identificados com o fazer e o saber. Na filosofia ocidental, que culmina com a chamada filosofia moderna, fazer e saber comparecem como ações distintas. O fazer está associado ao material, ao corpo, ao manual, ao colarinho azul. O saber está associado ao espiritual, à mente, ao intelectual, ao colarinho branco[2].

As conseqüências dessa dicotomia e a valorização do saber sobre o fazer são evidentes na organização da sociedade moderna, na economia e na própria burocracia[3]. Todo um processo de exclusão e de hierarquização está ancorado nessa dicotomia. Quem sabe manda e o fazer é interpretado como um ato de obediência.

O Que É Vida?

O fenômeno vida é inconcluso e complexo, em permanente transformação, sujeito a uma dinâmica da qual ainda sabemos pouco.

Como teve início o fenômeno vida? Como teve início tudo? Os mitos fundantes, próprios de cada cultura, explicam a criação recorrendo sempre a entidades que sempre existiram e sempre existirão (deuses, nas mais variadas modalidades, energia). São exemplos o Mahabarata,

---

[2] As denominações *blue collar* e *white collar* são freqüentes na sociologia americana, distinguindo muito apropriadamente aqueles que fazem e aqueles que mandam. A conotação com operário e funcionário de escritório é evidente.

[3] "Economia do conhecimento" e "riqueza do saber" tornaram-se clichês.

o Gênesis, a teoria do Big-Bang e tantos outros mitos fundantes. A cronologia do Big-Bang coloca a origem há cerca de $13\text{-}14 \times 10^9$ de anos, a consolidação do planeta Terra há cerca de $4,6 \times 10^9$ de anos, e o surgimento da vida há cerca de $3,8 \times 10^9$ de anos. A vida teria começado por um acaso químico e na água. Os outros mitos fundantes também vêem a água como o primeiro hábitat da vida e da construção dos sistemas de conhecimento.

Identifico três elementos fundamentais para que a vida se realize, que represento no que chamo TRIÂNGULO DA VIDA:

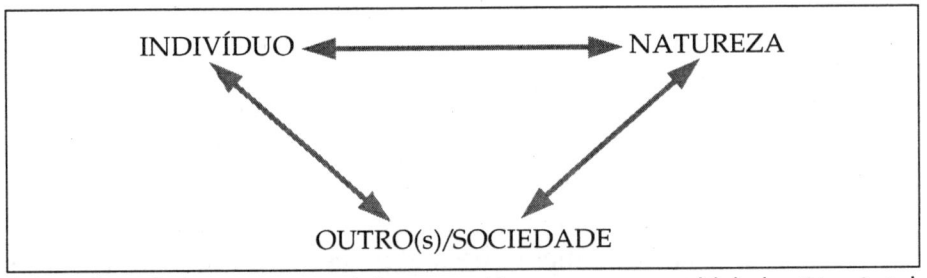

```
        INDIVÍDUO  ◄──────►  NATUREZA
                 ╲          ╱
                  ╲        ╱
                   ╲      ╱
                OUTRO(s)/SOCIEDADE
```

(subentende-se indivíduo e outro como sendo da mesma espécie e natureza como a totalidade planetária e cósmica)

Os três componentes, o INDIVÍDUO, o OUTRO e a NATUREZA, são mutuamente essenciais. Vida significa a resolução desse triângulo indissolúvel. Nenhum dos três componentes tem qualquer significado sem os demais.

O indivíduo é um organismo vivo, complexo na sua definição e no funcionamento de seu corpo, que age em coordenação com o cérebro, órgão responsável pela organização e execução de suas ações. Um corpo e um cérebro mutuamente essenciais, uma só entidade.

Os diferentes órgãos de um indivíduo interagem para manter o organismo vivo. Mas essa interação não pode limitar-se ao organismo. Na verdade, a interação não pode ser no organismo, mas na tríade indivíduo/outro/natureza. Essa interdependência mútua é que deve servir de fundamento para entender a vida e o comportamento dos seres vivos.

Em todas as espécies, na busca de sobrevivência, o indivíduo se sujeita a comportamentos vitais básicos (meios):

- reconhece o outro;
- aprende;
- é ensinado;
- adapta-se;
- e cruza.

Tudo isso com os objetivos [fins] de sobreviver e de dar continuidade à espécie.

Uma questão maior, ainda não respondida, é :"Quais as forças que levam os seres vivos a esses comportamentos vitais?"[4].

O homem, como todo organismo vivo, é complexo na sua definição e no seu funcionamento, e está sujeito aos mesmos comportamentos vitais básicos de todo ser vivo. Busca sobrevivência. A sobrevivência depende da resolução do triângulo da vida, que se dá no momento e no local. É uma ação no presente espacial e temporal, uma resposta à pulsão de sobrevivência que se dá aqui e agora.

Mas, diferentemente dos demais seres vivos e mesmo das espécies mais próximas, o homem busca algo além da sobrevivência. Algumas vezes até rejeita sua sobrevivência[5].

Esse algo mais é a superação do presente, estendendo sua percepção de espaço e de tempo para além do presente e do visível. O homem incursiona no passado e no futuro. Indaga sobre o que e como foi, e sobre o que é e como será. Procura explicações sobre o passado e predições sobre o futuro, transcendendo espaço e tempo, criando representações sobre o que não vê.

A busca desse algo mais leva a indagar sobre o fenômeno vida, para o que é necessário conhecer o cosmos e o nosso hábitat – o planeta Terra. O cosmos tem sido uma das grandes indagações do ser humano. Explicar o cosmos tem sido uma das primeiras motivações para construir sistemas de conhecimento. Inserido no cosmos está o nosso pla-

---

[4] No seu excelente livro, já clássico, Humberto Maturana e Francisco Varela: *A Árvore do Conhecimento. As bases biológicas da compreensão humana*, tradução de Humberto Mariotti e Lia Diskin, São Paulo: Editora Palas Athena, 2001 (original, 1984), introduzem o conceito de autopoiesis para explicar como um organismo mantém-se vivo.

[5] A espécie humana é a única a praticar suicídio. Há uma forma de suicídio de células cancerosas e mesmo a prática individual do suicídio em algumas espécies, mas obedecendo a mecanismos fisiológicos. Suicídio sem o objetivo maior de dar continuidade à espécie é conhecido somente na nossa espécie.

neta, a Terra. Tem havido muito progresso nas explicações sobre o cosmos e o planeta Terra, e conseqüentemente sobre o fenômeno vida, sempre revelando incertezas e contradições.

Onde se situa a diferença de comportamento entre a espécie humana e as demais espécies?

O comportamento humano resulta de duas grandes pulsões:

1. a *sobrevivência* do indivíduo e da espécie que, como em toda espécie viva, se situa na dimensão do momento;
2. a *transcendência* do espaço e do tempo que, diferentemente das demais espécies, se situa numa outra dimensão, levando o homem a indagar "por quê?", "como?", "onde?", "quando?".

Sobrevivência e transcendência guardam uma relação simbiótica e distinguem o ser humano das demais espécies. Na resposta às pulsões de sobrevivência e de transcendência surgem intermediações nas relações essenciais do indivíduo com a natureza e com o(s) outro(s) e o homem incursiona no passado, buscando explicações, e no futuro, buscando predições. Nessas incursões, o homem gera conhecimento, que é reconhecido nas habilidades, nas técnicas, nos mitos e nas artes, nas religiões e nas ciências. No encontro com o outro, que também está em busca de sobrevivência e de transcendência, desenvolve-se a comunicação, o que permite compartilhar o conhecimento gerado por cada indivíduo. O conhecimento, compartilhado por um grupo e por uma sociedade, vai ser o componente básico do que se chama **cultura**.

A diferença essencial entre a espécie humana e as demais espécies é o fato de termos criado, ao longo da nossa evolução, instrumentos, comunicação, principalmente a linguagem, e um sistema de produção, que servem de intermediações para a resolução do triângulo da vida:

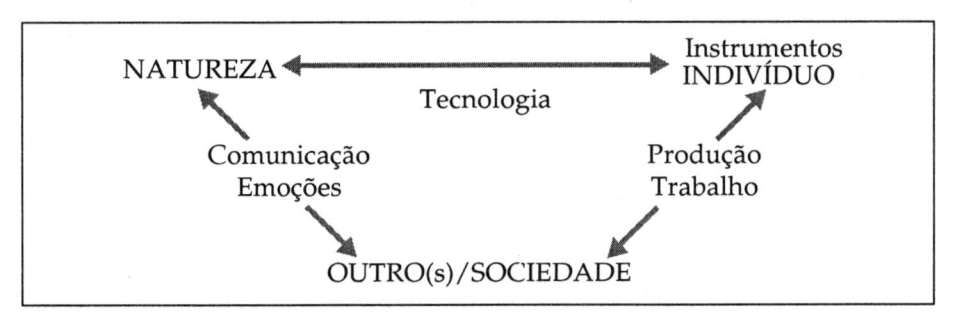

```
      NATUREZA ←――――――――――→ Instrumentos
         ↖         Tecnologia        INDIVÍDUO ↗
         Comunicação              Produção
         Emoções                  Trabalho
              ↘                  ↙
              OUTRO(s)/SOCIEDADE
```

Será possível criar e utilizar essas intermediações graças ao encontro de comportamento e conhecimento. Nas espécies animais, o encontro do conhecimento e do comportamento é o que se chama instinto. Mas a percepção dos acertos e equívocos desse encontro é característica da espécie humana, e é o que chamo **consciência**. Embora usualmente identificada com a mente, a consciência é uma realidade inerente à condição humana, que subordina o instinto. A consciência é responsável pela integração da pulsão de sobrevivência com a pulsão de transcendência[6].

O conceito de consciência é da maior importância para um novo pensar. Mais uma vez ouvimos Sri Aurobindo:

> *Consciência não é apenas o poder de percepção das coisas, é ou possui também uma energia dinâmica e criativa. Pode determinar suas próprias reações ou abster-se das reações; pode não apenas responder a forças, mas criar ou lançar forças de si própria.*[7]

Valores, Ética, Comportamento e Conhecimento

O comportamento de cada indivíduo é aceito pelos seus próximos quando subordinados a parâmetros, que denominamos **valores**, e que determinam os acertos e os equívocos na produção e na utilização das intermediações criadas pelo homem para sua sobrevivência e transcendência.

Valores, assim conceituados, relacionam os meios com os fins. Os fins constituem as grandes utopias de indivíduos e de sociedades, dos sistemas de explicações e dos mitos, da cultura. Os meios dependem dos instrumentos materiais e intelectuais de que dispomos, também dependentes da cultura. Assim, os valores são manifestações culturais.

---

[6] Uma exposição sobre essas idéias encontra-se em Ubiratan D'Ambrosio: *Conhecimento e Consciência: O Despertar de uma Nova Era*, na coletânea Conhecimento, Cidadania e Meio Ambiente, Arnoldo J. de Hoyos Guevara, João Luiz Hoeffel, Rosa Maria Viana, Ubiratan D'Ambrosio, Série Temas Transversais vol. 2, Editora Fundação Peirópolis, 1998; pp.11-46.

[7] Sri Aurobindo: *Sabedoria de Sri Aurobindo*. Seleção de seus Escritos, [compilação e] tradução de Thalysia de Matos Peixoto Kleinert, São Paulo: Editora Shakti, 1999; p. 105.

Uma excursão pela história revela que novos meios de sobrevivência e de transcendência fazem com que valores mudem. Mas, alguns valores permanecem:

- respeito pelo outro [diferente];
- solidariedade com o outro;
- cooperação com o outro;

Esses valores constituem uma ética maior, sem a qual a sobrevivência *do ser humano* e a qualidade *de ser humano* são impossíveis.

Mas por que a humanidade caminha em direção contrária a essa ética, sem a qual a espécie humana não pode sobreviver?

Essa questão maior tem sido a motivação dos grandes modelos filosóficos, religiosos e científicos.

Os modelos filosóficos, religiosos, científicos propõem "verdades" que têm sido aceitas como absolutas e que constituem sistemas de valores que guiam o comportamento humano. Os valores mudam, subordinados ao que prevalece nos sistemas sociais e econômicos.

Em muitas sociedades, a prioridade passa a ser a defesa do sistema de valores. A questão fundamental, que é a busca de sobrevivência associada à transcendência, passa a ser subordinada à defesa do sistema de valores (fundamentalismos). É oportuno lembrar a primeira citação de Aurobindo, mais acima neste trabalho.

Os sistemas de valores, da mesma maneira que as ciências e as religiões, são vistos, na cultura ocidental, como saberes concluídos, que têm uma arrogância intrínseca à própria concepção do concluído.

O conhecimento disciplinar e, conseqüentemente, a educação têm priorizado a defesa de saberes concluídos, inibindo a criação de novos saberes e determinando um comportamento social a eles subordinado[8].

---

[8] Particularmente prejudicial para a evolução da humanidade tem sido a maneira como o estabelecimento, o poder, expropriou as religiões derivadas do judaísmo e a ciência que delas resultou e criou mecanismos para desencorajar o surgimento de novas idéias. A academia, utilizando mecanismos brutais de marginalização e exclusão, tais como recusa a emprego, empecilho à publicação, bloqueio a facilidades de pesquisa, difusão de rumores desabonadores e outras tantas estratégias para desencorajar o novo pensar. Há inúmeros exemplos desse tipo de ação. Ver o estudo de Brian Martin: *Strategies for Dissenting Scientists*, Journal of Scientific Exploration, vol. 12, nº 4, 1998; pp. 605-616 e a bibliografia.

O conhecimento disciplinar evoluiu para a multidisciplinaridade, praticada nas escolas tradicionais, e para a interdisciplinaridade, ainda difícil de ser conseguida. Mas o verdadeiro avanço, abrindo novas possibilidades para o conhecimento, é a **transdisciplinaridade**[9].

A transdisciplinaridade, assumindo a inconclusão do ser humano, rejeita a arrogância do saber concluído e das certezas convencionadas e propõe a humildade da busca permanente.

O comportamento humano responde às pulsões de sobrevivência e de transcendência, que estão intimamente ligados. Vai além de comportamento orientado pelo cérebro. Existe algo mais: a mente, que tem intrigado os filósofos desde a Antigüidade, e a consciência, igualmente intrigante.

Mas e o corpo? Serão corpo e mente desvinculados? Vejo corpo e mente como mutuamente essenciais[10]. O maior equívoco da filosofia ocidental tem sido considerar o homem como *o corpo MAIS a mente*, e separar o que sentimos do que somos. O conhecimento tem focalizado corpo e mente, muitas vezes privilegiando um sobre o outro.

- PENSO, LOGO EXISTO?
- **NÃO!** EXISTO PORQUE *RESPIRO, BEBO, COMO, EXCRETO, INTUO, CHORO* e *RIO*, e *PENSO*.

E faço tudo isso diferentemente das demais espécies vivas, porque sou ao mesmo tempo sensorial, intuitivo, emocional, místico e racional.

Prevalece o sistema de valores focalizado no intelectual, identificado com o "penso". Possivelmente encontraremos aí a razão da valorização desmesurada do trabalho intelectual sobre o manual e a busca de satisfação das necessidades materiais como simplesmente uma questão de sobrevivência. O valor solidariedade fica, assim, totalmente deturpado como mera satisfação de necessidades materiais. Esse valor, na forma de caridade, era freqüente nas sociedades escravocratas. Nesse sistema de valores, o ser (substantivo) escravo devia ser bem alimentado para produzir. Mas o ser (verbo) escravo era sinônimo de privar de

---

[9] Ubiratan D'Ambrosio: *Transdisciplinaridade*, São Paulo: Editora Palas Athena, 1997.

[10] Francisco Varela, E. Thompson e E. Rosch: *The Embodied Mind: Cognitive Science and Human Experience*, Cambridge The MIT Press, 1991.

liberdade e desprover de historicidade. Muitas das propostas sociais e econômicas ainda carregam esse tom de paternalismo que, em última instância, poderá degenerar em confronto e violência.

A proposta da transdisciplinaridade procura responder o "como?" e o "por quê?" dessas diferenças. Outras maneiras de propor a transdisciplinaridade vêm surgindo de muitas áreas do conhecimento. A visão holística, a complexidade ou o pensamento complexo, as teorias da consciência, as ciências da mente, a inteligência artificial e inúmeras outras propostas transdisciplinares vêm sendo elaboradas e se tornando conhecidas.

Onde se situam mente e consciência? No cérebro, que vem sendo tão bem estudado pelos neurologistas? Ou no que se costuma chamar inteligência, hoje bem estudada, inclusive no âmbito de uma disciplina que curiosamente se denomina inteligência artificial? E o que é inteligência[11]?

As teorias vão surgindo, vão sendo aceitas ou recusadas, algumas marginalizadas e outras refutadas. Algumas idéias, que são aceitas por se desviarem pouco das anteriores, tornam-se as novas explicações e encontram seu espaço nas universidades[12]. Outras idéias se desviam dos chamados paradigmas e criam novos paradigmas[13].

Mas, geralmente as propostas de teorias do conhecimento ou filosofias da ciência repousam sobre "ombros de gigante" e, por isso, encontram um lugar cômodo na universidade. No caso de Popper e Kuhn, ambas propostas de evolução/revolução estão apoiados numa mesmice evidente. Apóiam-se no mesmo modelo de raciocínio lógico e analítico, na mesma linguagem, nos mesmos modelos de representação, na mesma cosmovisão, nos mesmos critérios e na mesma expectativa de reconhecimento acadêmico.

---

[11] Cérebro, mente, pensamento, inteligência e consciência são alguns dos termos usados para se escapar do dualismo corpo/mente. Ver o livro do neurofisiologista William H. Calvin: *How Brains Think. Evolving Intelligence, Then and Now*, Basic Books, New York, 1996. É também excelente o livro recente de Michael S. Gazzaniga: *The Ethical Brain*, Dana Press, New York, 2005.

[12] Essa é, em essência, a explicação da evolução do conhecimento proposta por Karl Popper.

[13] Essa é a explicação dada por Thomas Kuhn sobre a evolução, que ele chama revolução, do conhecimento.

No século XVII, Galileo Galilei (1564-1642), Francis Bacon (1561-1626) e René Descartes (1596-1650) criaram as bases conceituais sobre as quais Isaac Newton (1642-1726) produziu seu trabalho monumental, que explica certos fenômenos naturais, e que foi rapidamente ampliado para explicar o comportamento humano. Esse sistema de explicações repousa sobre uma matemática muito elaborada, principalmente o Cálculo Diferencial, que se estabeleceu como a linguagem por excelência do paradigma científico proposto por Newton. A matemática se tornou o protótipo das chamadas ciências exatas ou ciências duras[14].

Alguns dos importantes valores aceitos pela modernidade, tais como precisão, rigor, certeza, verdade, estão intimamente associados ao pensar matemático. São, portanto, valores vulneráveis. Na busca de um conhecimento mais amplo não será possível rejeitar outros modos de pensar e outras visões da natureza do mundo mental, físico e social que são parte de "outras" maneiras de formular e organizar conhecimento. Refiro-me especificamente a culturas que foram excluídas, subordinadas e marginalizadas no processo de dominação colonial[15]. Valores mudam, subordinados ao que prevalece nos sistemas sociais e econômicos.

As teorizações sobre a evolução do conhecimento limitam-se, em geral, a apenas alguns dos fatores que participam da dinâmica do conhecimento.

Uma categoria fundamental para a análise do comportamento humano é o poder, entendido no sentido amplo da organização sobre a qual se fundam famílias, sociedade e nações. As sociedades humanas modernas são grupos de indivíduos que se comportam em conformidade com normas e valores estabelecidos ao longo da história, resultado de tradições e eventos.

---

[14] Hoje, há uma concordância que os métodos científicos e matemáticos são insuficientes para explicar o comportamento humano. A ponto de o matemático Keith Devlin propor uma "matemática mole" (*soft mathematics*). Devlin duvida de que haverá muito alcance para a aplicabilidade da matemática que existe hoje. Diz que talvez haja nenhum alcance para essa matemática. A obsolescência da matemática atual, como instrumento de análise da natureza, é evidente em vista de novas possibilidades de observação e de novos instrumentos intelectuais e materiais de análise.

[15] Essa é uma paráfrase de uma reflexão do antropólogo Gary Urton no seu importante livro *The Social Life of Numbers. A Quechua Ontology of Numbers and Philosophy of Arithmetic*, University of Texas Press, Austin, 1997. Uma observação semelhante foi feita pelo eminente matemático japonês Y. Akizuki, ao reconhecer que "filosofias e religiões orientais são de natureza muito diferente daquelas do Ocidente. Posso, portanto, imaginar que poderá haver também diferentes modos de pensar mesmo em matemática". *L'Enseignement Mathématique*, tomo V, fasc. 4, 1960, pp. 288-289.

Conviver em Paz

Como eu disse anteriormente, conviver em PAZ não significa eliminar as diferenças ou subordinar um indivíduo à vontade do outro. Paz é um desejo social. Mas atingir o social não pode significar eliminar o individual. As diferenças entre todos os indivíduos são essenciais para dar continuidade à espécie e para a sua evolução, e, portanto, devem ser mantidas. Esse é o grande dilema de individualidade e alteridade, que não são contraditórios, mas sim complementares, como já foi discutido.

A convivência em PAZ é essencial para se chegar a uma civilização e elimina arrogância, prepotência e iniqüidade; mas é igualmente essencial que na busca da paz, isto é, ao atingir o social, não se elimine ou neutralize o individual.

Uma das formas mais sutis de eliminação das diferenças está na obediência. A obediência é, muitas vezes, resultado de temor de represálias pela autoridade legítima. Poder é, muitas vezes, identificado com obediência. Desde o temor de punição eterna, num cenário místico, até o temor de punições físicas, como suplício, mutilação e morte, materiais, como multas e confiscos, e morais, como censura, confinamento e exclusão[16].

A ameaça de represálias geralmente não está explícita no discurso que respalda o poder. A obediência se obtém de maneira mais sutil, sem recurso às ameaças. Muitas vezes se dá através de recompensas, tais como prêmios, distinções e cooptação nos círculos de poder. A cooptação é a estratégia mais forte de manutenção do poder, e repousa na aceitação de um sistema de valores[17].

Valores e obediência muitas vezes se confundem com conhecimento e comportamento. No sistema de valores estão incorporadas as atitudes com relação ao outro, que se estendem a grupos de outros identificados por características étnicas, culturais e religiosas. A partir daí

---

[16] Ver Ubiratan D'Ambrosio. *Cumprir ordens, por si só, não é suficiente como código de conduta ou Obediência e normalidade: uma visão transdisciplinar. O Dragão e a Borboleta. Sustentabilidade e Responsabldade Social nos Negócios.* Sérgio A. P. Esteves, org. Axis Mundi/AMCE, São Paulo, 2000; pp. 227-242.

[17] Saborear migalhas dá a sensação de se estar participando do banquete!

se constroem os fundamentalismos, comuns nas sociedades, com os mais variados graus de intensidade.

A percepção, pelo outro, de uma ameaça, é o ponto de partida para a intolerância do diferente, e a partir daí se parte para a defesa preventiva, que leva inevitavelmente ao ataque.

Uma outra forma de obediência que resulta de um sistema de valores é assumir como normal a prática de consumismo irresponsável, ganância desmedida e corrupção. São os ingredientes sobre os quais repousa o abuso e, posteriormente, a agressão ambiental. Muitas vezes nos deparamos com indivíduos que tiveram educação esmerada e adquiriram um bom nível de conhecimento, mas que têm um comportamento agressivo com relação ao ambiente.

Devemos subordinar o sistema de valores a uma ética maior, uma ética que cruze culturas e que coloque prioridade na sustentação do triângulo da vida. Uma proposta é a *ética da diversidade*:

1. **Respeito** pelo outro com todas as suas diferenças;
2. **Solidariedade** com o outro na satisfação das necessidades de sobrevivência e transcendência;
3. **Cooperação** com o outro na preservação do patrimônio natural e cultural comum.

Essa é uma ética que conduz à PAZ INTERIOR, à PAZ SOCIAL e à PAZ AMBIENTAL, e conseqüentemente, à PAZ MILITAR. Atingir essa PAZ TOTAL é o objetivo maior da educação. Como organizar os sistemas educacionais em função desse objetivo maior?

Ubiratan D'Ambrosio — Brasileiro. Doutor em Matemática. Professor emérito da Universidade Estadual de Campinas. Professor da PUC-SP, UFSP e UNESP. Presidente da Sociedade Brasileira de História da Matemática. Presidente Honorário da Sociedade Brasileira de Educação Matemática e da Sociedade Brasileira de História da Ciência. Publicou, entre outros, os livros: *A Era da Consciência*; *Transdisciplinaridade*; *Educação para uma Sociedade em Transição* e *Etnomatemática — Elo entre as Tradições e a Modernidade*.

Parte IV
Sul-Terra-Amor

Como desenvolver individualmente uma visão de paz.
Como produzir a mudança interior.

Aprendendo a ser a paz

A Paz

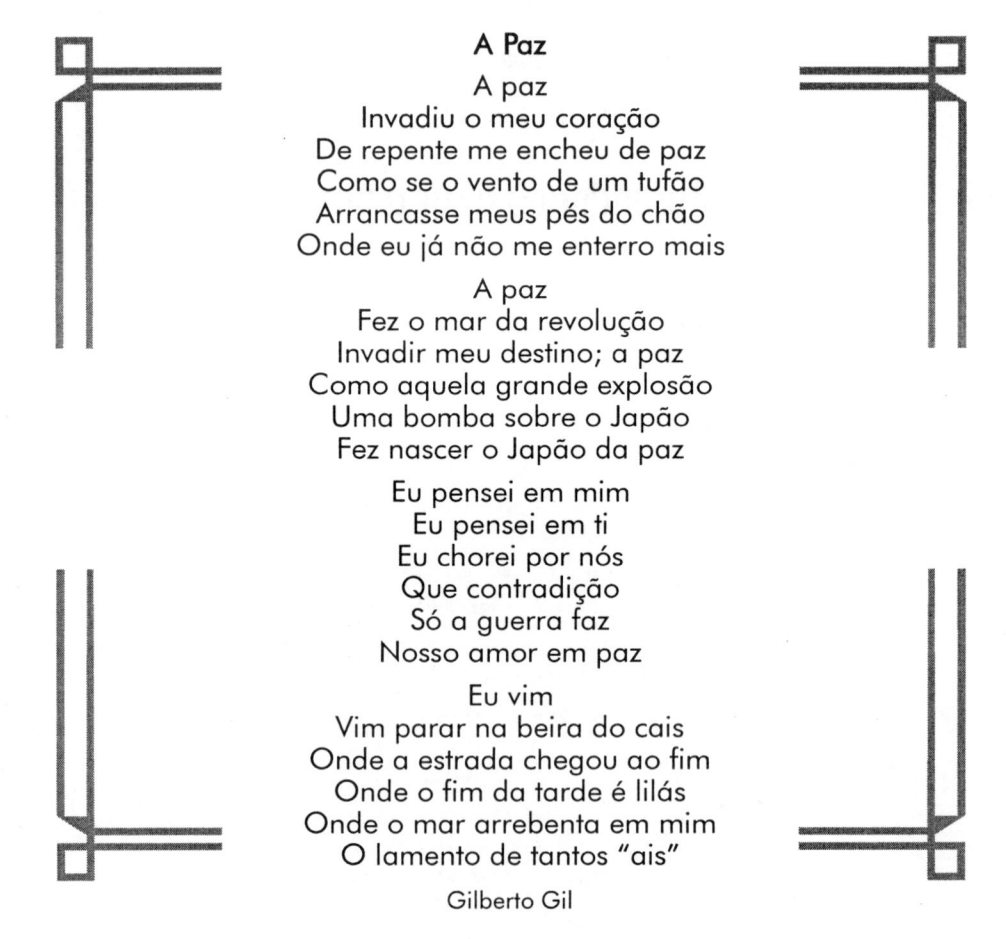

A paz
Invadiu o meu coração
De repente me encheu de paz
Como se o vento de um tufão
Arrancasse meus pés do chão
Onde eu já não me enterro mais

A paz
Fez o mar da revolução
Invadir meu destino; a paz
Como aquela grande explosão
Uma bomba sobre o Japão
Fez nascer o Japão da paz

Eu pensei em mim
Eu pensei em ti
Eu chorei por nós
Que contradição
Só a guerra faz
Nosso amor em paz

Eu vim
Vim parar na beira do cais
Onde a estrada chegou ao fim
Onde o fim da tarde é lilás
Onde o mar arrebenta em mim
O lamento de tantos "ais"

Gilberto Gil

Copyright by
GEGE EDIÇÕES MUSICAIS LTDA (Brasil e América do Sul)/PRETA MUSIC (Resto do Mundo)
Av. Almirante Barroso, 97 – sala 1205 Parte – Rio de Janeiro – Brasil.
Todos os direitos reservados.

A Ética e a Meditação:

Professor José Hermógenes de Andrade

PATANJALI – Foi um sábio hindu ou um grupo de sábios que empreendeu a benemérita proeza de codificar o vastíssimo acervo da cultura *vedica*, espalhado assistematicamente em numerosos textos escriturísticos, de modo a oferecer ao estudioso uma bem-urdida codificação e um roteiro prático, completo, fiel, inteligente e eficaz para alcançar a meta suprema da vida, o Yoga, isto é, a união-fusão com Ishwara, o Supremo Senhor. Numa obra chamada "Yoga Sutra", Patanjali faz elucidações de altíssimo valor sobre a dor, a origem da dor, e ensina o método eficaz para alcançar *samadhi*, o transe iluminativo que tem o poder de libertar.

A MISÉRIA HUMANA – Só os sábios não precisam sofrer para alcançar a meta, mas se já são sábios é porque sofreram antes. É necessário que o homem sinta doer em si estar distante e ser distinto de Deus. Se não sentir, distrai-se, anestesia-se, acomoda-se e, assim, estagnado, nem começa a caminhar. É por isto que Grandes Instrutores como Patanjali iniciam suas propostas de *sadhana*, ou disciplina espiritual libertadora, terapêutica, chamando a atenção dos que estão absortos com os prazeres fugazes para a presença da miséria. Lembram-se da parábola do pai atraindo para si a atenção das crianças avoadas que continuavam brincando dentro da casa que ardia em chamas? Patanjali observa:

> *Para quem já conseguiu desenvolver o discernimento, tudo é miséria, por conta das dores provadas por mudanças, ansiedades e tendências e também por causa de conflitos entre tendências naturais que o homem encontra em sua natureza e os pensamentos e desejos em um particular período de tempo (Yoga Sutra II.15).*

Qual a terapia onipotente contra a dor universal? Patanjali responde: O *sadhana* que eu ensino. O método é conhecido por dois nomes: Raja Yoga (Yoga real) e Astanga Yoga (Yoga dos oito componentes). Mas, antes de começar a ensinar a caminhar, o sábio Patanjali optou por aprofundar a compreensão da dor, para assim motivar o aspirante. Para tanto, é preciso compreender as cinco causas da dor, isto é, os *kleshas*.

OS CINCO KLESHAS, as verdadeiras causas da dor, só deixam de doer quando os cinco forem totalmente erradicados. Patanjali os denuncia numa seqüência de causação, isto é, o anterior sendo a causa do que vem a seguir. Ei-los:

1. *avidya* (ignorância);
2. *asmita* (egoísmo ou sentimento de ser diferente e estar distante);
3. *raga* (apego ao agradável);
4. *dwesha* (aversão ao que desagrada);
5. *abnwesha* (medo de morrer ou apego à existência).

O primeiro *klesha* é a ignorância fundamental (*avidya*), que consiste em ter perdido a nobre consciência de que sou o Ser Supremo, a Consciência Plena e a Bem-aventurança Absoluta, Eterna, a Essência. Ficando sem saber o que em realidade Eu Sou, só restou agarrar-me à *asmita*, isto é, à ilusão de ser um Fulano de Tal, distinto e distante, um ego à parte. Assim, *avidya* (a ignorácia) pariu asmita, que, sem tirar nem pôr, é um monstrengo. Mas não pára aqui. O egoísmo pare dois gêmeos terríveis, chamados: *Raga* e *Dwesha*.

Raga me faz desejar adquirir e tentar reter tudo que me gratifica, custe o que custar. Isto me desgasta, e me faz fazer sofrer e me rouba a paz.

O irmão, *dwesha*, me atormenta porque estou sempre lutando para me defender ou rechaçar tudo que me desconforta e desagrada.

Infelizmente, além dos gêmeos, um outro filho de *asmita* (o egoísmo) me inquieta. Seu nome é *abnwesha*; é o medo de morrer ou o apego a esta vida. Por conta desses três irmãos perturbadores, quanto maior for meu egoísmo, maior minha aflição. Resumindo: prisioneiro da ignorância, sou egoísta. Como egoísta, vivo obsessivamente repetindo: adoro isto e odeio aquilo. Eis a miséria instalada pelo Fulano que, iludido, penso ser. Fácil é concluir que, à medida que eu conseguir minimizar meu ego, minimizo também meu sofrimento. E, quando conseguir eliminar meu ego, junto eliminarei definitivamente a miséria em mim.

RAJA YOGA – Continuando a reflexão: Como poderei eliminar meu ego? Eliminando sua causa, isto é, a ignorância, o não saber que Eu Sou realmente o Ser Supremo, a Essência Única de tudo. A onda fugaz que é meu ego pessoal precisa sumir na vastidão do Eterno Oceano que Eu Sou. Fácil de compreender e de explicar, mas dificílimo de alcançar! Por quê? Porque o ego vai lutar, resistindo à extinção. Como tudo que existe, o ego se empenha para continuar existindo. E, para tanto, conta com uma fiel aliada poderosíssima, esperta, quase indomável, quase invencível – a mente (*chitta*). A desvairada vagabundagem da mente, a fluir solta num furacão de pensamentos, lembranças, imagens, verbalizações, multifários conteúdos conscientes e inconscientes, esse incessante turbilhonar indisciplinado não permite a contemplação da Luz Soberana e escurece tudo. A mente agitada é uma grande tempestade no mar; tal é a agitação das ondas que não permite ver um tesouro imenso lá no fundo das águas. As ondas rebeldes são os *vrittis*; o mar é *chitta*, ou substância mental; o tesouro, o Ser Supremo que somos. Falando mais exatamente: a mente não é apenas uma simples aliada e servidora do ego pessoal. Mente e ego são como um só. Assim, só detendo a movimentação da mente se consegue extinguir o ego. O instrumento capaz de tal proeza é a meditação. Raja Yoga ou Yoga Real é o *sadhana*, ou método de meditação que Patanjali ensina. O método inclui oito (*asta*) componentes (*angas*), daí também ser chamado Astanga Yoga. São eles:

- *yama* – não pratique o mal;
- *niyama* – pratique o bem;
- *asana* – tome uma posição estável e confortável;
- *pranayama* – administre sabiamente sua energia, através da respiração;
- *prathyahara* – desative seus sentidos;
- *dharana* – concentre sua mente;
- *dhyana* – medite;
- *samadhi* – desfrute o transe iluminativo, a contemplação que desvela o Ser.

Como se pode concluir, os dois primeiros degraus da escadaria – *Yama* e *Niyama* – propõem a sapientíssima ética de Patanjali. Quem não conseguir subir os dois primeiros degraus, como conseguirá atingir o topo, o *samadhi*?

O leitor verá que a ética da Astanga Yoga não é apropriada somente aos candidatos da dura ascese, mas é válida para todos os seres humanos que aspiram a uma vida feliz, vitoriosa, liberta, lúcida, sadia.

YAMA – São cinco abstenções ou comportamentos antiéticos, que podem agradar ao ego, mas não ao Ser divino que cada um é:

- *ahimsa* – não deseje agredir, ferir, machucar, matar qualquer ser;
- *sathya* – não minta, não engane, não trapaceie...;
- *asteya* – não furte;
- *bramacharya* – para caminhar para Deus, não perverta, não degrade, não polua a sacralidade do sexo;
- *aparigraha* – não ambicione e nem aceite propinas.

Praticar *yamas* e *niyamas* oferece uma vacina polivalente, cuja eficácia pode ser total, dependendo do grau de fidelidade às abstinências e injunções propostas, respectivamente, por *yamas* e *niyamas*.

Não agredir, não reagir (na base do olho por olho...) nos protege contra agressões e nos dá a vitória através da santa brandura. Não mentir, não enganar,... por incrível que pareça, nos arma com um sublime poder imenso. Não furtar amplia nossa credibilidade perante Deus e perante os homens. O controle inteligente da divina energia da vida produz sanidade física, mental e espiritual. Em tradução literal, a palavra *brahmacharya* é "caminhar para Deus". O sexo é mais gratificante e grandioso quando praticado a três – você, a outra pessoa e Deus. O caminho para Deus só está barrado para o sexo pervertido e sem amor e sem responsabilidade pela dignidade e felicidade do outro. Uma das causas monstruosas do sofrimento social é o que Patanjali denomina *parigraha*, isto é, deixar-se corromper seduzido pela propina. *Aparigraha*, isto é, não ambicionar gorjeta, pode solucionar a praga da injustiça social.

Os psicoterapeutas de nossos dias denunciam, quase por unanimidade, o "sentimento de culpa" como a causa de muitos sofrimentos psíquicos e, portanto, psicossomáticos. Quem não se culpa é mais sadio, mais feliz. Mas, como não sentir culpa? Uma solução, a mais insana, é abusar de racionalizações marotas, tentando anestesiar a consciência, num triste processo de auto-embuste. Terrrível! Sobra apenas a solução digna e segura – viver eticamente, evitando atos culpáveis. Os que praticam *yamas* fazem precisamente assim, e assim vivem paz consigo mesmos, com os outros e com Deus.

NIYAMAS – São cinco recomendações a serem cumpridas:

- *sauca* – mantenha puros o meio interno do organismo, o meio externo onde vive e também sua mente;
- *santosha* – cultive contentamento ou o sentimento de bastante, no que faz, no que desfruta, no que possui...;
- *tapah* – pratique austeridade e sobriedade (*endurance*), visando a eliminar coisas como desejos egocêntricos antinaturais, medo face às provações e privações da caminhada, moleza, debilidade, pieguice...;
- *svadhyaya* – empenhe-se no estudo e na investigação sobre o Ser Supremo;
- *ishwarapranidhana* – entregue-se incondicionalmente ao Senhor Supremo (*Ishwara*).

Os cinco *niyamas* são observâncias que contribuirão para tornar você mais sadio, tranqüilo, seguro e feliz, porque otimizam suas relações, não com os outros, mas com você mesmo.

Recomenda caprichar na limpeza externa e na pureza interna, no corpo e na mente. É uma inteligente norma de higiene pessoal.

Pode ser feliz e sadio alguém agitado pelo prurido da insatisfação permanente? Não há maior riqueza que o sentimento de bastante. A insatisfação é uma miséria que não tem fim. Ser feliz é sentir-se bem onde se está, com o que faz e até quando é total a impossibilidade de fazer.

O terceiro *niyama* é *tapah*, que recomenda: cultive invencibilidade; aumente sua capacidade de suportar o insuportável; desenvolva infatigabilidade, coragem, eficiência imunológica, indiferença pelo conforto; capriche na paciência, na equanimidade... O fogo purifica queimando os resíduos e as impurezas. Etimologicamente, *tapah* significa queimar. O yogi aceita as grandes provações como oportunidade para queimar fragilidades, apegos, condicionamentos, aversões... O fogo destrói todo empecilho, toda trava, todo engessamento...

Svadhyaya manda procurar o conhecimento do Ser Supremo. Por quê? Nem parece um preceito de um decálogo de ética. Ética tem a ver com o agir e não com o saber. Não é bem assim. A verdade é que, quanto mais for conseguindo "saber" sobre a Essência, melhor me comporto na existência. Por exemplo, Jesus recomendou amar o inimigo. Estranho, não? Amar o amigo é bom, é possível, conveniente, mas orar pelo que me caluniou e perseguiu é muito difícil e não parece nada razoável e prudente. Sim, enquanto me sentir diferente e distante de meu adversário, como o amar? Mas, refletindo, meditando, investigando sobre o Ser, sobre a Essência, vou vencendo a ignorância (*avidya*), portanto, também meu ego (*asmita*) e assim me dando conta de que não estou longe nem sou diferente dele, pois a Essência é uma e a mesma em mim e nele, naquele que me feriu, e sendo ele e eu um só, como não o perdoar e amar? Basta uma alma se aperceber de que, em realidade, ela é o próprio Ser, e estará liberta e bem-aventurada.

Ishvarapranidhana é o preceito culminante. Traduz-se por: entregue-se, renda-se, submeta-se a Deus (*Ishvara*). Este *niyama* é remédio contra todas as formas de sofrimento. Ele corta todas nossas algemas, derruba todas nossas muralhas. É a luz para o caminho, a fartura para saciar todas nossas carências, a cura para todas nossas feridas, a alegria para nossas tristezas todas... Por quê? Quando, depois de você tentar inutilmente tudo que podia, na ânsia de sanar, vencer, administrar um problema, uma grande crise, um desses irremediáveis, um desses irreversíveis..., quando e se reconhecer impotente, não se desespere. Entregue-se a Deus. Sua submissão dará a Ele a chance para intervir e vencer. Ora, Ele *sabe* o que fazer (é onisciente), *pode* fazer o que seja necessário (é onipotente); *quer* fazer (é misericordioso), e, além disto, está sempre a nosso alcance (é onipresente). Só é preciso que nos entreguemos irrestritamente.

José Hermógenes de Andrade Filho (Professor Hermógenes) – Brasileiro. Doutor em yogaterapia pelo *World Development Parliament* (Índia). Pioneiro em Medicina Holística no Brasil, com mais de 40 anos de prática e ensino de yoga. Criador do Treinamento Antiestresse. Filósofo, poeta, escritor e terapeuta. Conferencista internacional. Recebeu vários prêmios por seu trabalho. Autor de mais de 320 livros, entre os quais: *Autoperfeição com Hatha Yoga*; *Saúde na Terceira Idade* e *Yoga para Nervosos*.

A Paz...

Jean-Yves Leloup

Paz, em hebraico, é *Shalom*, e, literalmente, *Shalom* quer dizer: "estar inteiro", "estar em repouso"... É então conveniente que perguntemos: o que nos impede de estarmos inteiros? O que nos impede de experimentarmos o repouso, isto é, de estarmos em paz?

As respostas são múltiplas; destaco apenas as que me parecem essenciais.

– O que nos impede de estarmos inteiros, de estarmos inteiramente presentes na integridade do que somos, é o medo.

– O que nos permite estarmos inteiros, estarmos inteiramente presentes na integridade do que somos, é o amor.

O contrário do amor, e portanto da realização do que somos, não é fundamentalmente o ódio, e sim o medo.

Medo de quem? Medo de quê?

Medo de amar, melhor dizendo, de se perder, pois amar antes de se encontrar é perder-se.

Certamente, existe toda sorte de medo: do desconhecido, do sofrimento, do abandono, da morte... Todos esses medos podem resumir-se num só: medo de ser "nada".

Este medo nos leva a esforços inimagináveis, para provarmos a nós mesmos e aos outros que somos alguma coisa e que "vale a pena" sermos amados, que o merecemos .. Ser amado seria, portanto, um direito do homem?

Infelizmente, este é um segredo muito bem guardado: aquele que procura ou solicita o amor jamais o encontrará... Só o encontramos no momento em que o damos... Unicamente quem ama, quem se torna amável e é capaz desse dom "gracioso" recebe o amor gratuitamente.

O Amor jamais se manifesta àquele que o pede, mas se revela sem cessar a quem o doa. Aquele que compreendeu e viveu isto sente-se em paz. E também inteiro, porque só o amor nos realiza (e é o cumprimento da lei).

O medo nos "castra", torna-nos enfermos e impede a livre circulação da vida em todos os nossos membros. E no Amor não há "membros impuros": *"Tudo é puro para aquele que é puro"*; é o Amor que purifica.

Amar com todo o seu ser, este é o mandamento (*mitzvah*), ou, mais exatamente, "o exercício" que nos é proposto: *"Amarás com todo o teu coração, com todo o teu espírito, com todas as tuas forças"*; isto traz também uma esperança.

Um dia amarei inteiramente, não somente com o meu corpo, minha cabeça ou meu coração, mas "inteiramente"; um dia, se almejo isto sem perder a esperança, estarei em paz. Pois é suficiente desejar amar, querer amar, mesmo que ainda não seja amar... Bem sabemos que o inferno não está nos outros; o inferno é não amar, é não se amar inteiramente, até em nossa dificuldade e algumas vezes em nossa incapacidade de amar...

Nesse caso, talvez seja bastante não mais querer, não mais ter medo deste medo sutil, menos grosseiro, que é o medo de não ser amado, o medo de não amar... Aquele que perdeu o medo de ser "nada" não tem mais medo de tudo; paradoxalmente, é o medo de ser nada que nos impede de ser tudo. Se aceitássemos, por um instante, este "nada" que somos, este "nada a mais e nada a menos" do que somos, então, nesse mesmo momento, não haveria mais obstáculos à revelação e ao desdobramento do Ser que ama, em nós e através de nós.

Se, supostamente, ser amado é um direito do homem, ser capaz de doar é uma realização, uma graça divina concedida ao homem; a alegria de participar da Dádiva e da Vida do Ser que faz "girar a Terra, o coração humano e as demais estrelas", generosamente...

Porém, não fosse pelo fato de nos "sentirmos mal", como seria possível aceitarmos "ser nada" quando nos sentimos ser alguma coisa? O termo "nada" pode parecer negativo; talvez fosse preciso dizer simplesmente "ser", sem acrescentar qualquer palavra, para podermos pressentir que o que se soma ao "ser" é algo de "mental" e compreendermos melhor a palavra do Cristo, precedida pela de Buda (seis séculos antes): "O que é, é, o que não é, não é". Tudo o que é dito a mais vem do mental ou do "mau", ou ainda, em algumas traduções, do "mentiroso".

Sentir-se em paz é estar num corpo relaxado, com o coração livre e a mente serena. E conhecendo melhor, hoje, as funções coordenadoras do cérebro, é sem dúvida pelo mental que devemos começar. Ser nada a mais (e nada a menos) do que somos – estar em paz – pressupõe uma mente pacificada, em repouso, e é o segundo sentido da palavra *shalom*.

Por que não estamos em repouso?

Não somente há o medo de ser "nada" (ser mais ou ser menos do que somos), mas existem as lembranças, com as quais nos identificamos e que tomamos por nosso verdadeiro ser. O caminho para a paz é aquele que nos faz passar das nossas identidades provisórias, irrisórias, transitórias, para a nossa identidade essencial (eu sou o que sou).

Os Padres do Deserto falavam de oito *logismoï*, ou pacotes de memórias, com os quais nos identificamos e que nos impedem de estar em paz. São eles:

1. *gastrimargia*, ou a identificação com nossas fomes, sedes e apetites, o resultado de todas as nossas necessidades, que se somatizam, na maior parte do tempo, oralmente (bulimia, anorexia);

2. *philarguria*, ou o medo de nos faltar algo, que se manifesta pela acumulação de bens inúteis; identificamo-nos e buscamos a segurança, pelo que temos e pelo que possuímos;

3. *pornéia*, ou a identificação com a nossa vida pulsional, com o medo de nos faltar vitalidade e desejo;

4. *orgé*, ou a dominação do irascível e do emocional, a cólera de não ser reconhecido como "centro do mundo", "digno de reconhecimento e respeito";

5. *lupé*, ou a tristeza de não sermos amados como gostaríamos de ser;

6. *acedia*, ou a tristeza de não sermos amados de forma alguma, o desespero diante da evidência de que nunca fomos e nunca seremos amados (a menos que cessemos de pedir e nos tornemos capazes de doar);

7. *kenodoxia*, ou a vaidade e a presunção que nos identificam com a imagem que fazemos de nós mesmos, independentemente do que somos na verdade; isto só acontece com angústia, e esta é proporcional à diferença que existe entre o que somos e o que pretendemos ser;

8. *uperephania*, sem dúvida, a patologia mais grave: trata-se de colocar nossa identidade ilusória como se fosse a única realidade, e tomarmos a nós mesmos por única referência e juízes do que é bom ou mau; considerar todas as coisas em relação ao prazer ou desprazer que elas nos proporcionam e fazer delas uma lei válida para todos.

Aos oito *logismoï*, ou pensamentos, poderíamos acrescentar muitos outros, como o ciúme, a inveja... e todas as projeções que nos impedem de ver e de aproveitar o que está no presente. Não por acaso, mais tarde, os Padres do Deserto chamaram estes pensamentos ou expressões da mente, que constituem obstáculos à apreensão simples e pacífica do que existe e do que somos, de "demônios" (*shatan*, que, em hebraico, quer dizer: "obstáculo").

Em resumo, o principal obstáculo à paz, o maior dos demônios é a nossa própria mente, este reservatório de emoções passadas, que se derrama sem parar sobre o presente; este "pacote de memórias" que denominamos *ego*, ou *eu*. Quem sofre ou é infeliz é sempre o eu e nossa identificação com o que não somos realmente.

Que só o presente existe é um segredo bem guardado; o que era, não é mais; o que será, ainda não é; se vivermos eternamente em nossos arrependimentos e projetos, teremos que sofrer e passaremos ao largo do "segredo"... "Ora ao teu Pai que está aí, dentro do segredo", na presença do que é presente. É uma palavra do Evangelho e também uma palavra de cura...

A morte não existe ainda, ela não é. Só permanece este "Eu sou", que existe desde sempre e para sempre. Não podemos ir para outro lugar, senão onde estamos; e onde nos encontramos aqui já estamos. Por que procurar, em outra parte, a vida e a paz que nós somos, se a paz é nossa verdadeira natureza, não está por fazer? Trata-se, primeiramente, de conferir menos importância àquilo que nos "impede" de estar em paz; depois, não lhe dar importância alguma, se quisermos; e isto significa aderir, instante após instante, ao que é, com um espírito silencioso, uma mente serena, ou melhor, não identificados com as memórias e com as emoções que essas memórias provocam.

Lembrar-nos de que nossa verdadeira natureza está em paz é uma forma universal de oração. Essa rememoração de nosso ser verdadeiro encontra-se, efetivamente, na base das práticas de meditação de várias culturas ou religiões (*dhikr* – prática islâmica; *japa* – modalidade de ioga; *hesicasmo* – seita antiga de místicos cristãos orientais etc.)

Temos medo de quê? De perdermos a cabeça, perdermos a alma, de não sermos o que nossas memórias nos dizem que somos, não sermos coisa alguma do que pensamos ser? Perdem-se as ilusões, os pensamentos, e fica somente o medo de morrer. Se eu paro de me identificar com o que deve morrer, permaneço já naquilo que sou desde sempre.

Não pode haver outro artesão da paz que não seja aquele cujo corpo está relaxado, que tem o coração livre e a mente pacificada. Mesmo o nosso desejo de paz pode tornar-se uma tensão, um nervosismo, um obstáculo à paz, uma obrigação, um dever que se somará à infelicidade e à inquietação do mundo.

Afirmar que estamos em paz não é negar nossos medos, nossas memórias, nossos sofrimentos... é colocá-los em seus devidos lugares, na corrente insensata e tranqüila da verdadeira Vida...

Jean-Yves Leloup – Francês. Filósofo. Padre ortodoxo. Doutor em Teologia e Ph.D. em Psicologia Transpessoal. Orientador do Colégio Internacional de Terapeutas. Fundador da Universidade Holística de Paris. Conferencista internacional. Autor de vários livros, entre os quais: *Cuidar do Ser*; *Amar... Apesar de Tudo*; *A Arte da Atenção*; *Comentários ao Evangelho de Tomé e ao Evangelho de João*. Co-autor de *Normose – A Patologia da Normalidade*.

Hoje Você Pode Ter Paz...

Prem Rawat

Estou certo de que hoje vocês já ouviram muitas vezes a palavra "paz". Não há dúvida de que a paz é uma coisa maravilhosa, e por isso estou aqui para pedir que tentem vê-la de uma outra forma. Estou aqui para falar da possibilidade real de paz, não de como seria maravilhoso se alguém pudesse sacudir uma varinha mágica e trazer paz à Terra. Quando viajo para falar às pessoas, minha mensagem é sobre essa paz real e a possibilidade de senti-la nesta vida, todos os dias.

E onde ela começa? Vou contar uma pequena história para ilustrar o que digo.

Havia um vilarejo remoto, habitado por pessoas muito simples. Pouca gente ia até lá, mas um dia chegou um turista. Pendurou seu espelho na parede para se barbear, mas, quando terminou, esqueceu de tirá-lo.

Mais tarde, um ancião de cabelos grisalhos, olhos muito brilhantes e um rosto bonito e luminoso, deparou-se com o espelho na parede. Ele nunca tinha visto seu reflexo em um espelho antes, por isso, ao se ver ali, ficou fascinado. E disse: "Hoje, vi a face de Deus". E saiu completamente feliz: "Vi Deus".

Então, chegou uma linda jovem. Quando se viu no espelho, ela ficou surpresa. "Vi a mais linda mulher da face da Terra; quando crescer quero ser como ela!"

Em seguida, apareceu um rapaz que perdera seu pai recentemente. Quando olhou no espelho, ele disse: "Oh, meu Deus, vi meu pai de novo!" E levou o espelho com ele.

Então, as três pessoas que se viram no espelho começaram a ficar muito aborrecidas. O ancião queria o espelho para ele porque vira ali a face de Deus. A jovem o queria porque ele lhe mostrava como ela queria ser. E o rapaz queria o espelho porque vira seu pai nele. Então começaram a discutir, e não demorou para que as brigas se espalhassem por toda a vila. Logo todos estavam infelizes, porque cada um que se olhava no espelho via algo de que gostava e queria o espelho para si.

Até que apareceu por ali um sábio e perguntou: "Por que estão todos brigando?" Um disse que o espelho lhe mostrara Deus, o outro, que lhe mostrara seu pai, e cada um contou o que vira.

Então ele pediu que trouxessem essa coisa mágica. Quando a viu, ele sorriu: "Vocês sabem o que é isso? É um espelho".

Chamou o ancião e disse: "Você não viu a face de Deus. Viu a si mesmo".

Chamou a jovem e disse: "Você não viu outra mulher. Viu a si mesma".

Chamou o rapaz e disse: "Você pensou ter visto seu pai porque agora você se parece com ele. Mas era você".

Chamou todos e, um a um, disse: "Veja. O que você vê neste espelho, o que gosta nele, não é o espelho. É você!"

O que esta história tem a ver com a paz? Veja, a paz começa em nós. Quando falamos de paz, precisamos entender de onde surgiu essa idéia. Foi invenção de alguém? Será que um dia, em algum lugar, uma pessoa inteligente, caminhando por altas montanhas, de repente disse: "Paz. É uma boa idéia. Vamos ter paz". Não.

O desejo de sentir paz existe na Terra desde que os seres humanos existem. A necessidade de paz foi reconhecida há muito tempo. Uma fórmula muito clara foi apresentada: "Paz, depois prosperidade". E não: "Prosperidade, depois paz".

Esquecemos de nossas próprias necessidades. Gostamos de falar de comida. Você pode falar de comida o tanto que quiser, mas terá de comê-la, mais cedo ou mais tarde. Ter uma coleção de livros de culinária não vai eliminar sua fome. A fome precisa ser satisfeita. A necessidade de paz vem de dentro. Não se trata de uma paz intelectual. Paz é o desejo do coração. É tão simples como o vir e ir da respiração.

Esta é a sua vida, sua existência. Quando você estava no ventre de sua mãe, seus pais tinham muitas idéias sobre você. Tinham ambições a seu respeito. Imaginavam se você seria menino ou menina.

Aí, você nasceu. Aqueles que já viram uma criança nascer sabem do que estou falando. Existe um momento em que os pais não se importam se é menino ou menina. Por alguns segundos, a única coisa que importa é se a criança está respirando. Uma vez que esteja respirando, eles querem saber: "É menino? É menina?" Antes disso, a pergunta é: "O bebê está vivo? Está respirando?"

Respiração. Assim começa o filme da vida. E todos sabemos como o filme termina - com a última respiração.

Sei que todos são fascinados pelo que está no meio. Para isso vivemos, por isso existimos: "Quem sou eu? O que sou eu? O que realizei?" Tudo isso está bem. O que estou dizendo é que nunca se deve esquecer a importância de onde começa e onde termina.

Dentro de você mora a possibilidade da paz. As pessoas perguntam: "Qual é o rosto da paz?" Permita-me humildemente sugerir que o rosto da paz nada mais é do que o seu rosto quando você está contente. Quando você sente paz, a paz dança em seu rosto.

Dentro de cada ser humano - é aí que está a paz. A paz não pertence a nenhuma nação, nenhuma sociedade, nenhuma religião. A paz pertence a pessoas como você e eu.

Onde a paz se manifestará? Ela se manifestará na catedral do coração. Este é o único lugar puro que existe. É o único lugar onde a paz é acolhida. São pessoas como você e eu que querem paz e a acolhem em suas vidas. É aqui, em nossa existência, que a paz reside.

É impressionante quanto dinheiro, tempo e energia gastamos para melhorar a sociedade, sem nunca entender uma qualidade básica e simples do ser humano. Quando estamos contentes, automaticamente nos tornamos gentis, afáveis. Quando você está contente e alguém quer ultrapassá-lo na estrada, você acena: "Vá em frente". Se está na fila do cinema para comprar o ingresso e alguém pergunta "Posso passar na sua frente?", você diz "Tudo bem".

Quando não está contente, você fica diferente. Esta é a importância do contentamento, da paz. Sem paz e contentamento em nossa vida, ficamos irreconhecíveis. Com eles, tudo começa a dançar de maneira incrivelmente suave e bela.

Muita gente diz que somos diferentes. Digo que somos iguais. Parecemos um pouco diferentes, falamos idiomas diferentes, mas somos dirigidos pelo mesmo impulso, pelas mesmas aspirações. Nossas necessidades não são tão distintas. E, afinal, cada respiração que vem a nós é a mesma que vem a cada ser humano.

Perceber essa semelhança deveria nos unir. Já fomos à Lua. Este não é um feito qualquer, e achávamos que era importante. Ainda não começamos a achar que é importante ter paz. Por quê? Porque nos tornamos muito bons em viver sem ela. Muitos pensam que se nossos problemas forem solucionados, estaremos em paz. Mas os problemas não param de surgir. Naturalmente, haverá mais solucionadores de problemas, mas os problemas não diminuirão.

Sim, a tecnologia oferecerá mais soluções, mas isso significa que a vida ficará mais fácil? A vida começa a ficar mais fácil quando se entende o que é paz. Então, a vida fica tranquila, a sinfonia começa a tocar, a clareza começa a entrar em nossa vida.

Sem a clareza, é como caminhar de olhos fechados, trombando com tudo a torto e a direito. Assim como você abriu os olhos para o mundo externo, abra seus olhos para o mundo interior. Comece a entender não o que lhe falta, mas o que você tem na sua vida. O maior de todos os milagres é a existência.

Hoje, um milagre aconteceu. Não é que começou a brotar leite da parede. O milagre é a sua existência hoje. E se você estiver vivo amanhã, acontecerá de novo. O milagre dos milagres é que hoje, na sua vida, você tem a possibilidade de estar em paz. Hoje, na sua vida, você tem a possibilidade de estar contente. E fica melhor. Hoje você tem a possibilidade de ser feliz. E a possibilidade de ficar agradecido por estar feliz, por estar em paz, por ter compreendido.

A essência da aprendizagem é a compreensão. Se você tem uma porção de conhecimento mas não o compreende, ele não lhe serve de nada. Mas aquilo que você compreende se torna seu.

Quando falo de liberdade, refiro-me àquela que se pode sentir mesmo na prisão. Uma liberdade foi tirada, mas existe outra liberdade que não pode ser tirada - mesmo na prisão. Esta é a liberdade real.

Quando falo de paz, refiro-me àquela que se pode sentir no meio do campo de batalha. Esta é a paz que ninguém pode tirar de você. E é a sua realidade. É quem você é.

Um dia, ao voltar para a sua fazenda, um fazendeiro deparou com um filhote de leão. Como não conseguiu encontrar a mãe dele, levou o filhote para casa. Depois de alimentá-lo e limpá-lo, colocou-o no curral com as ovelhas. Sempre que as ovelhas saíam para pastar, e lá ia o leãozinho atrás delas.

Um dia, um leão grande apareceu, parou perto do pasto e urrou. As ovelhas assustadas correram a se esconder, e com elas o leãozinho.

Quando o leão viu o filhote se esconder, foi até ele e perguntou: "O que você está fazendo?"

"Oh, por favor, não me coma", respondeu o leãozinho.

"Não se preocupe. Não vou comê-lo. O que você está fazendo?", quis saber o leão.

"Estou me escondendo de você porque sou uma ovelha e tenho medo que você me coma", explicou o filhote.

"Não. Você não é uma ovelha", replicou o leão.

"Como quiser", choramingou o leãozinho, "mas, por favor, não me coma".

Então o leão grande levou o leãozinho até um lago e disse: "Agora, olhe".

Quando o filhote viu seu próprio reflexo, concordou: "Você está certo. Não sou como elas. Pareço com você".

"Agora, urre como eu", disse o leão. E ele urrou, agradecido: "Obrigado, obrigado, obrigado!"

"Por que está me agradecendo?", o leão perguntou. "Não fiz nada. Apenas mostrei quem você realmente é. O tempo todo você pensava que era uma ovelha, mas é um leão."

Quem é você? Qual é a sua verdadeira natureza? Olhe no lago do seu coração e verá seu verdadeiro rosto. Quando o vir, perceberá que não é uma ovelha. E começará a ver que lindo milagre você é. Começará a ver que você foi criado por bondade, que o presente da respiração lhe é dado por bondade, que tudo que lhe é dado, todos os dias, são presentes de uma incrível bondade.

Temos o costume de dar presentes. Chega a época do Natal, damos um pequeno presente a alguém e nos agradecem: "Obrigado, é tão bonito! Sempre quis ter isso". Quando você começará a agradecer o presente da vida, da respiração? Cada uma delas é preciosa - mais preciosa que todo o ouro e diamante do mundo. Você não pode trocar sua respiração com ninguém. Não pode dá-la a outra pessoa. Ela é individual.

Neste templo que é você, mora a paz verdadeira - não um conceito, mas a paz mais verdadeira. Quando puder se voltar para dentro, será capaz de senti-la dançar em seu coração. Sinta essa paz todos os dias da sua vida, porque é isso que o torna vivo.

Você é uma sementinha no deserto esperando para florescer. E eu digo: "Floresça. Estenda suas pétalas. Absorva o brilho do sol. A chuva chegou, e o deserto não é mais deserto". Não se trata de quanto de tempo você tem, mas da oportunidade de existir. É isso que lhe é dado. Cada dia, cada minuto, cada segundo, reconheça o valor do que significa ter um segundo. E reconheça esse valor enquanto está vivo. Isso é sabedoria.

Entenda o que seu coração quer que você entenda. Quando o coração pedir paz, não o ignore. Respeite-o. As pessoas perguntam: "Não é egoísmo?" Não. Quando você bebe água para saciar a sede, é egoísmo? Quando o sol brilha e você sente o seu calor, é egoísmo? Quando o vento sopra e o refresca, é egoísmo? Quando você olha para cima e vê o céu azul - é egoísmo? Quando a chuva cai no deserto e desperta as flores, é egoísmo?

Alguém colocou a sede em você, e esse mesmo alguém está dizendo: "Agora, beba. Beba a água". Isso é egoísmo? Essa sede é inata, fundamental. Existe uma atração pela paz cravada em cada ser humano. Responda a essa necessidade, pois do contrário, não importa o que você faça, a história da sua vida ficará incompleta.

Aproveite o máximo o que a vida está lhe oferecendo. Esteja nesta paz. Esteja neste contentamento. A paz está dentro de você. O que ofereço às pessoas é a maneira de poder voltar-se para dentro e sentir a paz que aí está. Não digo que tenho todas as soluções. Tenho uma solução. Ela funciona? Sim. Funciona na cadeia? Sim. Como sei? No ano passado, fui a uma prisão e falei aos prisioneiros. Muitos deles descobriram o que ofereço e me escreveram: "Obrigado. Fez toda a diferença do mundo". Não são só palavras. Algo real está sendo oferecido. Depende de você.

Estou aqui para lhe oferecer paz? Sim. Mudarei o mundo? Não sei. Posso trazer paz a sua vida? Sim. É isso que importa. Acontecerá ao mundo o que tiver de acontecer.

Há pessoas que receberam este presente e foram à guerra. Puderam sentir esse sentimento dentro delas no meio da guerra? Sim. Trata-se disso.

Essa é a possibilidade que ofereço.

Prem Rawat — também conhecido pelo respeitoso título de Maharaji, viaja pelo mundo há quatro décadas inspirando as pessoas a encontrar paz interior.

Sua mensagem é simples e profunda. Falando no Centro de Conferência das Nações Unidas em Bangcoc, Tailândia, ele disse: "Todos precisam de paz na vida. Já tentamos muitas coisas neste mundo, mas nunca demos chance à paz. Se buscamos algum tipo de esperança, talvez possamos alimentar em nossos corações a esperança de encontrar paz na vida. A paz que procuramos está dentro de nós. Está no coração, esperando se fazer sentir, e posso ajudar a encontrá-la. Não é o mundo que precisa de paz, são as pessoas. Quando as pessoas sentirem paz dentro de si, o mundo estará em paz."

Para os que desejam que a paz seja algo real em suas vidas, ele oferece inspiração e orientação. "O que ofereço não são apenas palavras," ele diz, "mas uma maneira de voltar-se para dentro e saborear a paz que aí está".

Nascido na Índia, ele começou a falar em público aos 3 anos de idade e fez sua primeira palestra pública quando tinha apenas quatro. Aos oito, começou a apresentar sua mensagem de paz pelo subcontinente indiano. Aos treze, foi convidado para falar em Londres e Los Angeles. Desde então, mais de 10 milhões de pessoas em mais de 300 cidades e 50 países vieram a ele em busca de inspiração e orientação.

A divulgação de sua mensagem, que se encontra disponível em mais de 90 países e de 70 idiomas, é mantida por contribuições voluntárias e pela venda de materiais a ela relacionados. Ele se mantém e a sua família com meios independentes.

Ele fundou a Fundação Prem Rawat, que divulga sua mensagem de paz e lidera relevantes iniciativas humanitárias pelo mundo.

Foi convidado a ser o orador principal no Festival Mundial da Paz, realizado pela Unipaz em 1º de setembro de 2006. Na ocasião, Pierre Weil, Reitor da Universidade Internacional da Paz, concedeu-lhe o título de Embaixador da Paz.

Prem Rawat fala espontaneamente do coração, sem discurso escrito. Este texto é um resumo de sua palestra no Festival Mundial da Paz.

Criando Uma Visão de Paz:
A Jornada Rumo ao Interior do Ser

Co-autoria de Sister Jayanti e Rita Cleary

De Dentro para Fora

A Condição do Mundo

A maioria das pessoas conhece uma história de céu, de idade de ouro, de um lugar chamado paraíso onde todos viviam juntos, em unidade e harmonia entre si e com a natureza. Segundo as descrições, tratava-se de um tempo em que paz, amor, felicidade, respeito e divindade eram naturais, e fluíam livremente entre os corações. As escrituras sagradas e as histórias infantis contêm muitos desses relatos. Transmitidas de geração em geração, é fácil identificar-se com elas, embora muitos simplesmente as considerem lendas, pois não conseguem lembrar-se de um tempo em que tenha existido paz em todo o mundo.

Ao contrário, não há como deixar de perceber o atual estado de coisas e acreditar na história do mundo de hoje em dia. O planeta e seus habitantes chegaram ao caos – um tempo em que extremos de negatividade prevalecem em toda parte, em que estruturas e sistemas políticos, educacionais e de governo estão desmoronando. O avanço da tecnologia traz até nós seguidos episódios de violência, sofrimento e tristeza, fazendo-os parecer lugar-comum. Há uma verdadeira epidemia de medo, inveja, fúria, ganância e ódio. A dor e o sofrimento são tão intensos, que nossos corações têm dificuldade em admitir a verdade sobre as condições humanas e ecológicas do mundo.

Atualmente, experimentamos mudanças tecnológicas, sociais, econômicas e espirituais sem precedentes na História da humanidade. Este é, simultaneamente, o melhor e o pior dos tempos. Vivemos no limite; chegamos a uma era de confluência. A partir do caos, vem sendo criada uma nova ordem mundial, e temos a possibilidade de escolher. Podemos permanecer nos extremos da negatividade, neste velho mundo, ou passar para um lugar de transformação, empreender uma jornada para o interior, criando um mundo de paz de dentro para fora.

A escolha é nossa. A pergunta a fazer é: "Estamos prontos para embarcar nessa viagem rumo ao interior, a viagem de volta ao centro do nosso ser? Temos coragem suficiente para iniciar uma jornada que desperte a visão da verdade, e de um mundo de paz, amor e felicidade para todos?"

A Ligação entre o Mundo Exterior e o Mundo Interior

Antes de iniciar a jornada, é importante entender que a situação do mundo exterior é meramente um reflexo do estado individual e coletivo do nosso mundo interior, dos nossos estados de consciência. Vamos refletir um pouco sobre isso. De onde vêm a fúria e a raiva? Vêm das atitudes e visões determinadas pelo coração e pela mente dos seres humanos. Podendo surgir em forma de guerra entre países ou violência familiar, a fúria e o ódio existem dentro do coração daqueles que os expressam. Pense na ganância. Poderíamos dizer que é fruto do materialismo visto no mundo exterior através dos olhos da publicidade e da mídia, mas a verdade é que a ganância está no mundo interior de pensamentos e desejos de quem a sente. Os desejos não atendidos transformam-se em frustração e depois em raiva, criando um círculo vicioso de violência cada vez mais intensa.

Todos sabemos o que há de errado no mundo. A questão é: como consertar? Devemos operar em nós mesmos as mudanças que gostaríamos de ver acontecer nos outros. Pelo poder da transformação, devemos fazer do negativo algo positivo, mas isto requer energia. Que tipo de energia? Espiritual, que leva ao despertar interior. A que usa a força de Deus. Todos possuímos energia e força internas, mas como dar a partida no motor? Por meio de conhecimento espiritual, silêncio e amor. O conhecimento espiritual nos dá objetivo e direção, propósito e sabedoria. O amor é a força inspiradora da transformação. Sem ele é impossível termos fé em nós mesmos e inspirarmos nos outros a coragem da autoconfiança.

Na sua opinião, o que aconteceria se o mundo interior de todos nós fosse orientado pelas qualidades inatas de paz, amor e felicidade? Como seria, então, o mundo exterior? Consegue imaginar as mudanças que poderiam ocorrer? Haveria um mundo sem guerras nem violência, um mundo de respeito por todas as vidas humanas? Uma simples mudança na maneira de perceber quem somos, nas atitudes e opiniões, seria suficiente para trazer à nossa existência um novo mundo de paz, amor e harmonia?

Um Roteiro para a Paz Interior

Vamos dedicar alguns minutos a pensar no significado de "paz". Por uma perspectiva física, muitos definem paz como a ausência de guerra. No entanto, se acreditarmos que a paz vem de dentro para fora, temos de adotar uma perspectiva espiritual.

Paz é não-violência. Paz é harmonia. Paz é libertação – da raiva, das preocupações, do medo. É serenidade, satisfação, sensação de completude. Quando estamos plenamente satisfeitos, não há violência contra quem quer que seja. Agir com violência é tomar algo à força. Paz são seres não-violentos, que respeitam a si, aos outros e a todas as coisas. Este é o nível mais elevado do ser. Para alcançar a não-violência é preciso tempo. Falar é fácil, mas desenvolvê-la é uma tarefa demorada.

Como renovar a força espiritual, de modo a viver em paz? Primeiro, é preciso entender quem somos, enquanto seres espirituais. Saber que somos almas, almas eternas, seres de luz cuja religião original é a paz: eis a chave que abre a porta do intelecto e nos permite iniciar a jornada rumo ao interior. Todos trazemos qualidades inatas de paz, amor, pureza e felicidade. A alma é o condutor e o corpo, o veículo que nos leva a experimentar o mundo. Dentro da alma, estão a mente, o intelecto e a personalidade, ou padrões de pensamento resultantes das experiências de vida. Quando começamos a enxergar através dessas lentes espirituais, o relacionamento com o verdadeiro *self* vai-se delineando, e a auto-estima, o respeito próprio e a autoconfiança tomam o coração.

Conhecer a si mesmo significa abrir o coração e a mente para explorar e desenvolver uma conexão pessoal com o Divino. O que nos faz prosseguir na jornada rumo ao interior é essa ligação com o Supremo, aliada à pura energia espiritual que vem do amor compartilhado no relacionamento. O Supremo também é uma alma, um ponto de pura luz consciente que vem de um mundo iluminado, além da matéria. Seu lar é nosso lar original, o mundo da alma. A singularidade do Supremo é jamais assumir um corpo seu. A Alma Suprema é nosso Pai, nossa Mãe, nosso Mestre e verdadeiro Guia. Para alcançar uma relação pessoal com o Supremo basta pensar nele. Pela prática do silêncio e da meditação, conseguimos ver nosso *self* sob a forma original de alma; assim, é fácil conectar o intelecto à Alma Suprema. Estabelecida a conexão, passamos a experimentar um relacionamento pessoal, e a troca de energia espiritual, que vem da pureza do amor, da paz e da felicidade, começa a fluir. Aos poucos, essas qualidades espirituais despertam no *self*, e a alma acumula forças positivas ilimitadas. Nessa conexão reside a aptidão de trazer à tona os recursos potenciais que temos como almas humanas, e que passam a ser utilizados na vida diária.

Uma vida de paz depende realmente da força interior, da capacidade de manter a tranqüilidade em todas as situações. Existem alguns poderes espirituais que, uma vez postos em prática, são de grande utilidade para nossas vidas:

- *Poder de Tolerância* – sou capaz de tolerar todo tipo de pessoa e de situação. Sabendo que sou uma alma em determinado estado de consciência, consigo deixar o passado em seu lugar. Posso perdoar e esquecer. Ofereço amor, como a árvore que, quando lhe atiram pedras, responde deixando cair seus frutos.

- *Poder de Acomodação* – assim como o oceano aceita as águas de diferentes rios, poluídas ou não, consigo ajustar-me a tudo que acontece à minha volta. Assim como as pessoas se vestem de acordo com a ocasião, aprendi a "vestir-me" com a aceitação e o conhecimento apropriados à pessoa ou à situação, maximizando as oportunidades de causar benefícios.

- *Poder de Interrupção* – tendo aprendido a voltar-me para dentro de mim, consigo em um segundo interromper todo tipo de pensamento destrutivo, de modo a libertar-me do peso das preocupações. Ainda que sejam muitas as responsabilidades, elas não me causam preocupação.

- *Poder de Afastamento* – com plena consciência de que sou uma entidade espiritual diferente do corpo, consigo afastar-me dos sentidos sempre que assim o desejo ou considero conveniente. Desse modo, eu me protejo.

- *Poder de Julgamento* – de maneira distanciada e imparcial, julgo meus próprios pensamentos, palavras e atitudes, verificando se trazem benefícios à situação na qual me encontro. Adquiri autoconfiança, e sei que devo julgar somente a mim, e não aos outros.

- *Poder de Discernimento* – consigo discernir entre a verdade real e a verdade aparente, entre o que tem valor temporário e o que tem valor permanente. Este poder me ajuda a reconhecer as armadilhas da negatividade e da falsidade, que aparecem no meu caminho.

- *Poder de Enfrentamento* – a confiança em meu estado espiritual traz a coragem de encarar todo tipo de situação. Por acreditar que estou conectado a Deus, ao Divino, em pensamentos, palavras e atitudes, sou capaz não somente de enfrentar qualquer situação, mas de influenciá-la de maneira positiva.

- *Poder de Cooperação* – Consigo compartilhar as tarefas e qualidades que recebi. Não me sinto competindo, mas incentivando. De muitas maneiras, tal poder é a culminância de todos os outros. Para exercê-lo, preciso estar livre da negatividade. Com ele, posso tomar a iniciativa de dar a contribuição necessária para o cumprimento das tarefas.

Compartilhando a Magia de uma Vida em Paz

Assumido o compromisso com uma vida de paz, o coração se sente tão pleno, que naturalmente começamos a compartilhar essa energia espiritual. A melhor maneira de descrever a experiência é por meio de três palavras: *partilhar*, *cuidar* e *inspirar*. Compartilhe o que tiver, seja saber espiritual, seja um dom de Deus ou o que houver de melhor em si. Cuide dos outros de maneira muito democrática, com a uniformidade de visão além da cultura e da religião, de modo a vê-los em sua singularidade espiritual. Esse cuidado inclui aceitação. E inspire. Como inspirar? A verdade deve ser a base de tudo. Inspiramos pela verdade do nosso exemplo. As palavras, por mais honestas e profundas, não inspiram. A força espiritual das palavras pode impressionar a quem ouve, mas o exemplo liberta, pois faz o indivíduo pensar: "Se outra pessoa pode, por que eu não posso?" Este é o tipo de ajuda espiritual que estimula e torna possível o impossível. É o que vai iluminar o mundo. É a magia que vai criar um novo mundo, de paz, amor e felicidade para todos.

Sister Jayanti — Indiana. Diretora para a Europa da *Brahma Kumaris World Spiritual University*. Membro do *Global Council* do *International Museum of Women*. Ensina meditação há 30 anos. Palestrante, reúne o saber oriental ao estilo de vida ocidental; transmite uma visão única e positiva de como podemos criar um mundo melhor.

Rita Cleary — Americana. Fundadora do *The Learning Circle* e da *The Visions of a Better World Foundation* (Massachusetts, USA); ambas têm como propósito integrar pessoas de todos os setores em programas de aprendizagem pessoal, favorecendo mudanças fundamentais na sociedade. Professora da *Brahma Kumaris World Spiritual University*.

O Meu Irmão Está Chorando:
Uma reflexão sobre a urgência das demandas elementares do semelhante e nossa vontade de servir

Stalimir Vieira

> *"O eco dos gritos de dor preenchem meu coração: crianças famintas, inocentes torturados por opressores, idosos indefesos e transformados em fardo odioso para os próprios filhos – o mundo inteiro do abandono, da pobreza, do sofrimento, tudo isso constitui uma caricatura sarcástica daquilo que, propriamente, devia ser a vida humana."*
>
> *"Atingimos, agora, pela primeira vez na história, o estágio em que a sobrevivência da humanidade depende de quanto os homens possam aprender a submeter-se a reflexões éticas."*
>
> (Bertrand Russel)

O Elo Perdido na Construção Intelectual do Compromisso de Espécie

Vivemos uma época de esgotamento. As religiões, as doutrinas, as ideologias e toda a forma de pensamento que pretendeu cadenciar o que se chamaria de evolução do Homem se deparam com um paradoxo – as idéias não morreram, mas a evolução é uma ocorrência contraditória: o desenvolvimento da inteligência permitiu ao Homem compreender a lógica das filosofias, mas um "elo perdido" na construção das percepções transformou a compreensão – integradora de todos num "compromisso de espécie" – numa dotação, propriedade de quem a alcança e que distingue e isola. Ou seja, o Homem, em verdade, não terá evoluído no sentido essencial da proposta filosófica – o desenvolvimento de uma percepção acima da motivação dos instintos, sábia, abrangente e includente –, mas apenas terá trocado a "motivação instintiva" pela "motivação ideológica" como vocação para o agrupamento com interesses descolados das necessidades universais da espécie. A "organização tribal" a defender dos demais semelhantes os próprios meios de subsistência continua em vigor, fortalecida pelo desenvolvimento das tecnologias. Hoje, além do território, a "tribo" protege suas próprias descobertas científicas, através das patentes, por exemplo.

O pensamento organizado, expresso nos ideários, acabou tendo um efeito perverso sobre a história, na medida em que, ao atender a uma expectativa da evolução natural do intelecto, forneceu os elementos para uma formulação "lógica" do agrupamento isolado e excludente que até então era sustentado apenas por aspectos mais primitivos, como semelhança física – racial –, de comportamento – cultural –, ou geográfica. A organização "tribal" natural deixa de existir, centrada num agente motivador "puro" e, em tese, propenso a evoluir para a sabedoria, e ganha uma sustentação requintada por uma ideologia, ao mesmo tempo, embrutecedora da sensibilidade.

Hoje, pior do que ontem, o Homem racionaliza e aceita, "conscientemente", o porquê da exclusão do semelhante.

Onde Foi que Paramos?

Os períodos de pós-guerra deveriam ter sido aqueles em que o Homem refletiria sobre as conseqüências de um processo insano de destruição e morte. Certamente, alguns homens o fizeram – os pacifistas –, mas o final de uma guerra se traduz, basicamente, em confirmação de poder e sujeição. O poder pela ocupação exige vigilância do vencedor e a sujeição a esse poder é um estado de permanente conflito potencial. Portanto, nunca há paz verdadeira no pós-guerra. Ao longo da História, os períodos de paz são, necessariamente, períodos de capacitação ou incapacitação para o próximo movimento de ocupação ou expulsão dos invasores. As guerras têm motivações econômicas, mas os discursos que conclamam os cidadãos a apoiá-las são de ordem ideológica.

O pensamento organizado – filosofia – une a "tribo" contemporânea, suficientemente "ética" para não aceitar as razões primitivas da guerra, substituindo as *motivações instintivas* pelas "causas".

As "tribos" contemporâneas, como as tribos primitivas, precisam estar convencidas da ameaça do outro. Se antes a experiência era *vivida* para promover uma reação, hoje a motivação é estimulada pela doutrina. Não precisamos chegar até a beira do rio para caçar e descobrirmos que há *outros* por lá. Precisamos apenas "compreender" que os nossos problemas ocorrem porque *outros*, "maus", detêm certos recursos naturais que nos fazem falta. A expulsão contemporânea do inimigo *daquilo que deveria ser nosso* é uma decisão ideológica (não é justo que isso seja dele, quando eu é que sou digno de tê-lo, pelo meu alinhamento com a doutrina do "certo").

O que terá havido nessa *passagem* da tribo que, instintivamente, defendia ou ocupava o território que assegurasse sua subsistência, para a "tribo" contemporânea que, em nome de um *direito intelectualizado*, defende ou ocupa o território que permite sua subsistência, consciente da exclusão do direito à vida do outro?

O "Homem Forte" e a Utopia

O desequilíbrio na distribuição de nossas riquezas atingiu uma dimensão tão espetacular que, por incrível que possa parecer, tornou-se utópico não ser utópico na busca de uma solução. Nenhuma alternativa conhecida contempla a dimensão do problema. A primeira grande barreira com que nos defrontamos nesse desafio é a consolidação na mente do "Homem beneficiado pelo progresso" de um direito inalienável: o direito natural de evoluir como espécie. O seu progresso foi acompanhado da afirmação de um estado de consciência que não aceita que as coisas possam ser diferentes do que são. Não existe condição intelectual para aceitar o outro "não beneficiado pelo progresso" em outra condição, senão como "humanamente inferior".

Para o "Homem forte", a *lei do mais forte* não é a ideal, mas é a "real/natural", de que ninguém escapa. Daí, a maior concessão que o "mais forte" se permite é a doação de *alguma coisa* ao "mais fraco", e nunca de *si*, ou seja, de uma abertura de consciência para a ética.

Estes valores ditam o comportamento e estabelecem os parâmetros da "caridade" praticada. Ela não tem, necessariamente, nenhuma relação com a dimensão do problema que está sendo tratado, mas é apenas parte do composto ideológico/filosófico/religioso a ser atendido. É um compromisso com a fé e não com o outro. Sua "generosidade" não provém da comoção diante do semelhante que sofre, mas do compromisso com *alguém mais forte do que eu* – o "Ser superior/o Criador/Deus". O "Homem forte" subentende que o grave desequilíbrio socioeconômico contemporâneo não faz dele responsável pela parte "fraca" da sua espécie, uma vez que sua ancestralidade, em algum momento, já teve nele mesmo, indiretamente, alguém "fraco", que superou essa fase. Ou seja, não aceita como justo criar uma expectativa de que a evolução humana tenha que ser, moralmente, um processo simultâneo e que a conquista desse estágio traduza a verdadeira evolução humana, em que o individualismo irracional e inconseqüente é superado. Este "Homem forte" que desfruta da evolução pelo *pico* constitui a grande limitação da busca do equilíbrio. Ele detém os recursos, mas é destituído da consciência do compromisso de espécie. Ele não considera os dons planetários da vida como *tudo de todos*, mas instrumentos de poder e segurança para si e sua "tribo".

A grande utopia é o desmantelamento desse estado mental, através de um exemplo formidável de atitude global e simultânea: a atenção urgente e direta ao irmão que chora.

O Resgate da Ignorância como Estado de Pureza

Considerando que os dogmas serviram para justificar intelectualmente os atos do *homem sem justificativa intelectual*, promovendo, na prática, um efeito contrário ao discurso de princípios, é chegado o momento de uma grande desintoxicação da mente através da atitude de *renúncia intelectual*.

No momento em que assumo minha dúvida com relação ao sucesso de todas as teorias frente às práticas da realidade, habilito-me a uma busca sincera do pensamento transformador. Uma profunda introspecção me leva *de volta* a um *estágio intelectual*, em que o instinto e os sentimentos compõem a essência da motivação, livre do pensamento organizado. No entanto, eu continuo "diferente" do homem pré-histórico, porque minha mente é beneficiada por milhões de anos de um desenvolvimento natural e sofisticado. Mas, nesse exercício, a minha consciência não aceita "conscientemente" essa condição. Eu quero uma resposta independente da interpretação e da elaboração da consciência. Eu quero que *aquilo que o meu intelecto não controla em mim* se manifeste: o sentimento em estado puro. Eu quero a resposta mais natural e espontânea que o meu Ser possa produzir para o cumprimento do meu *compromisso de espécie*; o código, a senha, a chave para a palavra e para o gesto precisos que vão orientar as minhas atitudes. Um *testemunho*, não um dogma. Uma vivência objetiva que dispensa a fé; uma expressão equilibrada de sentimento e razão; coração e mente harmonizados. O mais surpreendente na experiência é a clareza e a simplicidade da resposta.

Meus Braços, para a Vida e para a Morte

As atitudes de *renúncia intelectual* e introspecção profunda em busca do cumprimento do *compromisso de espécie* são antagônicas às recomendações contemporâneas para a busca da "vitória". O "Homem vencedor" é estimulado a competir *com* o semelhante e não *pelo* semelhante *contra* a adversidade. Os gestos e expressões do "Homem vencedor" contemporâneo remontam aos procedimentos das feras na proteção de suas conquistas e de seus propósitos – a Vida depende da afirmação do *mais forte* sobre o *mais fraco*. Na *renúncia intelectual*, o Homem *desaparece em si mesmo* e percorre um caminho contrário ao do "Homem vencedor" contemporâneo. Ele *avança* na busca da revisão e da reconstrução dos conceitos existenciais para otimizar a sua *utilidade* à preservação e evolução da espécie, através da entrega ao *socorro* ao "Homem fraco".

Assim, o exercício de *renúncia intelectual* violenta a *ordem* do em torno quando eu baixo a guarda, relaxo minhas proteções e *não me importo com a competição*. O "Homem forte" precisa que eu compita com ele, mas eu não quero. O "Homem forte" se desestrutura quando alguém *competitivo* renuncia à competição porque deixou de identificar *valor* nela. O exemplo de desprendimento do *outro competitivo* provoca uma reflexão perturbadora no "Homem forte". E tem início uma sucessão organizada de *desordenamentos*, através do desmonte de convicções intelectualmente sustentadas. Uma ação encadeada, movida por *valores inversos* compensa a desconstrução da *ordem*, ocupando o *espaço* das percepções e moldando o *novo exemplo* (não a nova teoria ou a nova doutrina). A chave é: *o meu irmão está chorando*. E os instrumentos são *os meus braços, para a vida e para a morte*.

O Uso da Chave para Não Fazer

O socorro ao "Homem fraco", como *compromisso de espécie*, solicita atitudes sustentadas por sentimentos. Mas estes sentimentos precisam da *chave/senha* para passar a fazer parte da vida cotidiana e expressar decisões. Diante de uma proposta corrupta, aquele que a rejeita, convencionalmente, expressa e justifica a rejeição através de conceitos como: "é contra meus princípios"; "fere a doutrina da minha religião", "eu não concordo com isso"; "eu tenho medo de ser apanhado" etc. Serão sempre decisões louváveis, embora a idéia de *conseqüência* esteja focada no que ocorre a si. Ou seja, expressamos que temos consciência de que a corrupção é algo errado, mas não refletimos, no momento em que tomamos nossa posição, sobre a conseqüência maior dos processos corruptos.

Nossa decisão está baseada em *não se deixar corromper*. Com isso, somos uma opção a menos para ser corrompida, pelo menos naquele momento. Mas não contribuímos no *desordenamento* da ordem corrupta. Uma negativa conseqüente de amplo espectro solicita uma exposição dramática da idéia de *conseqüência*. Daí, a importância da *chave* para *não fazer*. Diante de uma proposta corrupta, eu digo que não aceito porque o *meu irmão está chorando*. A *chave* para *não fazer* carrega uma formulação simultaneamente *simples* e *enigmática*. Ou seja, provoca e encoraja o questionamento, e o assunto não se encerra na proposta. Talvez, vamos ouvir em contrapartida: "quem está chorando?", "que irmão está chorando?" ou "como assim?" Um alto executivo de uma multinacional ou um membro de governo não está acostumado a respostas tão "simplórias", notadamente quando o assunto envolve muito poder e muito dinheiro. Mas não esqueçamos: estamos enfrentando o "Homem forte" com o *novo exemplo*. E a resposta à pergunta é: *preste atenção... está ouvindo?* O "Homem forte" não está ouvindo e não entende. Mas nós insistimos: *Espere! Agora! Ouviu?* Certamente, não, e a nossa sanidade mental começa a ser colocada em dúvida. Então, explicamos: *tem que chegar mais perto*.

Perto de quem? *De quem* chora. Chora por quê? *Porque tem dor, porque tem medo, porque tem fome...* Por quê? *Porque os recursos que deveriam ter sido usados para aplacar a sua dor, o seu medo e a sua fome foram todos desviados pela corrupção. Por isso, eu não posso corromper nem ser corrompido.*

O Uso dos Instrumentos para Fazer

O meu intelecto é menos útil para *o meu irmão que está chorando* do que são os meus braços. Ou seja, *demandas objetivas* precisam ser atendidas com *ações objetivas*. E nenhuma ação é mais objetiva do que a ação movida pelo *gesto*. Só ele é capaz de atender às demandas da vida e da morte com a mesma eficiência. No momento em que compreendemos que somente uma profunda e verdadeira percepção de *socorro* atende à urgência *do irmão que está chorando*, alcançamos o estágio de sensibilidade que nos *desmobiliza* da condição intelectual e permite que doemos aquilo que cumpre a missão maior no *compromisso de espécie*: o tempo. O "Homem solidário" é o Homem que doa tempo. E este tempo precisa ser compreendido como o tempo de *si junto* ao *irmão que está chorando*. Não é o tempo *otimizado* na elaboração intelectual, de intenção abrangente, gerador de teses, mas o tempo em que *me ausento pelo outro* e este tempo passa a ser o tempo mais *precioso*.

Somente quando compreendo que a dor *do irmão que está chorando* é a *dor de cada um* é que me faço capaz de *aplacar a dor de cada um*. O exercício aqui é semelhante ao da mulher que amamenta. A mãe do lactante *vaza* leite quando o filho tem fome, mesmo estando longe dele. Assim, de nosso colo deve *vazar* amor quando pressentimos a dor *do irmão que está chorando*. A mãe, ao encontrar o filho, oferece o seio; nós, acolhemos o irmão nos braços. E doamos o tempo necessário para o *restauro da vida* ou o tempo necessário para que a morte seja uma *passagem serena*.

Por uma Mobilização global, Simultânea e Gestual

Como é isto, para nós? É a experiência *não-intelectual* ainda não vivida. É o passo seguinte. Num dado momento, no mundo inteiro, todos acolhemos em nossos braços *o irmão que está chorando* mais próximo. Em Israel, o que restou da criança, que estava no ônibus que o homem-bomba mandou pelos ares, sussurra seu trauma: "Fez bum e minhas pernas sumiram". E *eu* aconchego mais seu corpo no meu e respondo: *Não faz mal, eu vou ensinar você a voar*. Na Palestina, a mulher chora o filho atingido pelo míssil israelense e eu a acolho em meu colo e peço: *Deixa-me ser seu filho agora*. E, assim, cada um de nós acolhe em nossos braços no dia e na hora marcados *o irmão que está chorando mais próximo*. Uma mobilização formidável, global, simultânea; milhões de braços acolhem milhões de homens, mulheres e crianças que choram, sem perguntar os motivos. Apenas pelo exemplo.

Stalimir Vieira – Brasileiro. Publicitário. Stalimir foi diretor de criação de agências de renome no Brasil e na Argentina. Atualmente, é diretor de criação da NewcommBates. Foi professor de Criação e Inovação da Escola Superior de Propaganda e Marketing. Diretor do Clube de Criação de São Paulo (Brasil) e da Associação dos Profissionais de Propaganda. Conselheiro-fundador da Escola de Criação da ESPM. Primeiro secretário da Associação Brasileira das Agências de Publicidade. Integrante do conselho de ética do Conselho Nacional de Auto-regulamentação Publicitária (Brasil).

O Papel do Sagrado na Formulação de Uma Cultura de Paz

Washington Araújo

A paz é, de longe, o combustível mais importante para fazer girar o motor da História. Pensadores e filósofos de todos os tempos se debruçaram sobre o tema, dissecaram as motivações que levam ao estabelecimento de uma paz duradoura e delinearam um mundo livre do bacilo das guerras. Se, por um lado, a história humana pode ser lida como a eterna luta do ser humano por uma convivência pacífica, por outro, pode igualmente ser vista como o acúmulo de guerras e conflitos que transbordam do plano individual para o familiar, do familiar para o social e do social para os interesses nacionais. No entanto, tudo começa pelo indivíduo. É-nos inconcebível visualizarmos um mundo de paz com indivíduos em constante conflito, conflitos que emergem de suas imensas dificuldades para apaziguar sentimentos e aspirações, utopias e sonhos, conflitos gerados pela inabilidade de transformar em ação tais esperanças, tais percepções do Todo, quando tudo parece nos levar a ver tão somente a parte, o componente, a individualidade.

Lutero (1483-1546) arranhou as bordas do problema quando afirmou que "a família é a fonte da prosperidade e da desgraça dos povos". E o que vemos atualmente? Famílias fragilizadas, com seu nó vital frouxo. E o nó vital de uma família é o amor desmesurado pelas características distintivas de seus integrantes. O apreço à diversidade humana, às particularidades, o senso de que o que me é diferente, longe de me afastar, me aproxima, pois faz assomar em mim aquilo que responde pelo patrimônio humano comum e universal. Ao observarmos a claudicante caminhada da civilização, tal como a concebemos, sentimos ser urgente uma consciência mais ampla do sentido de família. Um sentido que, transcendendo o núcleo primaz de pais e filhos, abarca também todos aqueles requisitos que concedem identidade a um povo e a uma nação. O sentimento de pertencer à mesma espécie – a humana – também nos traz graves responsabilidades para com o destino da sociedade humana. Em meados do século XIX, Bahá'u'lláh (1817-1892) afirmou que "a Terra é um só país e os seres humanos seus cidadãos... homem é aquele que não apenas ama a sua pátria, mas, antes, aquele que ama a sua espécie".

Há que se pensar e repensar – quantas vezes forem necessárias – a questão dos paradigmas a que estamos, de certa forma, aprisionados. O paradigma que trata do posicionamento do ser humano na vida em sociedade enquanto entidade única em busca de meios para satisfazer à sua visão individualista de mundo parece estar com os dias contados. Isto porque as relações individuais nem sempre se harmonizam com as relações coletivas e tudo traz em seu âmago a marca e o sinal da interdependência. E de tanto vermos este desequilíbrio entre o particular e o genérico, entre o indivíduo e a sociedade, mais sofremos. Um sofrimento que, qual avalanche, nos oprime e nos faz descrer em um destino glorioso para a espécie. Nesses tempos sombrios nos deparamos com condições propícias ao surgimento de novos paradigmas. E são estes novos paradigmas que, uma vez estabelecidos, causarão uma guinada profunda no futuro da humanidade. Talvez mais, ou pelo menos tão revolucionário e instigante quanto o enunciado de Einstein para uma Teoria da Relatividade, alterando, profundamente, o rumo da Física e, por conseguinte, outros campos de pesquisa científica.

As idéias correntes, aceitas sem contestação, conduzem a humanidade ao conformismo e produzem uma reação contrária, às vezes brusca: é lago plácido que se agita com o arremesso de uma pedra, no qual as ondas perturbam o *status quo*. Não é de se admirar que Galileu tenha tido que abjurar suas idéias, heréticas para a época, ante o calor de uma fogueira que selaria seu destino. Ali arderia a chama da ignorância e o combustível do conformismo reduziria a cinzas uma nova visão da ciência. Mas o que nos interessa, basicamente, são as mudanças estruturais nas relações entre indivíduos, bem como aquelas entre as nações. A proclamada Era de Aquário nos remete a temas do humanismo, ao positivismo de Comte; à filosofia de Sartre e também ao misticismo. A busca da felicidade volta a ser meta atualíssima. É um contraponto ao racionalismo e envolve expoentes brilhantes, como Fritjop Kapra com seus Tao da Física e o celebrado Ponto de Mutação; Stephen Hawking, com uma nova teoria para a criação do universo. São os físicos iluminados, nestas últimas décadas, pela luz do espírito humano em "busca de meios para se satisfazer".

O conceito de governo autocrático, com as decisões tomadas de cima para baixo, deve ceder espaço aos postulados da ciência política, ao elaborar as bases para um governo participativo, em que estas expressam seus anseios, suas esperanças e suas necessidades; e se engajam em um processo efetivo de mudanças estruturais, sendo partícipe da construção de seu futuro. Foi-se o tempo em que o destino de uma cidade ou de uma nação deveria ficar concentrado nas mãos de um governante. A História mostra o quanto tal realidade impede o progresso. O futuro não mais será escrito por delegação aos governantes, mas, antes, a cada ser humano consciente de seu papel na evolução da civilização.

Neste contexto, há que se saudar o processo decisório – que no momento é uma vertente da autocracia e, portanto, viciado em posturas demagógicas e em "salvadores da pátria" –; deve ser substituído pelo princípio da consulta coletiva. As partes envolvidas em um problema necessitam ser ouvidas, Os fatos exigem ser claramente estabelecidos e a liberdade de voz e a de voto, na tomada da decisão, passarão a constituir os alicerces para uma nova forma de se tomar decisões, um processo decisório que mostrará ser sadio e eficaz.

O conceito de liderança individual que sempre se pautou na supremacia da personalidade do líder, visto como uma forma de possuir prestígio pessoal, alimentador de vaidades e meio para a obtenção de recursos materiais, deve ceder lugar a sentimentos mais nobres e elevados, que coloquem o bem coletivo acima do desejo individual. E tem na conjugação de qualidades morais, espirituais e éticas, uma nova senda a ser trilhada, na qual o ato de servir será a aspiração maior. Serviço inegoístico passará a ser a característica exigida das novas lideranças. Cursos de formação de líderes darão especial atenção ao resgate desses valores. Valores tantas vezes negligenciados e que apontam para nossa incapacidade de compreender que "aquilo que infelicita a parte infelicita também o todo".

A quimera da superioridade racial, com sua longa história de sofrimentos, guerras e conflitos étnico-raciais, cederão, forçosamente, espaço à proposta de unidade racial, em que todos passem a ser considerados irmãos, descendentes de Adão, frutos de uma mesma árvore, membros de uma mesma e única família que atende desde os primórdios dos tempos pelo nome de humanidade. Com o ressurgimento de movimentos racistas na Europa, os países tendem a investir na prevenção desse mal, chegando a impor sanções econômicas drásticas – tal o ocorrido contra o famigerado *apartheid* na África do Sul. De certa forma, o racismo é uma arma apontada contra a consciência espiritual da humanidade. E o dedo que aperta o gatilho não é outro que o da ignorância e da falta de perspectivas. A nobreza do caráter humano, quando reconhecida, pode evitar este mal que vem dilacerando o tecido social ao longo dos séculos.

Como já aventamos, a idéia do nacionalismo, com sua visão limitada da humanidade, não mais resiste à constatação da crescente interdependência entre as nações do mundo, ainda mais quando observamos que nenhuma nação é auto-suficiente na produção de matérias-primas essenciais (alimentos, por exemplo) e, por conseguinte, não conseguirá preços competitivos no mercado internacional. Sem um entendimento de que temos um destino comum a compartilhar, estaremos fadados a um desespero comum. Desespero que pode ser visto, a olho nu, nos telejornais diários, nas notícias que encontramos na internet, nas páginas dos jornais impressos. A par disso, o desenvolvimento tecnológico a que chegamos exigirá um verdadeiro *pool* de países para a otimização da produção mundial. Estarão nossos líderes à altura dos desafios que estes novos tempos requerem?

A amplitude de um reconhecimento da unidade do gênero humano requer a superação do conceito de soberania nacional. Um dos mais veementes exemplos da necessidade desse novo patamar de relações internacionais é a preocupação mundial com o meio ambiente e a ecologia do planeta. O planeta é um bem que interessa a todos, independente de sua origem nacional. A humanidade avança, então, para o conceito integral de que a terra não apenas nos pertence, mas, antes, nós pertencemos a ela, como está escrito nos textos ancestrais dos povos indígenas das Américas. A era de planetização da humanidade é o anseio corrente. Lutar contra esta constatação é como lutar para que o sol deixe de nascer. As lealdades menores cedem espaço a uma lealdade maior, que possa abarcar o mundo em um processo contínuo, com um sistema monetário e alfandegário únicos, além de uma série de benefícios que passarão a ser comuns em qualquer país daquele continente.

O sistema de educação – que ora privilegia a aquisição de conhecimentos técnico-científicos, o uso da razão pura e simples, a constatação dos fenômenos naturais – deverá ser complementado por uma visão integral e coesiva do ser humano, dando destaque aos frutos do espírito humano em um contexto de livre e independente busca da verdade e de renascimento das qualidades morais e espirituais, como honestidade, veracidade, solidariedade: "Uma flor é bela, não importa em que jardim floresça. A luz é boa, não importa em que lâmpada brilhe", é o que ensinou o sábio persa 'Abdu'l-Bahá (1844-1921). E nessa direção do pensamento humano iremos, gradual e fatalmente, apreender a percepção cristalina de que "o conhecimento é um ponto, os ignorantes o multiplicaram".

O papel da imprensa, marcado pelo corporativismo e pelo poder financeiro como agente manipulador da informação, está com os dias contados. A opinião pública tem dado mostras eloqüentes de que não mais será mera massa de manobra para interesses escusos e inconfessáveis. A gestação de um novo paradigma requer a coragem de se publicar a verdade, embora se apresente escamoteada a inteligência para reconhecê-la, embora se encontre sob muitos disfarces. Os meios de comunicação darão asas à imaginação humana e vocalizarão seus mais belos anseios por um mundo unido. Portanto, há que se restabelecer o verdadeiro papel da imprensa: refletir a realidade e sobre a realidade, em completo compromisso com a verdade dos fatos e das opiniões.

A visão da justiça, que temos visto ser distorcida ao longo dos séculos, também parece estar em processo de mutação. Quando os trabalhadores empunham faixas e cartazes reivindicando menor jornada de trabalho semanal, aumento salarial, creches para os filhos, planos de saúde abrangentes, alimentação e transporte, dentre outros benefícios sociais, bem sabemos que no fundo o que se deseja nada mais é que o estabelecimento da justiça. Uma justiça abrangente, de responsabilidade participativa que leve a sociedade a criar mecanismos que propiciem uma justa distribuição de renda. Sinais positivos, nesse campo, mostram o aperfeiçoamento das instituições representativas de trabalhadores: sindicatos, federações e confederações, associações de moradores.

Organizações Não-governamentais (ONGs) também proliferam em todo o mundo. Defendem as mais diversas causas, do urso panda ao mico-leão, da mata atlântica brasileira às savanas russas, dos meninos de rua às crianças que se prostituem na mais tenra idade, da medicina alternativa à energia nuclear para fins pacíficos, dos aborígines australianos aos indígenas da América.

O progresso da homeopatia, em contraponto à medicina alopática, também revira os fundamentos da medicina moderna. Saudamos com satisfação a busca inadiável de se encontrar na Natureza a panacéia para todos os males. E, com isto, os esforços para resgatar a milenar arte de curar dos antigos, uma cura que não tenha contra-indicações e seus nocivos efeitos colaterais; e, também, da utilização de métodos espiritualistas, como o uso de orações e súplicas. Nesta vertente, observamos o progresso acelerado da cura pela água, os florais de Bach e a grande aceitação de plantas e ervas medicinais, o florescimento das farmácias de manipulação. Uma nova concepção da cura, que resgata o poder lúdico, da música e da dança como formas de liberar o potencial humano de seus tormentos e nos remete aos mitos que se entrelaçam na memória coletiva da raça humana.

A idéia de ecumenismo, pela qual as religiões e os diversos credos devem conviver pacificamente, para uma visão ampla de que a base de todas as religiões é uma só: servir e adorar o mesmo Deus. Quantas guerras teriam sido evitadas, quantos milhares de vidas humanas poderiam ter sido poupadas se tal entendimento recebesse ampla aceitação por parte daqueles que almejam para si o direito de convocar os povos para o Sagrado! Neste caso, a teologia moderna deve considerar a revelação divina como progressiva: a verdade religiosa é relativa, não absoluta. Nessa ótica, o hinduísmo (Krishna), o budismo (Buda), o judaísmo (Moisés), o cristianismo (Jesus), o islã (Maomé), a Fé Bahá'í (Bahá'u'lláh) representam diferentes estágios na evolução da revelação religiosa. Como degraus de uma mesma escada que conduz o espírito humano para o Alto, seu lugar na seara da existência, não há de se privilegiar um degrau em detrimento de outro: todos são importantes e vitais para tal caminhada rumo ao Todo que pulsa no coração da civilização. Assim, também, vemos o surgimento do Conselho Mundial de Igrejas, do *World Wildlife Fund* (Fundo Mundial para a Natureza) e das Associações Inter-religiosas. São os primeiros passos concretos para um novo paradigma de relações, em que o maior beneficiário será o espírito humano.

Um realinhamento de todas vertentes espiritualistas parece ser a força propulsora que poderá alçar-nos, enquanto espécie humana, a um novo patamar de realizações humanas. Não há como desconhecer que existem duas forças propulsoras da nossa história. Elas são a religião e a ciência.

Quanto à ciência, há uma abundância de textos e reflexões que são objeto de estudo diuturno tanto dos próprios cientistas quanto das pessoas interessadas no bem-estar e no progresso social. Mas, e quanto à religião? Acredito firmemente que se torna inadiável um retorno à leitura dos livros sagrados da humanidade. Afinal, são este livros que, como elo místico perene, unem a humanidade ao seu Criador, impulsionam a civilização e fundam os preceitos para a vida em sociedade, através do aperfeiçoamento individual. As palavras detêm uma força, magia e inebriante beleza que cativam corações puros e sinceros e mentes argutas e desprovidas do bacilo do preconceito, fornecendo a cada ser humano que as ouvem um sentido nobre para sua existência.

É-nos inconcebível um mundo sem os sopros vivificadores da Divindade. Em todos os tempos, a história registra a presença da Palavra Sagrada permeando mentes e corações e forjando os progressos material e espiritual. Considerando-se que Deus não pode ser concebido ou objetivamente conhecido – uma vez que esta Realidade Suprema está além de nosso entendimento racional – Ele é Oculto enquanto Essência e é Manifesto através de seres humanos que Ele escolhe e que, com o manto de profeta revela-nos, pelo Seu Verbo, de época em época, a Sua Vontade. Nos livros sagrados, Bhagavad-Gita, Antigo Testamento, Tri-Pitakas, Novo Testamento, Alcorão e Kitáb-i-Aqdas, encontramos o "verbo feito carne" nos templos humanos de Krishna, Abraão, Moisés, Buda, Jesus Cristo, Maomé e Bahá'u'lláh. Em todas estas escrituras o homem é poderosamente convocado para seu Criador, através do exercício de virtudes como o amor, a bondade, a compaixão, a justiça, a eqüidade e a retidão. É a transcendência, a meta de cada indivíduo saber que, colocando sua vida em conformidade com os preceitos divinamente ordenados, propicia o cumprimento do objetivo de sua criação: conhecer e adorar a Deus. É oportuno, então, tecer breves comentários sobre cada um desses Livros. Eles nos fornecem lenha nova para gerar a combustão capaz de iluminar a visão do novo mundo que ansiamos e pelo qual lutaram os profetas e sonhadores, os cientistas e filósofos, aqueles dotados da boa vontade para ver Deus com seus próprios olhos e ouvir suas melodias com seus próprios ouvidos.

O Bhagavad-Gita

Também referido como Sublime Canção, Canção do Senhor ou a Mensagem do Mestre, é um dos pilares da literatura sagrada mundial. Neste livro, Krishna, que viveu na Índia antiga há mais de 5.000 anos, apresenta uma mensagem de amor, fé e esperança. Reverenciado por budistas, hindus e brâmanes, é também o livro por excelência da religião hindu. Sua filosofia é um episódio da antiga epopéia hindu, chamada Mahâbhârata (Mahâ = grande, Bhârata = Índia), que compreende 250.000 versículos, descrevendo a grande guerra entre os Kurus e os Pândavas.

A batalha tem início quando Brishma, comandante dos Kurus, deu o sinal, tocando a sua corneta ou concha e logo respondido pelos Pandâvas. Arjuna pede, então, a Krishna, no princípio da batalha, que deixe parar o carro no meio do espaço entre os dois exércitos e eis que vê de perto seus parentes e amigos, em ambos os lados, ficando horrorizado por constatar que se tratava de uma guerra fraticida, dizendo a Krishna que preferia morrer inerme e sem se defender do que matar seus parentes. A resposta de Krishna é um comovente discurso filosófico que forma a maior parte do Bhagavad-Gita. Escrito na melhor tradição dos livros sagrados, a luta aqui relatada não é outra senão a luta travada no espírito humano do Bem contra o Mal. A supremacia do espírito sobre o egoísmo, as paixões e os prazeres mundanos. Sua leitura nos leva a diversos níveis de compreensão de verdades místicas e esotéricas.

Diz-nos Krishna:

> *Eu sou a Origem de tudo. O universo inteiro de Mim emana.*
>
> *Os sábios, que são Minha imagem e semelhança, conhecendo esta verdade, dirigem-se a Mim com adoração.*
>
> *O Homem real, o Espírito, não pode ser ferido por armas, nem queimado pelo fogo; a água não o molha, o vento não o seca nem o move.*
>
> *Quem conhece a verdade de que o Homem real é eterno, indestrutível, superior ao tempo, à mudança e aos acidentes, não pode cometer a estultice de pensar que pode matar ou ser morto. Sabei que o Ser Absoluto, de que todo o Universo tem o seu princípio, está em tudo, e é indestrutível. Ninguém pode causar a destruição desse Imperecível. Todo o ser e toda coisa são o produto de uma infinitésima porção do Meu poder e da Minha glória. Quem tudo faz em Meu nome; quem Me reconhece como o alvo de todos os seus mais nobres esforços; quem Me adora, livre de apegos e sem odiar a ninguém, este chegará a Mim.*

É também uma canção apaixonada do Criador por Sua criação, abrindo-lhe imensas veredas para seu progresso no mundo do espírito. Milhões de seres humanos continuam se deleitando com a profundidade deste Canto e nele seguem encontrando as energias interiores que podem revitalizar sua vida e aperfeiçoar seu caráter.

O Antigo Testamento

Antiga Aliança e Pentateuco são outras designações do livro sagrado dos judeus que, complementado com o Novo Testamento ou o Evangelho de Cristo, formam a Bíblia Sagrada, o livro mais lido no mundo. Os judeus são os descendentes do pequeno povo de Israel e o Antigo Testamento conta sua história entre 1800 e 500 anos a.C. Em 12 séculos, o Povo da Bíblia recebeu diversos nomes. Primeiro, Hebreus, antes de sua entrada no país de Canaã, aproximadamente em 1235 a.C.; depois, Povo de Israel, quando se estabeleceu em Canaã, até o exílio – por volta de 1235-586 a.C.; e finalmente, Judeus, em 536 a.C., após o exílio. Os mais antigos vestígios do texto bíblico foram descobertos em 1947, nas proximidades do Mar Morto: rolos de pergaminho de 2.000 anos, conservados em jarras.

Na Idade Média, os monges copiavam a Bíblia em pergaminhos. O Antigo Testamento pode ser classificado em cinco grupos distintos: A Lei, Os Livros Históricos, Os Livros Poéticos, Os Profetas e Os Livros Deuteronômicos. Foi redigido em dez séculos, assim não é obra de um único autor, mas de uma imensa gama de escritores, na maior parte anônimos.

Nesta epopéia religiosa, anterior à invenção da escrita, transmitida oralmente de pai para filho, há milênios, há estilos bastante diversificados: narrativas históricas, como o Livro dos Reis; contos, como o de Jonas; poemas, como o do Cântico dos Cânticos; orações, como os Salmos; ensinamentos, como Provérbios. É interessante observar que a ordem de classificação dos textos bíblicos não corresponde à ordem cronológica em que foram escritos: a primeira página da Bíblia foi escrita no século VI a.C.; as seguintes, quatro séculos antes; enquanto que o conto de Jonas, escrito no século IV a.C., precede o livro do profeta Miquéias, datado do século VIII a.C.

A Bíblia foi o primeiro livro impresso por Gutenberg, em 1450, dando início ao que chamamos de "galáxia de Gutenberg em expansão". Em 1980, foram vendidos 10 milhões de Bíblias, em 275 línguas. É um livro que, desde sua existência, inspira poetas, pintores, escultores, escritores e pensadores de diferentes raças, etnias e nações.

Erasmo (1469-1536) sintetiza assim a importância desse livro através dos tempos:

> *"Eu desejo que a Bíblia seja traduzida em todas as línguas, para que os escoceses, irlandeses, assim como os turcos e os árabes a possam ler e compreender. Eu gostaria que o lavrador a cantasse seguindo seu arado, que o tecelão a cantarolasse enquanto tecesse e que o viajante esquecesse seu cansaço relendo suas histórias".*

O Antigo Testamento se inicia com a narrativa da Criação, que é um belo poema dedicado à glória de Deus: "No começo, Elohim criou os céus e a terra. A terra era deserta e vazia e o espírito de Elohim planava acima das águas" (Gênesis. 1:1-2). Épico, relata a aventura do homem buscando conhecer e amar seu Criador. Encontramos em suas páginas as mais emocionantes elocuções poéticas:

Não tenha medo, eu o resgatei, eu o chamei pelo seu nome, você é meu. Quando você atravessar as águas, eu estarei com você e os rios não vão submergi-lo. Quando você andar no meio do fogo, você não se queimará e a chama não o consumirá. Pois eu sou Javé, seu Deus, o santo de Israel, seu salvador. Não tenha medo, pois estou com você. Juntarei o seu povo do oriente e do ocidente. Direi ao norte: dê! e ao centro: não segurem, aproximem meus filhos de longe e minhas filhas da extremidade da terra, todos aqueles que se chamam com o meu nome, todos aqueles que, para a minha glória, eu criei, formei e fiz (Isaías 43:1-7).

A narrativa contempla histórias que formam o inconsciente coletivo da raça humana: Adão e Eva, Caim e Abel, Torre de Babel, Arca de Noé, Abraão, Nascimento de Isaac, Expulsão de Ismael, Sacrifício de Isaac, Luta de Jacó, José do Egito, Sarça Ardente, Saída do Egito, Travessia do Mar, Lei da Aliança, Davi contra Golias, a Estrangeira Rute e centenas de outras.

O nome de Deus é formado neste Livro por consoantes que não podem ser pronunciadas. É o Tetragrama Sagrado. Elohim, Deus, Javé, Jeová, Adonai são nomes substitutos como o Senhor, Todo-Poderoso, o Pai. Javé, em hebraico, lê-se da direita para a esquerda: HWHY.

O Antigo Testamento conservou apenas as quatro consoantes do nome de Deus. Este nome, que vem do verbo ser, pode ter três significados:

1. *Eu sou quem eu sou;*
2. *Eu sou aquele que é;*
3. *Eu sou quem eu serei.*

A lei fundamental é:

Você amará Javé, seu Deus, com todo o seu coração, com toda a sua alma e com todo o seu poder (Deuteronômio 6:4) e

Você amará a seu próximo como a si mesmo (Levítico 19:18).

Tão poderoso é o texto bíblico que vem inspirando, ao longo do tempo, o comportamento humano, estabelecendo as bases da legislação da grande maioria dos países do mundo, que encontram nos Dez Mandamentos a base do seu ordenamento jurídico, moral e ético, os quais são listados a seguir.

- Você não terá outros deuses além de mim.
- Você não fará ídolos.
- Você não falará em vão o nome de Javé.
- Lembre-se do dia de Sabá para o santificar.
- Honre seu pai e sua mãe.
- Não mate.
- Não cometa adultério.
- Não roube.
- Você não prestará falso testemunho contra o seu próximo.
- Você não vai cobiçar a casa do seu próximo; você não vai cobiçar a mulher do próximo, nem seu criado, nem sua criada, nem seu boi, nem seu asno, nada que pertencer ao seu próximo. (Êxodo 20:3-17).

Diz-nos, ainda, este Livro Sagrado:

> *A Deus pertencem os pilares do mundo. Sobre eles Ele colocou a terra... (Samuel 1:2-8). Que minha língua se cole no céu da boca caso eu não louve Jerusalém com toda a minha alma! (Salmos 137:6).*
>
> *Javé me disse: eu coloquei minhas palavras na sua boca! (Jeremias 1:9-10).*
>
> *Vou dispersá-lo entre as nações (Levítico 26:33).*
>
> *Aquele que dispersou Israel o reunirá de novo (Jeremias 31:10).*
>
> *Escute, Israel, os preceitos e as sentenças que digo. Vocês vão aprender e vão cuidar de colocá-los em prática (Deuteronômio 5:1).*

E a pontificar sobre o sequioso espírito humano, temos este belo Salmo de Davi:

> *Javé, meu Deus, eu chamo durante o dia, grito de noite na sua presença, que chegue a você a minha oração, ouça o meu clamor. E para você eu grito, Javé, desde o amanhecer a minha oração o procura. Porque Javé rejeita a minha alma, me esconde a sua face? – Salmo 88 .*

O Tri-Pitakas

Em sânscrito significa As Três Seções das Escrituras Budistas. Compreende o Sutra-Pitaka (Sermões), o Vinaya-Pitaka (Preceitos da Fraternidade Budista) e o Abhidarma-Pitaka (Comentários). Sidarta Gautama, o Buda, nasceu em 556 a.C., filho único do rei Suddhodana e de sua esposa Maha Maya, em Kapilavastu, no sopé do Himalaia, atual Nepal. Ele foi a Grande Luz da Ásia. Também conhecido como o Sakyamuni, ou o "Sábio do Clã Sakya" por seus adeptos budistas, abandonou a vida principesca, vindo a se tornar um mendigo em busca da realidade espiritual. E no ano 521 a.C., à sombra de uma árvore, atinge a iluminação.

Após 45 anos, pregando a sabedoria e a compaixão, entrou no Nirvana ou alcançou a "Grande Morte". Este foi um dos acontecimentos mais belos e significativos da história da humanidade, enriquecendo a mente humana e transbordando bondade, amor e compaixão através dos séculos e até os dias atuais.

Na China, o Budismo foi introduzido no ano 67 da era cristã, durante o Reinado de Ming, da Dinastia Han. Mas, na realidade, isso ocorreu 84 anos mais tarde, quando as escrituras budistas foram traduzidas na China, no ano 151 d.C., pelo Imperador Huan. Durante 1.700 anos, as traduções para o chinês se processaram, alcançando a cifra de 1.440 escrituras contidas em 5.586 volumes. Seguiram-se traduções para o coreano, japonês, ceilonês, cambojano, turco, para quase todas as línguas orientais e também para o latim, francês, inglês, alemão, italiano e português, estando hoje acessível em quase todas as línguas do Ocidente e do Oriente. Certa vez, alguns noviços se aproximaram de Buda e perguntaram-lhe a que preceitos deveriam obedecer.

Então ele lhes disse:

Aqueles que desejam entrar na senda para serem fiéis discípulos de Buda devem observar quatro preceitos fundamentais:

1. *procurar boas companhias;*
2. *entender a lei;*
3. *fortalecer a mente através da reflexão;*
4. *praticar a virtude.*

No entanto, quanto à norma de conduta, dou dez mandamentos, que são:

1. Não matar.
2. Não roubar.
3. Não falar mal dos outros.
4. Não mentir.
5. Não ingerir alimentos antes das horas pré-fixadas e se abster de bebidas alcólicas.
6. Não assistir a festas e espetáculos.
7. Abster-se de perfumes, ungüentos, adornos e grinaldas.
8. Não cobiçar nada de ninguém.
9. Evitar o conforto de leitos macios.
10. Abster-se de receber esmolas em dinheiro.

Os ensinamentos do Sábio do Mundo são a força motriz de grande parte da humanidade, cativando milhões de seres humanos; é a religião que conta com o maior número de adeptos em todo o mundo.

Em seu Livro Sagrado encontramos estas palavras:

> *O Eu é o mestre do eu. Que outro mestre poderia existir? Tudo existe – é um dos extremos. Nada existe – é o outro extremo. Devemos sempre nos manter afastados desses dois extremos e seguir o Caminho do Meio.*
>
> *O que somos é conseqüência do que pensamos.*
>
> *Qual a raiz do Mal? A cobiça, o ódio e a ilusão. O Mal é feito unicamente pelo eu, nasce do eu, é trazido à existência pelo eu.*
>
> *Qual é o caminho da salvação? É a retidão; é a meditação; é a sabedoria. Saber de cor todos os Vedas não conduz à Verdade.*
>
> *O conhecimento útil, a verdadeira ciência, só pode ser adquirido pela prática.*
>
> *Antes de dar, o coração se alegra; durante o ato de dar, ele se purifica; e, depois de dar, ele se sente satisfeito.*
>
> *Fazei de vós mesmos uma luz. Confiai em vós mesmos: Não dependais de mais ninguém. Fazei de meus ensinamentos a vossa luz. Confiai neles. Não dependais de nenhum outro ensinamento.*

O Novo Testamento

Também chamado de A Nova Aliança, o convênio feito por Deus com Jesus em favor de todos os homens, tem inspirado o comportamento humano através dos tempos. Um livro pleno de amor e devoção, subvertendo a moral da época, renovando os alicerces da sociedade em que era apregoado, extrapolou as fronteiras nacionais para criar uma civilização: a civilização cristã. Compreende 27 livros do cristianismo, religião fundada por um judeu, Jesus de Nazaré, há 2000 anos e é aceito como Palavra de Deus por um em cada três homens no mundo.

Os cristãos reconhecem como sagrados os livros da religião judaica que formam o Antigo Testamento. O Novo Testamento foi escrito pelos primeiros cristãos, sobre a vida de Jesus e das primeiras comunidades cristãs. Sua mensagem é quase sempre conhecida como Evangelho que, do grego, significa Mensagem Feliz e para Jesus significava a boa nova de libertação para todos os homens.

A ordem tradicional dos livros do Novo Testamento: os quatro evangelhos (Mateus, Marcos, Lucas e João), os Atos dos Apóstolos, as Cartas de Paulo, as Cartas aos Hebreus, as Cartas de Pedro, as Cartas de João, as Cartas de Judas e o Apocalipse de João. Todos esses livros foram escritos em grego entre os anos 51 e 100 da era cristã.

Os escritos originais não foram encontrados, existindo, no entanto, cerca de 5.000 cópias antigas. O evangelho de Marcos foi concluído por volta de 65-70 d.C.; os de Mateus e Lucas, 75-80 d.C. O fragmento de manuscrito mais antigo é anterior ao ano 150 e foi encontrado no Egito.

Os manuscritos que contêm o Novo Testamento completo datam do século IV. São eles: o Codex Vaticanus, conservado na Biblioteca do Vaticano, e o Codex Sinaiticus, descoberto no mosteiro de Santa Catarina, no Monte Sinai e conservado no Museu Britânico de Londres.

Durante a Idade Média, até a descoberta da imprensa, a Bíblia era recopilada nos mosteiros. Em 1456, Gutenberg imprimiu seu primeiro exemplar. As primeiras traduções apareceram no século II: em latim, siríaco (século II), copta (século III), gótico, georgiano, etíope (século IV); em armênio (século V), árabe, chinês, anglo-saxão (século VIII), alemão, eslavônio e franco (século IX).

No Novo Testamento encontramos os relatos da vida de Jesus: nascimento; Jesus e João Batista; a ressurreição de Lázaro; a Última Ceia; o Jardim de Getsêmane; a subida do Calvário; a Ressurreição dos mortos – bem como relatos dos primeiros cristãos e seu heroísmo na proclamação desta mensagem; Pentecostes; os primeiros conflitos com as autoridades; o evangelho de Samaria; a conversão de um etíope; a fundação da Igreja de Antioquia; o concílio de Jerusalém; o assassinato de Tiago; Estevão – o primeiro mártir cristão; a fuga de Pedro, dentre outros. Atualmente, o Novo Testamento está traduzido em 459 línguas e mais de 15 milhões de exemplares são vendidos ou distribuídos todo ano. É, de longe, o livro mais lido e adquirido no mundo.

Alguns dos ensinamentos deste livro:

Eu sou o pão da vida. Quem vem a mim não terá fome, quem confia em mim jamais terá sede (João, 6:35).

O maior amor é o de dar a vida por seus amigos (João, 15:13).

Aquele que me segue não caminha nas trevas, ao contrário, ele terá a luz da vida (João 8:12).

Glória a Deus nas alturas, e paz na terra aos homens a quem ele ama (Lucas 2:14).

Mas eu lhes digo, a vocês que me ouvem: amem seus inimigos, façam o bem àqueles que os detestam. Àquele que esbofeteia sua face, apresente-lhe também a outra (Lucas, 6:27).

Quando ele se aproximava da porta da cidade, eis que levavam um morto. Era um filho único e a mãe era viúva... Jesus tocou o caixão e os carregadores pararam. Ele disse: "Jovem, eu lhe digo, levante-se". O morto sentou-se e começou a falar. E Jesus o entregou à sua mãe (Lucas, 7:12-16).

Por volta da nona hora, Jesus clamou bem alto: "Eli, Eli, lamma sabactáni", isto é, "meu Deus, meu Deus, por que você me abandonou?" Logo a seguir, um deles correu a pegar uma esponja, encheu-a de vinagre e a colocou na ponta de um caniço para dar-lhe de beber. E Jesus ainda deu um grito bem alto, e entregou o espírito. E eis que a cortina do santuário dividiu-se em duas, de alto a baixo, a terra tremeu, as rochas se fenderam (Mateus, 27:46-53).

Pois Deus amou o mundo, a ponto de dar-lhe seu único filho, para que, seja quem for que confie nele, não pereça, mas tenha a vida eterna" (João 3:16).

E eu vi um novo céu e uma nova terra, pois o primeiro céu e a primeira terra se foram, e o mar não mais existe. E eu vi a nova Jerusalém descer do céu, pronta como uma esposa... E eu ouvi uma voz dizer, do trono: "Eis o abrigo de Deus com os homens. Ele enxugará toda lágrima de seus olhos. Nem luto, nem grito, nem dor existirão mais, pois o primeiro universo se foi" (Apocalipse, 21:1-4).

O Alcorão

O Alcorão é um dos livros mais influentes da história. Para 800.000 muçulmanos, espalhados em pelo menos 40 países do mundo, ou um sexto da humanidade, ele é a palavra textual de Deus. É um belo poema, uma oração e um código de leis que se sobressai por sua pureza de estilo, sabedoria e verdade, constituindo por essas características uma força indutora de comportamento religioso, social e político da humanidade. Maomé, que nasceu em Meca, na Arábia, em 570 d.C. e faleceu aos 62 anos em Medina, foi o Porta-Voz de Deus à humanidade e seu livro, o Alcorão.

Sobre ele, afirmou que "se um livro pudesse pôr as montanhas em marcha ou fazer a terra rachar ou os mortos falarem, esse livro seria o Alcorão" (13:13). E sua função religiosa está bem delineada: "Fizemos descer sobre ti o livro, com a verdade, para a instrução de todos os homens. Quem seguir a senda da retidão, fá-lo-á em seu benefício e quem se desencaminhar fá-lo-á em seu prejuízo. Não és responsável por ele" (39:41).

As imagens e expressões que o caracterizam refletem o meio e a época em que o Alcorão foi revelado: um meio de desertos e oásis, de comércio rudimentar e de atividades agropastoris. Maomé, o Profeta, transmite a mensagem em uma linguagem que eles entendam. Prescrevendo ao homem uma vida de submissão à vontade divina, esta mensagem rapidamente espalhou-se pelo mundo: da Índia à Espanha e, durante a época áurea da civilização islâmica, muitas nações diferentes foram unidas em uma grande fraternidade.

O Alcorão compreende 114 capítulos (Suras) revelados por Maomé, dos quais 86 em Meca e 28 em Medina; compreende nada menos que 6.236 versículos.

Cada capítulo é uma preleção, na qual os ouvintes são exortados a seguir determinadas normas morais ou a aplicar determinadas leis; ou mesmo a crer em determinadas verdades, extraindo conclusões dos fatos históricos que lhes são narrados. Em síntese, o conteúdo do Alcorão representa um dogma, o da religião islâmica; uma lei, a lei corânica, que compreende os códigos penal, civil, constitucional e militar; normas para o comportamento individual e social; e narrativas históricas.

Dessas narrativas, muitas são referidas pelos textos bíblicos, como a criação de Adão e Eva e sua expulsão do Paraíso, a história de José e seus 11 irmãos, a perseguição do Faraó aos judeus e seu êxodo para a Terra Prometida, a história de Salomão e da rainha de Sabá, o nascimento de Jesus Cristo e diversos outros, com grandes semelhanças em relação às versões da Bíblia.

Circunscrevê-lo, no entanto, apenas ao mundo muçulmano seria um erro, por sua amplitude e poderosa convocação para que o homem se enobreça com a comunhão da Palavra revelada. O Alcorão apresenta Jesus Cristo como um profeta que anunciou a vinda de Maomé: "Sim, o Messias, Jesus, filho de Maria, é o Profeta de Deus, sua Palavra, que ele lançou em Maria, um Espírito emanado dele" (4:171).

Diz-nos Maomé:

> *Se todas as árvores da terra fossem cálamos, e o mar e mais sete mares fossem tinta, não esgotariam as palavras de Deus, o Poderoso, o Sábio. (31:27).*
>
> *De vós deve surgir uma nação que pregue o bem, e recomende a probidade, e proíba o ilícito. Esse é o caminho da vitória (3:104).*
>
> *Ó meu povo, sede justos na medida e no peso e em nada lesai os outros, e não corrompais a terra (11:85).*
>
> *Deus não muda o destino de um povo até que o povo mude o que tem na alma (13:11).*
>
> *Sabei que a vida terrena nada é senão um divertimento e um jogo, e adornos e fútil vanglória, e rivalidade entre vós à procura de mais*

riquezas e filhos. Assemelha-se à vegetação que se segue a uma chuva (57:20).

O Kitáb-i-Aqdas

Diferentemente dos Livros Sagrados já abordados, Bahá'u'lláh (1817-1892), o Profeta fundador da Fé Bahá'í, o escreveu de seu próprio punho, junto com outra centena de obras, como o Kitáb-i-Iqán, As Palavras Ocultas e Os Sete Vales. Ele designou o seu livro de leis como O Sacratíssimo Livro, O Kitáb-i-Aqdas, que pode ser considerado como a mais brilhante emanação de sua mente.

Filho de um ministro da corte do xá da Pérsia, tendo nascido em 12 de novembro 1817, na cidade de Teerã (Irã), Bahá'u'lláh, a exemplo dos Mensageiros de Deus que O procederam, teve a experiência mística de sua designação como Revelador da Palavra Divina em outubro de 1852, enquanto aprisionado na fétida masmorra de Teerã, chamada Siyáh-Chál (Cova Negra).

Daquele lugar sombrio ele escreveu:

> *Fomos confinados por quatro meses em um lugar repugnante como nenhum outro... A masmorra estava imersa em espessa escuridão, e nossos companheiros de prisão somavam aproximadamente 150 almas: ladrões, assassinos e salteadores. Embora superlotada, não tinha nenhuma outra saída a não ser a passagem pela qual entráramos. Nenhuma pena pode retratar aquele lugar, nem língua alguma descrever seu odor fétido. A maioria daqueles homens não tinha roupas, nem sequer uma esteira para deitar. Só Deus sabe o que Nos sobreveio nesse mais nauseabundo e lúgubre dos lugares!*

Sendo seus seguidores condenados aos mais violentos atos de crueldade e perversidade, tais como serem explodidos em bocas de canhões, retalhados até a morte com machados e espadas ou forçados a marchar para a morte com velas acesas inseridas em feridas abertas em seus corpos, tentaram obrigá-los a renegarem sua Fé em troca da sobrevivência: este era o cenário em que a Revelação Divina, uma vez mais, habitava um templo humano.

O primeiro sinal de sua missão como profeta foi ali recebido em um momento em que sua morte parecia ser iminente. Ele descreve então aquele momento místico, o qual transformaria uma vez mais o rumo do destino humano, nestas palavras:

> *Uma noite, em sonho, essas exaltadas palavras foram ouvidas de todos os lados: Verdadeiramente, Nós Te faremos vitorioso por Ti mesmo e por Tua pena. Não lamentes pelo que Te tem sobrevindo, nem temas, pois estás em segurança. Em breve, Deus fará que se ergam os tesouros da Terra – homens que hão de ajudar-Te por Ti e por Teu Nome, por meio do qual Deus ressuscitou o coração dos que O reconheceram.*

O Kitáb-i-Aqdas foi revelado em 1873, enquanto Bahá'u'lláh fora transferido para a casa de 'Udi Khammár, na cidade-prisão de 'Akká, Palestina. É um Livro que contém as jóias inestimáveis de sua Revelação, inculca princípios para o estabelecimento de uma Nova Ordem Mundial, prescreve a existência de instituições administrativas dessa mais recente Fé Mundial e se sobressai como um livro único e incomparável entre as Sagradas Escrituras do passado.

Shoghi Effendi (1897-1957), sobre a importância deste precioso livro, escreveu que

> *...diferentemente do Velho Testamento e dos Livros Sagrados que o precederam, nos quais não existem preceitos efetivamente emitidos pelo próprio Profeta; diferente dos Evangelhos, nos quais os poucos ditos atribuídos a Jesus Cristo não fornecem um roteiro certo quanto à administração futura dos assuntos de Sua Fé; diversamente mesmo do Alcorão – o qual, embora explícito nas leis e preceitos formulados pelo Apóstolo de Deus, silencia sobre o assunto importantíssimo da sucessão – o Kitáb-i-Aqdas, revelado do começo ao fim pelo próprio Autor da Revelação, não só preserva para a posteridade as leis e os preceitos básicos sobre os quais deverá assentar a estrutura de sua Ordem Mundial, mas também estabelece, além da função de interpretação que é conferida a seu sucessor, as instituições imprescindíveis à preservação e à integridade e da unidade de Sua Fé.*

O Kitáb-i-Aqdas é descrito por São João no Apocalipse como "o novo céu" e a "nova terra", como "o tabernáculo de Deus", a "Cidade Santa", a "Noiva" e como "a Nova Jerusalém descendo de Deus". Neste livro, destinado a ser a Carta Magna da futura civilização mundial, Bahá'u'lláh anuncia a Lei Suprema, proclama-se o Rei dos Reis, declara este Livro como "a Balança Infalível" estabelecida entre os homens.

O Kitáb-i-Aqdas trata da sucessão, designando 'Abdu'l-Bahá como sucessor de Bahá'u'lláh e intérprete de seus ensinamentos, antecipa a instituição da Guardiania e da Casa Universal de Justiça, estabelece as leis espirituais, morais e éticas, especifica as proibições, faz repreensões e advertências a governantes, a indivíduos e à coletividade.

Sobre o Livro, Bahá'u'lláh escreveu:

> *Não penseis que vos tenhamos revelado um mero código de leis. Não, mais exatamente, deslacramos o Vinho seleto, com os dedos da grandeza e do poder. Disto, dá testemunho aquilo que a Pena da Revelação revelou. Meditai nisto, ó homens de discernimento! Este Livro é um céu que adornamos com as estrelas de Nossos mandamentos e Nossas proibições. Dizei, ó homens! Tomai-o com a mão da resignação...*

> *Sempre que Minhas leis aparecem como o sol no céu de Minhas palavras, devem ser obedecidas fielmente por todos, ainda que Meu decreto seja de tal natureza que faça romper-se o céu de cada religião. Ele age do modo que seja do Seu agrado: escolhe, e ninguém pode questionar Sua escolha. Qualquer coisa que Ele, o Bem-Amado, ordene, isto é, em verdade, amado.*

O Kitáb-i-Aqdas tem uma linguagem direta ao espírito humano, firme como um rochedo, inebriante como uma fragrante rosa, belo e enternecedor como um pôr-do-sol, amplo como um oceano. Concede vida aos mortos espiritualmente, sacia a sede dos peregrinos em busca da Presença de Deus, o Bem-Amado.

É, a um tempo, uma dádiva para nossa civilização, despontando como a fonte da autoridade moral para uma Nova Ordem em um momento em que a família humana se encontra gravemente enferma e infeliz por ter-se afastado de Deus por tão longo tempo.

Neste Livro, está escrito:

- *Não vos lamenteis em vossas horas de provação, nem nelas regozijeis; procurai o Caminho do Meio que é vos lembrardes de Mim em vossas aflições, e reflexão sobre o que vos possa advir no futuro. Assim vos informa Aquele que é o Onisciente.*
- *Casai-vos, ó povos, para que apareça de vós quem faça menção de mim...*
- *Sois apenas vassalos, ó reis da Terra! Apareceu Aquele que é o Rei dos Reis, adornado em Sua mais maravilhosa glória, e vos convoca a Si Próprio, o Amparo no Perigo, O que Subsiste por Si.*
- *A verdadeira liberdade consiste na submissão do homem a Meus Mandamentos, embora isto pouco vos seja sabido. Fossem os homens observar o que Nós lhes mandamos do Céu da Revelação, eles atingiriam, com toda a certeza, a liberdade perfeita.*
- *Associai-vos a todas as religiões com amizade e concórdia, para que possam inalar de vós a doce fragrância de Deus.*
- *O equilíbrio do mundo foi alterado através da influência vibrante desta nova e mais grandiosa Ordem Mundial. A vida regulada do gênero humano foi revolucionada por meio deste Sistema único, maravilhoso – cujo igual jamais foi testemunhado por olhos mortais.*

Feitas estas considerações, acreditamos que uma cultura de paz emergirá quando forem refeitos os laços com o Sagrado. É o caminho natural onde a unidade divina se encontra através da compreensão da unidade religiosa com a visão de um mundo unido e em paz.

Este projeto editorial nos faz compreender que "a cultura de paz é um modelo paradigmático que pode nortear um novo processo planetário" e que "é preciso ir além do modelo vigente, transcendendo os padrões de exclusão, desigualdade e omissão que têm conduzido o processo humano nas diversas esferas da experiência e construir um novo modelo em que as pessoas possam conviver em harmonia e exercer a plenitude de sua condição de ser humano".

Imaginemos, agora, um mundo com todas essas transformações em sua plenitude! Apesar de estarmos vivendo as dores do parto de um novo mundo ou, para muitos, de uma nova ordem mundo, ainda não nos apercebemos disso inteiramente. Não obstante, de maneira inexorável, seguimos rumo a um maravilhoso destino, não importando que temores e retrocessos tenhamos de enfrentar, ou mesmo que o desânimo, vez por outra, recaia sobre nós. A verdade é que somos uma geração forjadora de uma Era Áurea, inigualável, única, anseio e meta de passadas gerações.

Washington Araújo – Brasileiro. Jornalista e escritor. Membro da Academia de Letras do Distrito Federal e do Instituto Histórico e Geográfico de São Paulo/SP. Membro da Assembléia Nacional dos Bahá'ís do Brasil. É autor dos livros: *Estamos Desaparecendo da Terra: A Questão Indígena nas Américas; Nova Ordem Mundial, Novos Paradigmas; Shoghi Effendi, Um Tributo; El Olvido esta lleno de Memoria: A Questão Indígena no México; O Despertar dos Anjos; Viajar é Preciso? Confidências de um Viajante sem Fronteiras* e co-autor de vários outros.

Meditação
A Prática da Paz

Meditação não é arte, não é ciência, não é filosofia, não é religião.
É algo que transcende a tudo isso e pode servir
em cada um desses caminhos.

Meditar não é fazer, é ser.
Encontre tempo para ser e tudo o mais lhe será acrescentado.

Meditar é parar para poder prosseguir.
É deixar o que não tem sentido para ganhar sentido no que fica.

Meditação é alinhamento com o próprio centro.
É estar em sintonia consigo mesmo, consigo mesma,
sem se distrair do ser.

Meditar é o estado transcendente.
A paz é fruto do reconhecimento deste estado em si e
na mudança compassiva e absoluta com que passamos
a enxergar o outro ou a outra.

Meditar é se tornar inteiro, inteira e reconhecer
a inteireza do outro, da outra.

Meditação é uma prática pacífica.
Instale a paz em si e ela se espalhara por todo o mundo.
Nada há que esteja fora.
Mudar o mundo é tornar-se mais consciente.

A Paz como Caminho

O Sagrado Espaço do Silêncio

Dulce Magalhães

Não há cantos, não há murmúrios, não há zumbidos. Nenhum som onde nos apegarmos, nenhum barulho para nos distrair, nenhum tumulto onde possamos nos esconder de nós mesmos.

Há somente o silêncio, como um grande e plácido lago, que preenche de gota em gota o nosso ser. Colorido ou obscuro, repleto ou cheio de vácuo, o silêncio é o espaço em que repousa a nossa consciência.

Há um certo incômodo, um vazio todo cheio de ansiedades, um embaraçoso nada. O que fazer em meio a tanto silêncio? – nos perguntamos espantados. Para que serve esse horizonte que se estende à nossa frente se passamos a vida aprendendo a construir muralhas e obstruir a paisagem.

Mesmo esse silêncio em que mergulhamos não é isento de diálogos. Não queremos ser apenas observadores, queremos agir, falar, fazer. Se há horizontes, por que não construir alguns muros? Apenas para mudar a paisagem, não ficar tudo na mesma. Então nos estreitamos. Reduzimos nosso olhar.

Nosso olho, pouco treinado para ver ao longe, se cansa rápido na ampla paisagem interna que abrimos com o silêncio. Logo queremos buscar um foco, um ponto de atenção. Vamos perseguindo um pensamento meio neuroticamente. A lista do supermercado, as ligações que precisamos retornar, o trabalho inacabado, as pendências que não param de crescer, as exigências do cotidiano, a vida enfim.

Só se passou um minuto, mas já cresce em nós a urgência de falar, compartilhar as idéias que vieram, lembrar ao outro o que precisa ser feito, comentar o final de semana, blá, blá, blá.

Não aprendemos a observar, logo queremos controlar. Até ao observar a própria respiração já vamos modificá-la, diminuir o ritmo, aprofundar a inspiração, reter, expirar lentamente. Não dá para observar sem alterar, é uma compulsão.

Com o silêncio também é assim. É esquisito ficar ali sem fazer nada, sem ouvir nada, sem falar nada, como se a vida dependesse do som. No começo era o verbo, mas antes do começo, havia o silêncio. O silêncio é, portanto, o espaço necessário para a criação.

Porém, parece que o mundo cresce na contramão do silêncio. São centenas de sons que preenchem a vida através do ruído da chuva caindo, de um carro que passa, do dedilhar do teclado, de uma tosse distante, da música que vem de algum lugar, de um cão que late, de um relógio que pontua as horas num ritmado tique-taque. Sons, risadas, conversas, espaços preenchidos.

Tudo é tão preenchido por sons que ficamos esvaziados de nós mesmos, e inconscientes. Não há silêncio e não há escuta. Enquanto o outro fala nosso ouvido se fecha, nosso diálogo íntimo se estende, nossas respostas prontas aparecem, nossas certezas ocupam o lugar do descobrimento, do deslumbramento.

Com tanta barulho dentro de nós nem enxergamos direito, pois tudo já foi nomeado, decifrado, etiquetado em nossa mente acostumada a rotular, e aí tudo o que brilha nos parece ouro.

Contudo, o silêncio não é flamejante, festivo, extrovertido, galanteador. O silêncio é reclusão, é encontro, é escuta. Há de se ouvir o silêncio e se abrir para a sua dimensão repleta de espaços vazios. No silêncio é preciso se expandir. Vidas estreitas não cabem na imensidão do silêncio.

Frente ao insulto, calar. Durante o confronto, ouvir. Na raiva, acolher. Em desventura, sorrir. Diante da mudança, mudar. Silêncio, não há coisa mais importante a ser dita. Há uma voz no silêncio que encanta, acalma, acalenta, conforta.

Quem tem o silêncio como um bom companheiro nunca está sozinho, mesmo na mais deserta solidão. Há um conselheiro que habita o silêncio e, sem emitir nenhum som, nos mostra o caminho preciso e nos mantém na jornada.

Só que é preciso ganhar ouvidos especiais para ouvir o silêncio. É preciso calar a mente para ouvir o sussurro da alma e da presença que a ombreia. Penetrar no sagrado espaço do silêncio é como cair para dentro, deitar na calma, repousar na serenidade.

Experimentar o silêncio é como ter asas que se desdobram, ondulam levemente, se estendem e, suavemente, nos impulsionam ao alto. Perdemos a voz para ganhar lucidez e, devagarzinho, bem discretamente, nos afastarmos da loucura do cotidiano e penetrar no mistério da vida. E assim, sem mais nem menos, quase sem se notar, finalmente bater asas e voar.

Nelson Mandela

Nossa respeitosa homenagem a um ícone moderno da paz.

Reverenciamos sua vida como um exemplo
que pode nos inspirar e nos guiar.

*"Ninguém nasce odiando outra pessoa pela cor de sua pele,
por sua origem ou ainda por sua religião.
Para odiar, as pessoas precisam aprender e,
se podem aprender a odiar, podem ser ensinadas a amar."*

*"Nunca, nunca mais ocorrerá que esta bela terra sofra
novamente a experiência da opressão de um por outrem.
Nunca deverá o sol se pôr sem tão gloriosa conquista humana.
Deixemos a liberdade reinar"*

Entre em sintonia com o mundo

QualityPhone:
0800-263311
Ligação gratuita

Qualitymark Editora
Rua Teixeira Júnior, 441 - São Cristóvão
20921-405 - Rio de Janeiro - RJ
Tel. (21) 3860-8422
Fax: (21) 3860-8424

www.qualymark.com.br
e-mail: quality@qualitymark.com.br

Dados Técnicos:

• **Formato:**	16 x 23cm
• **Mancha:**	12 x 19cm
• **Fontes Títulos:**	FuturaMdCn BT
• **Fontes Texto:**	Book Antiqua
• **Corpo:**	11
• **Entrelinha:**	13,2
• **Total de Páginas:**	240